선인류의 삶과 수련 1

仙서

선인류의 삶과 수련

맑게, 밝게, 따뜻하게

1

수선재

불과 얼마 전까지 사회적 트렌드이자 키워드였던 '위로'를 뒤로 하고, 어느새 '힐링'이 없이는 이목을 끌지 못하는 세상이 되었습니다. '위로'를 넘어 자신을 '치유'하고 누군가를 '치유'하는 일에 관심을 가져야만 할 정도로 우리 사회는 '화火'가 넘쳐나고 상처받은 이들로 가득하기 때문이 아닌가 합니다. 위로라는 소극적 행위로는 문제를 해결할 수 없는 단계로 이미 접어들었다는 의미이기도 하겠지요.

어느 때보다 물질적으로 풍요로운 시대이지만 궁핍을 호소하는 이들은 점점 많아지고 있습니다. 미래에 대한 불안감은 청년들뿐만 아니라 모든 계층을 극단적 선택으로 내몰고 있습니다.

고통을 통해 인간은 좀 더 인격적, 영적으로 성숙해지지만 이미 한계를 넘어선 위기의 시대에는 이런 말조차 위로가 되기 어려운 것이 아픈 현실입니다.

좌절하고 상처받은 자신과 타인을 함께 치유해야만 살아갈 수 있는, 바야흐로 '힐링'의 시대입니다.

위로와 치유의 코드로 무장한 많은 전문가들과 백가쟁명식 대안들이 난립하고 있지만 그간의 수련과 마음공부를 통해 우리가 얻게 된 확신은 바로 '답은 쉽고 단순한 것에 있다'는 사실입니다.

그것은 '맑음', '밝음', '따뜻함'이며 그 과정에서 '하늘, 자연, 인간을 알고 사랑하는 삶'을 실천하는 것입니다. 단순하고 평범해 보이는 것들입니다. 하지만 그것은 우주가 나아가는 방향이기에 우주의 구성원인 인간이 살아가야 할 방향 역시 그 속에 해법이 있음을 알게 되었습니다. 그런 삶을 실천하며 살아가고자 하는 새로운 인류를 우리는 다소 생소해 보이는 '仙인류'라는 이름으로 지칭하고자 합니다.

仙인류는 기운을 맑게 하고, 표정과 지혜를 밝게 하며, 따뜻한 마음으로 타인의 기쁨과 아픔을 함께 함으로써 본성의 소리에 귀 기울이고 본성을 찾고자 하는 이들입니다. 이는 그 자체로 세상에 힘이 되는 것이며, 수련을 통해 자신의 상단, 중단, 하단의 삼단전을 강화함으로써 그 동력을 얻을 수 있습니다.

맑음, 밝음, 따뜻함은 홀로 존재하는 것이 아니라 관계 속에서 가능한 것이며 그 대상은 바로 하늘, 자연, 인간입니다. 그들을 이해하고 사랑하는 삶이 곧 '仙인류의 삶'이고 그 생활 속에서 만들어지는 仙인류의 문화가 곧 '仙문화'입니다.

맑고 밝고 따뜻함을 통해 仙인화를 지향하는 명상학교 수선재가 처음 문을 연 것은 1998년이었습니다. 엄청난 기운과 말씀의 축복 속에서도 많은 좌충우돌과 우여곡절을 거치며 어느새 15년의 세월을 살아내었습니다.

이제 문명의 대전환기로 일컬어지는 2012년의 마무리를 앞두고, 지난 15년의 仙서 말씀을 정리하여 『선仙인류의 삶과 수련』을 펴내게 되었습니다.

仙서는 깊은 명상을 통해 무파장 대역에서 길어 올린 조물주님의 음성이며 기운에서 엑기스를 뽑아 전해주는 仙계의 파장입니다. 지구 역사상 처음으로 전해지는 仙서에는 이 시대의 인류에게 하늘이 전하고자 하는 간절한 사랑이 있고, 메시지가 있습니다. 삶의 시작과 끝을 알려주고, 길을 헤쳐 나가는 힘을 얻을 수 있는 방법을 알려주는 지혜가 있습니다. 고단한 시대를 살아가는 인류에 대한 위로이자 어둠을 밝혀 길을 인도하는 등불입니다.

방대한 내용을 담고 있지만 그 말씀이 전하고자 하는 핵심은 단순하고 명쾌합니다.

우주의 창조 목적은 진화이며, 만물과 인간 역시 진화를 통해 완성으로 가는 과정에 있습니다. 우주만물 중에서도 특히 영장류인 인간의 역할이 중요한 것은 우주를 급속도로 진화시킬 수 있는 가능성과 역할을 부여받았기 때문이며 그 과정에서 우주를 이끌어가는 동력을 만들어내기 때문입니다.

지구는 인간의 공부를 위해 만들어진 학교입니다. 짧은 한 생의 공부를 통해 완전한 존재인 仙인이 될 수 있는 기회를 주기도 하지만 자칫 주어진 공부를 마치지 못하면 망각 속에서 끊임없이 윤회를 반복하게도 하는 고난도의 수련별입니다.

특히 지금 시대에 태어난 인류는 그간의 공부를 결산하고 지구의 후천시대를 이끌어가야 할 사명을 타고난 경우가 많습니다. 궁극적인 목적은 바로 완전한 존재인 仙인이 되는 것입니다.

仙인은 수련을 통해 본성을 만나고 본성과 하나 되어 우주와 일체가 되신 분들입니다. 우주 운행의 주체이고 별과 만물의 생성에 직접 관여하시며 자유자재하신 분들입니다.

仙인들이 계시는 仙계는 조물주님의 공간이자 완전기적完全氣的 공간입니다. 우주의 정점에 있으며 우주 운행의 사령탑 역할을 하는 곳입니다. 우주는 1차원부터 10차원까지 존재하는데 仙계는 10차원의 공간입니다. 고차원에서는 저차원을 알 수 있지만 그 역은 불가하기에 仙계는 진화된 우주인조차 그 존재를 잘 모르는 곳이기도 합니다.

지구에서의 공부를 잘 해낼 수 있도록 도와주고 우주와 지구의 창조 목적, 삶의 이유와 사후세계에 대해 알려주는 곳이 수선재이며, 仙인류의 징검다리를 거쳐 짧은 한 생에 仙인에 이르는 길을 안내해주는 수련이 바로 仙계수련입니다.

仙계수련은 부단한 겸손과 비움 공부를 통해 넘치는 부분은 덜어내고 부족한 부분은 채워서 전인에 이르는 과정입니다. 정공부, 돈공부 등의 기본과목을 거쳐 고난도의 마음공부를 통해 자신을 알고, 우주를 알며, 우주와 하나되는 과정을 거치게 됩니다.

仙계수련의 궁극적 지향점은 무심無心이자 우주심宇宙心입니다.

지난 15년간 전해주신 仙서에는 인류를 깨우는 지혜가 있고, 진화를 염원하는 사랑이 있으며, 그것이 가능하도록 이끌어주는 강력한 힘이 있다는 것을 책을 엮으면서 새삼 깨달았습니다.

살아가는 일이 힘들거나 풀리지 않는 삶의 문제로 고민할 때, 수련이 정체되거나 마음의 중심을 놓치고 있다고 느껴질 때, 한 발짝 떨어져 문제를 바라보고 해결책을 찾는 데 이 책이 큰 힘이 될 것임을 감히 확신합니다.

　5권의 [명상학교 교과서 시리즈]를 포함하여 30여 권의 책으로 출간될 만큼 방대한 말씀이 있습니다. 하지만 仙인류의 나아가야 할 방향과 仙계수련에 대해 좀 더 명확하고 간결하게 전해드리기 위해 말씀의 핵심적 내용을 추리고 집대성하여 『선仙인류의 삶과 수련』 2권으로 출간하게 되었습니다. 관심 있는 분들에게는 훌륭한 안내서가 되어 줄 것입니다.

　원 말씀 속에 담긴 넘치는 사랑과 풍부한 지혜가 편집과정을 통해 훼손되지 않았는지 걱정되지만 이렇게 세상에 내어 놓을 수 있게 되어 행복합니다.
　인연이 되는 분들에게 가 닿을 수 있기를 간절히 기원드립니다.

　15년 세월 동안 한결같은 사랑으로 깨워주시고 이끌어주시며 함께 해주신 仙계와 선생님께 깊이 감사드립니다.

2012년 10월 수선재 仙서연구실

- 이 책은 仙계수련의 안내자이신 문화영 선생님께서 지난 15년간 仙계수련생들에게 글이나 말씀, 대화를 통해 전해주신 내용과 영적 스승이신 천강 仙인님께 직접 받으신 仙서를 편집하여 엮은 책입니다.

- 직접 말씀하신 내용을 중심으로 구성하되, 관련 仙서는 박스로 삽입하였습니다. 삽입된 仙서의 출처는 기존 출판물을 중심으로 표기하되 책 제목의 '仙서'와 '仙인'은 한자로 표기하였습니다.

- 독자들이 쉽게 접근할 수 있도록 仙인류에 대한 개념 정립에서부터 시작하였으며 仙인류의 삶, 仙인류의 수련에 이어 근본적 개념인 仙과 우주에 대해 정립하는 순서로 서술하였습니다.

- 주제별로 좀 더 깊이 있는 내용을 알고자 하시는 분은 기존 출판물을 참고하시기 바랍니다.

2부

仙인류의 삶

2권

4부
仙인류의
수련 2

1부
仙인류

1 장

지구에 태어난 **이유**

변화는 우주의 기본 법칙

우주만물의 기본 법칙은 '변한다는 것'입니다. 모든 것이 정체되어 있지 않고 움직이는 것이 우주의 원리입니다.

동물이나 식물, 광물이나 흙조차도 계속 호흡을 통해서 생성, 소멸합니다. 돌도 수없는 세월 동안 호흡을 하면서 저절로 커지기도 하고 마모되기도 합니다. 무언가 다른 물질이 와서 합쳐지기도 하고 없어지기도 하면서 계속 호흡을 통해서 변합니다. 생성, 소멸하는 것이 우주의 법칙이기 때문입니다.

변하되 우주가 가고자 하는 방향으로

그런데 '변화變化'라는 것은 자연적으로 변하는 것입니다. 어떻게 변할 것인가 하는 의지 없이 그냥 세월 따라 저절로 변하는 것입니다.

그렇다면 우리는 어떻게 변해야 하는 것일까요? 우주만물은 변하지 않는 것이 없으니 우리도 같은 자리에 가만있을 수는 없는데, 어느 쪽으로 변해야 하는 것일까요?

변하되 발전적인 방향으로 변해야 합니다. 되풀이되어 끊임없이 변화하되 발전적인 방향으로 변해야 합니다. 그것을 '진화進化'라고 합니다. 자연적으로 변하는 것이 변화라면 본인의 노력과 의지로 변하는 것은 진화입니다.

진화는 인간과 우주의 역사가 진행되어 가는 방향입니다. 우주가 가고자 하는 방향으로 변하는 것이 진화인 것입니다. 반대로 우주가 가고자 하는 방향에 반해서 변하는 것은 퇴화退化라고 합니다.

조금씩 진화하는 우주

조금씩 조금씩 발전을 거듭해야 진화할 수 있습니다. 동물은 동물의 단계에서 식물은 식물의 단계에서 진화를 거듭하고, 물질세계도 구현하면서 점차 무로 가야 합니다. 처음부터 너무 완벽하게 만들어 놓으면 우주 자체가 금방 극에 달하여 무無, 즉 없는 상태가 되어버리기 때문입니다. 우주 자체가 없어지는 것이지요.

그렇기 때문에 조금씩 계속 진화하도록 만든 것입니다. 물질세계에 1% 정도의 비중을 두고 나머지 보이지 않는 기적氣的인 세계에 99%의 비중을 두어, 그 1%를 통해서 진화하도록 프로그램되어 있습니다. 물질세계는 1%에 지나지 않지만 그 1%가 99%의 진화에는 결정적인 역할을 담당하는 1%입니다.

특별한 별, 지구

상상할 수 없을 만큼 큰 것이 우주입니다. 수천억 개의 별이 모인 것이 은하이고, 은하가 수없이 많이 모인 것이 은하계이며, 다시 은하계가 수백 개 이상 모인 것이 성단입니다. 성단 하나만 봐도 그 크기가 이루 말할 수 없이 크다는 것이지요. 그런데 한 성단에서 지구와 같은 다양한 생물체가 살고 있는 생물성은 3~5개에 불과합니다. 전 우주를 통틀어 지구와 같은 별은 흔치 않은 것이지요.

우주의 진화를 위해 번갈아 가면서 중책을 수행하는 책임이 그 별에 주어지는데, 지금 지구가 속한 성단에서는 지구가 이 시대에 우주의 진화를 책임져야 하는 중책을 맡고 있는 별입니다.

지구는 수련별

우주에서 지구만큼 진화가 빠른 별은 없습니다. 기적인 인류가 사는 다른 별들은 상당히 서서히 움직입니다. 생물체의 종류가 아주 단순하고 사람들은 영적인 수준이 비슷한 사람들끼리 모여 있습니다.

그에 비해 지구는 전쟁터와 같습니다. 시간과 공간의 변화가 빠르고 기후도 급변합니다. 생물체의 종류도 너무나 다양합니다. 소용돌이치고 빨리 회전하는 별이며 번뇌에 집중적으로 빠져들 수 있는 별입니다. '중용'이 있고, '선'과 '악', '극선'과 '극악'이 아주 치열하게 대립하며, 천차만별의 인간이 다 있습니다. 그 속에서 살아남고 진화하면 짧은 기간에 깨달음까지 갈 수도 있지만 그렇지 못했을 경우는 그만큼 빨리 나락으로 떨어질 수도 있는 것입니다.

지구는 한마디로 '수련별'입니다. 처음 창조될 때부터 영체들의 급속 진화를 위한 수련별로서 창조되었습니다. 수련별 중에서도 '속성수련성速性修鍊星'입니다.

우주의 잔잔한 별들에서는 몇 억 년씩 동일한 상태로 있습니다. 마냥 늘어지는 그런 곳에서 바라볼 때 지구는 마치 전쟁터같이 보입니다. 지구로 유학생들을 보낸 별에서 바라볼 때는 자기네 유학생들이 전선戰線에 나가 있는 것입니다.

지구에서 수련하시는 분들은 그렇게 바쁜 스케줄로 돌아가라고 나온 것입니다. 바쁘게 돌아가는 공부이기에 잘만 하면 백 년 할 공부를 십 년에 하거나 십 년 할 공부를 일 년에 할 수 있습니다.

하지만 한 번 오면 공부를 마치기 전까지는 돌아갈 수 없습니다. 지구에서 윤회를 거듭하며 살아야 합니다. 그럼에도 진화의 욕구가 크고 극적인 모험을 좋아하는 분들이 많이 옵니다. 지구 사람들이 미국으로 유학 가는 것을 꿈꾸듯이 우주의 인류도 '지구로 유학 가고 싶다'고 꿈꿉니다.

우리가 지구에 태어난 이유

우리는 지구라는 학교에 입학했습니다. 지금 지구상에 살고 있는 분들은 모두 공부를 위해 내려온 분들입니다. 인간으로서 경험하는 온갖 일들, 온갖 감정들, 슬픔이니 고통이니 죽을 것 같은 아픔이니 하는 것들은 모두 공부의 교재입니다. 그 경험들이 자산이 되어 무르익고 성숙해져서 알찬 영靈이 되는 것입니다.

우리가 지구에 태어난 이유는 경험을 통해 진화하기 위해서입니다. 많은 경험을 할수록 좋습니다. 대학에 입학했다면 대학에서 배울 수 있는 모든 것을 다 배우고 졸업해야 좋은 것과 같습니다. 그래야 풍부해집니다.

조금씩 조금씩 발전해야 합니다. 매일 조금씩 진화해야 합니다. 진화는 인간이 삶을 부여받은 기간 동안 어김없이 살아야 하는 목표인 것입니다.

이러한 이치를 안다면 생로병사 또한 즐거운 일임을 알 것입니다. '생生'은 태어남이 즐겁고, '노老'는 자신의 연륜이 쌓여가므로 즐거우며, '병病'은 자체의 건강치 못한 부분을 알려줘 고맙고, '사死'는 살아 있는 동안의 결실을 마감할 수 있게 해주니 고맙습니다. 충실히 공부한 학생이 졸업을 기다리고 다음 단계를 바라보듯, 열심히 살고 정성으로 공부에 임한 사람은 생로병사 하나하나가 모두 자신을 결정적으로 성장시키는 비결임을 압니다.

현 인류의 오도된 삶

허나 현 시대를 살아가는 대다수는 이러한 인생의 근본을 잊어버렸다고 여겨집니다. 진화하기보다는 퇴보하는 일에, 지구를 오염시키는 일에 에너지를 쏟고 있습니다.

우주의 관점에서 보면 인간은 불필요한 것을 만들어 내는 데 너무 많은 에너지를 쓰고 있습니다. 기업의 입장에서는 물건을 많이 만들어야 돈이 벌리니까 계속 만듭니다. 국가의 입장에서도 많이 만들어서 많이 팔려야 세금도 걷히고 일자리도 창출되니까 그걸 장려합니다. 너무 많이 만들다 보니 그게 전부 쓰레기가 돼서 환경 문제를 일으켰습니다.

인간은 또 불필요하게 너무 많이 일하고 있습니다. 국가에 매여, 직장에 매여 일벌레처럼 일만 합니다. 원래 인간이 그렇게 일을 많이 할 필요는 없습니다.

노예처럼 나귀처럼 정신없이 일만 하며 돌아가다 보니 정작 자신은 사라지고 없습니다. 직장에 가면 부장이니 과장이니 하는 직함만 커다랗게 있습니다. 집에 오면 남편이니 아내니 하는 의무만 남아있습니다.

그러면서 안 해도 되는 일들에 너무 많이 매여 살아가고 있습니다. 자식 공부 너무 많이 시키기, 장성한 자식 걱정 죽을 때까지 하기, 평생을 걸려 대도시에 내 집 가지기, 여러 번에 걸쳐 사람 사랑하기….

2장

仙인류란 어떤 사람들인가?

仙인류와 仙문화

仙인류는 마음은 넉넉하게, 물질은 소박하게 살고자 하는 사람들입니다. 노동력은 의식주를 해결하고 인간답게 살 여건을 마련하는 선에서만 발휘하고, 문화적인 일, 창조적인 일, 영적인 일에 시간과 에너지를 쏟고자 하는 인류입니다.

'仙'이란 글자 자체로서도 인간人이 산山과 함께 있는 것이니 산은 바로 자연이자 우주이자 모든 것을 뜻하는 것이라고 할 수 있습니다. 그러기에

仙은
하늘을 알고, 사랑하는 일
자연을 알고, 사랑하는 일
사람을 알고, 사랑하는 일입니다.

이 세 가지를 실천한다면 자연히 이들을 아끼게 되며 해칠 수 없게 됩니다. 이들과의 관계에서 수련, 일, 놀이, 예술 등의 仙문화가 탄생하게 되는 것이지요.

仙인류는 선한 옷, 선한 음식, 선한 집에서 살려고 노력하며, 선한 놀이와 예술을 통하여 자신을 발전시키며, 仙(하늘, 자연, 사람)과 통하고자 하는 사람들입니다.

仙인류는 사랑으로 태어난 사람

仙인류는 '사랑'으로 태어난 사람입니다.

사랑과 연민은 비감정적이고 용서와는 무관한 것이며, 습관이나 생각, 혹은 신념에 관계없이 누구에게나 일어날 수 있는 본성입니다.

우리는 자신과 또 하나의 자신인 타인을 비난하고 비하하던 모든 힘으로부터 벗어남으로써만 비로소 연민의 존재를 껴안을 수 있게 됩니다. 우리가 대자연과 동식물, 무생물과의 대화를 통해 배워야 하는 점은 바로 이것입니다. 인간은 지구의 주인이 아니라 일부일 뿐이고 모든 생물, 무생물은 동등하게 존중받아야 마땅하다는 점 말입니다.

영이 표현되는 방식은 많지만, 근본적으로 영spirit은 하나입니다. 지금 지구상에 출현하고 있는 고차원의 영들은 십만여 명에 달합니다. 이분들은 무조건적이고 무보수로 지구와 지구 생명체의 진화를 위해 고군분투하며 일하고 계십니다. 仙인* 님들께서는 말할 나위도 없으시고요.

그 근본이 바로 우주만물에 대한 사랑과 연민입니다. 많은 수의 지구 인류가 사랑과 연민으로 의식이 향상될 때, 창조에 버금가는 지구의 새로운 태어

---

* '仙인'에 관한 자세한 설명은 3부 1장 4절 '仙인의 경지'(p.220) 참조

남과 지구인의 仙인류로의 태어남이 가능해질 것입니다.

仙인류는 우주 진화에 동참하는 인류

仙인류는 우주의 목적이 진화임을 알고 그 진화의 대열에 동참하고자 하는 사람들입니다. 하늘의 뜻을 알고 그것을 실행함으로써, 우주의 일원으로서 역할을 수행하고자 하는 사람들입니다.

맑고 밝고 따뜻한 방향으로

우주의 만물은 탁함에서 맑음으로, 어두움에서 밝음으로, 차가움에서 따뜻함으로 진화해 가는 과정에 있습니다. 맑음, 밝음, 따뜻함은 우주만물이 진화해 가는 방향입니다.

仙인류는 자신을 맑고 밝고 따뜻하게 가꿈으로써 그러한 진화의 대열에 동참하고자 하는 사람들입니다. 맑음(탁기나 냄새를 풍기지 않음), 밝음(표정이나 지혜가 밝음), 따뜻함(타인의 기쁨과 아픔을 함께 함)을 갖추어 세상에 힘이 되고자 합니다.

삼단전을 구심점으로

하단, 중단, 상단의 삼단전三丹田은 맑고 밝고 따뜻한 방향으로 나아가기 위한 동력을 제공하는 곳입니다.

힘은 집중하는 데서 나오고 집중을 하려면 구심점이 있어야 합니다. 인간에게 주어진 집중의 구심점은 하단, 중단, 상단입니다. 이른바 삼단전이라고 일컫는 곳들입니다.

하단은 의지의 중심으로서 하단이 개발되면 업에 의해 타고난 건강을 잘 관리하여 생활할 수 있습니다. 중단은 사랑의 중심으로서 중단이 개발되면 무심無心의 상태가 되어 웬만한 일에는 흔들리어 뿌리 뽑히지 않을 수 있습

삼단전의 위치

니다. 상단은 지혜의 중심으로서 상단이 개발되면 지혜가 밝아져서 시시각각 자신에게 다가오는 일의 이유(하늘의 뜻)를 알고 이에 대처할 수 있습니다.

仙인류는 하단, 중단, 상단을 가꿈으로써 진화의 방향(맑고 밝고 따뜻한 방향)으로 나아가고자 하는 사람들입니다.

알고 사랑하는 과정 속에서

"당신이 있기에 내가 있다"는 말처럼 인간은 홀로 동떨어져 존재할 수 없는 존재입니다. 관계 속에서 만들어지고 진화하는 존재입니다.

애초에 창조된 것부터가 신神과의 관계 속에서 일어난 일입니다. 부모님과의 관계 속에서 생生을 부여받았으며 어머니와의 교감 속에서 육신을 받았습니다. 태어난 이후에는 가족, 이웃, 자연, 사회와의 관계 속에서 이만큼 성장하였습니다.

진화의 방향인 맑고 밝고 따뜻한 방향으로 나아가는 것 역시 관계 속에서만 이루어질 수 있는 일입니다. 관계를 맺는 대상을 이해하고 사랑하지 못하고서는 맑아질 수도, 밝아질 수도, 따뜻해질 수도 없습니다.

대상은 크게 3가지입니다. 하늘, 자연, 사람입니다. 仙인류는 하늘과 자연과 사람을 알고 사랑하는 과정 속에서 우주 진화에 동참하는 사람들입니다.

3장

진화의 **방향**

힘이 되는 사람이 되려면

나는 나 스스로에게 힘이 되고 있는지요, 짐이 되고 있는지요? 또 주변 사람들에게 힘이 되고 있는지요, 짐이 되고 있는지요?

힘은 에너지를 말하고 짐은 부담이 되는 것을 말합니다. 힘이 되는 사람은 자신뿐 아니라 타인에게 도움을 주고, 짐이 되는 사람은 부담을 줍니다. 독자적으로 기능하지 못해서 타인에게 기대어 생활하기 때문입니다.

仙인류는 힘이 되어야 하는 사람들입니다. 맑고 밝고 따뜻함으로 자신과 주변과 세상에 힘이 되어야 하는 사람들입니다.

우선 중요한 것은 내가 나 자신에게 힘이 되는가, 짐이 되는가입니다. 내가 내 머리로 감당치 못할 만큼 너무 많은 생각을 지고 있지는 않은가? 내 몸이 감당치 못할 만큼 너무 많은 욕구를 가지고 있지는 않은가? 짐이 되고 있다면 힘이 되도록 해주셔야 합니다.

그 다음으로는 주변 사람을 향해서도 같은 질문을 던져 보시기 바랍니다. 내가 가족에게 힘이 되는가, 짐이 되는가? 내가 친구나 도반에게 힘이 되는가, 짐이 되는가? 내가 자연과 세상과 우주에 힘이 되고 있는가, 짐이 되고 있는가?

짐이 된다고 여기신다면 갖추려는 노력을 해주시기 바랍니다. 힘이 된다고 여기신다면 힘을 더 길러서 더 많은 사람에게 힘이 되어 주시고요.

■ 맑음

맑음이란

그럼 어떻게 하면 힘이 될 수 있는가?

첫째는 '맑음'입니다. 맑음은 우주에서 가장 가치 있는 덕목입니다. 맑음은 영성靈性의 우열을 가리는 기준이기 때문입니다.

수련을 하다 보면 점차 맑아져서 나중에는 아주 투명한 상태, 모든 것이 다 들여다보이는 상태가 됩니다. 물도 맑은 물일 때 훤히 들여다보이고 흐린 물일 때는 아무것도 안 보이듯이 자신이 극도로 투명해지면 사물을 훤히 꿰뚫는 눈을 갖게 됩니다. 수련하면서 맑은 기운으로 자신을 계속 갈고 닦다 보면 한없이 투명해져서 본질이 들여다보입니다.

맑아진 다음에는 누구에게나 힘이 됩니다. 수련을 통해 기운이 맑아지면 별다른 일을 하지 않아도 맑음 자체만으로도 힘이 됩니다. 하루에 열 사람과 전화 통화를 했다면 그 열 사람을 그 순간이라도 정화해 주는 것입니다. 맑음만으로도 선善을 베풀 수 있는 것입니다.

맑은 사람과 잠시 대화라도 하고 나면 괜히 가슴이 후련해지고 머리가 맑아집니다. 그래서 맑은 사람 주위에는 자꾸 사람이 모입니다. 가진 게 아무것도 없어도 맑은 사람이 만나자고 하면 반갑고 즐겁습니다. 아무리 돈이 많고 권력이 높아도 탁한 사람이 만나자고 하면 피하고 싶고요.

매일 자신을 정돈하기

맑은 냇물을 보면 기분이 좋습니다. 흐린 물을 보면 괜히 언짢아지고요. 사람도 마찬가지입니다. 맑으냐 흐리냐에 따라 괜히 기분 좋은 사람이 있고, 괜히 기분 나쁜 사람이 있습니다.

맑고 선명한 사람은 늘 자기 생각을 정리하는 사람입니다. 일기를 쓰든 수련을 통해서든 그날그날의 생각을 정리합니다.

선명하지 않은 사람은 왜 그런가 하면 정리가 되어 있지 않은 상태이기 때문입니다. 남들이 볼 때 무슨 생각을 하고 있는지 모르겠고 뭔가 삐쳐 있는 상태입니다. 본인도 자신이 무슨 생각을 하는지 모른 채 뒤죽박죽 엉켜 있습니다.

수련이란 그런 것들을 정돈하는 일입니다. 해결되지 않은 부분을 정리하면서 자기 자신을 정돈하는 과정입니다.

그날 당장 정리가 안 되는 일은 일단 미뤄두면 되는데 방법은 주머니를 두 개 만드는 것입니다. 한 쪽에는 사회생활하면서 미결 상태인 일을 넣고, 다른 한 쪽에는 가정에서의 일을 넣습니다. 결재 서류처럼 완결, 미결, 추진 중 사항을 구분해 놓습니다. 미결 사항은 몸 밖에 있는 주머니가 알아서 처리하도록 하면 마음이 깨끗할 수 있습니다. 마음에 품지 않고 편하게 잠자리에 들 수 있습니다.

정기와 탁기

기적氣的으로 보면 맑지 않다는 것은 탁한 기운 즉 '탁기濁氣'가 많다는 것입니다.

기氣는 맑고 탁함에 따라 정기精氣와 탁기로 나뉩니다. 정기는 맑고 밝고 온화해서 사람을 편안하게 하는 기운이고 탁기는 매연같이 탁한 기운입니다.

탁기를 접하면 가슴이 답답하고, 머리가 아프고, 구역질나고, 뼛속까지 저려 옵니다. 기색氣色을 볼 수 있으면 맑고 탁한 것을 볼 수 있는데 그럴 수 없더라도 느낄 수는 있습니다.

기는 강하다고 해서 좋은 것이 아닙니다. 강하고 탁한 것처럼 피해를 주는 것도 없습니다. 탁하고 약하면 남에게 피해는 덜 주는데 탁하고 강하면 피해가 아주 큽니다. 탁기가 강한 사람과 전화 통화를 하면 탁기가 귀를 통해서 뇌 속으로 전달되어 머리가 금방 아픕니다. 몸 안으로 들어오면 뼛속까지 아프고 저리게 되고요. 이렇게 불쾌한 기운이 탁기이고 기분 좋은 기운은 정기라고 보시면 됩니다.

정신적 갈등과 번뇌가 주 원인

탁기는 왜 생기는가? 대개 잡념의 산물로서 정신적 갈등이나 번뇌 때문에 생깁니다. 집중해서 한 가지를 골똘히 생각하면 답이 나오기 전까지는 계속 탁기가 생성되는 것입니다.

육체적으로는 안 좋은 음식이나 오염된 공기 등이 몸속으로 들어가서 배출되지 않을 때 생성되는데, 비율을 보면 정신적인 것이 80%쯤 되고 육체적인 것은 20% 정도에 불과합니다. 아무리 공기가 나쁘고 음식이 나쁘다 하더라도 몸이 그렇게 많이 상하지는 않습니다. 우리 몸에 자체 정화작용이 있기 때문입니다. 독소 물질을 지속적으로 먹지 않는 한 배출하게 되어 있습니다.

반면 정신적인 탁기는 그대로 남아 있습니다. 배출하는 방법을 모르기 때문입니다. 육체적인 배설은 배설기관을 통해서 자동적으로 이루어지는데 마음은 어떻게 해소해야 할지 몰라서 쌓여만 갑니다.

겉에 뭉친 탁기, 속에 뭉친 탁기

이번 생의 탁기뿐 아니라 전생에서부터 이어져 온 탁기도 있습니다. 전생의 탁기가 뭉쳐 켜켜이 한恨으로 남아 있습니다.

형상을 보면 겉에 탁기가 많이 모여 있는 사람이 있는가 하면 속에 모여 있는 사람이 있습니다. 어떤 사람은 굴뚝에 더께 끼듯이 겉에 탁기가 켜켜이 싸고 있는데 속으로 들어가면 맑습니다. 반면 어떤 사람은 겉은 그런대로 맑은데 속으로 들어가면 탁기가 응축되어 어떻게 할 수 없는 상태이고요. 속의 것들은 전생의 탁기이고, 밖의 것들은 이번 생의 탁기입니다.

겉에 탁기가 많고 안으로 들어가면 맑은 분은 전생의 공덕이 많은 분입니다. 근본은 좋은 사람인데 살다 보니 때가 묻은 것입니다. 그런 분은 닦기가 쉽습니다. 겉의 탁기만 계속 닦아 나가면 됩니다.

반면 겉은 그럴듯한데 속이 검은 분은 수련을 통해 끝까지 닦아내지 않는 한 남에게 해를 끼치기 쉽습니다. 겉은 멀쩡하니까 그럴듯하게 보이면서 해를 끼칩니다. 도사입네 하면서 자신을 내세우는 분들을 보면 겉은 기운이 맑고 장한데 속으로 들어갈수록 탁기가 고여 있습니다. 겉만 그럴듯한 것인데 이런 분은 수련하기가 굉장히 어렵습니다.

수련으로 매일 배출해야

수련생들이 수련을 시작하면 처음에는 기운을 받는 데 급급하지만 어느 시점부터는 탁기를 없애고 몸을 맑게 할 필요성을 느끼게 됩니다. 기가 장하기만 해서는 안 되며, 맑은 동시에 장해야 하기 때문입니다. 그래야만 궁극적으로 가고자 하는 곳에 갈 수 있습니다.

하루라도 수련을 안 하면 몸속에 탁기가 고이기 시작합니다. 수련을 통해 그날그날의 탁기를 뽑아낸다 하더라도 몸속에 고여 있는 것이 또 있습니다. 매일 수련하면서 탁기를 배출해야 합니다.

전에는 맑다는 소리를 듣던 분도 수련하다 보면 어느 시점에 탁기를 많이 발산하기 마련입니다. 수련하지 않을 때는 기운이 활성화되지 않아서 고여 있습니다. 그러다가 기운으로 몸을 뒤집어엎으면 고여 있던 탁기들이 활성화되면서 엄청나게 발산되기 시작합니다. 수련하다 보면 반드시 이런 과정이 있습니다.

온 세상의 탁기와 맞서 이기며

한때 '仙인들이 왜 그렇게 일찍 돌아가시는가?' 하는 의문을 품었던 적이 있습니다. 仙인이면 당연히 무병장수해야 할 텐데 일찍 돌아가시더군요. 그것도 병을 얻어서요. 도저히 이해를 못하겠다고 생각했는데 나중에 알게 되었습니다. 산속에 들어가서 홀로 유유자적하며 지낸다면 몇 백 살까지도 사시는데 온 세상의 탁기와 맞서 싸우는 일을 하느라 기운이 소진돼서 일찍 돌아가시는 것이었습니다.

저도 그런 과정을 겪었는데 수련을 하다 보니 어느 순간 '서울이 참 탁하다'는 느낌이 들었습니다. 수련을 계속하다 보니 어느 날부터는 '온 나라가 다 탁하다' 싶을 정도로 탁기가 몰려왔고요. 또 어느 날부터는 '온 지구가 탁하다' 싶을 정도로 감당하기 힘든 탁기가 몰려왔습니다. 자신의 기운의 크기만큼 맞서 싸워야 하는 탁기의 양이 비례한다는 것을 알게 되었습니다.

수련자는 카나리아라고 볼 수 있습니다. 산소량이 부족하면 가장 먼저 신호를 보내는 카나리아처럼 세상의 탁함을 감지하고 신호를 보내는 역할을 해야 하는 분들입니다.

다른 한편으로 수련자는 카나리아가 아닌 '인간'입니다. 카나리아처럼 맥없이 죽어서는 안 되며 힘을 길러 탁기와 맞서 싸워야 합니다. 온 세상을 맑고 밝고 따뜻하게 정화하는 역할을 해야 합니다.

▪ 밝음

밝음이란

힘이 되는 사람의 두 번째 덕목은 '밝음'입니다. 밝음이란 마음이 무겁지 않고 가벼운 상태를 말합니다. 자신만 가벼운 게 아니라 그 가벼움으로 주변 사람들까지 날아갈 것 같은 분위기를 갖게 하는 것입니다. 자신이 있음으로 인해서 그 주변이 밝고 즐거운 장소가 된다면 엄청난 공덕을 베푸는 것입니다. 물질을 베푸는 것 못지않은 공덕입니다.

무겁게 가라앉아서 남들까지 무겁고 침울하게 만드는 사람이 있습니다. 자아도취에 빠져 있어서 본인은 그런 줄도 모릅니다. '나는 이렇게 심각한 사람이다', '나는 호락호락한 사람이 아니다' 하는 걸 즐깁니다.

그런데 가벼움이 무거움보다 차원이 높습니다. 자신 있는 사람은 가볍습니다. 무겁게 내리누르는 사람은 자신이 없는 사람입니다. 그 무거움으로 주변 사람들까지 짓눌러서 짐이 됩니다.

밝아져야 합니다. 항상 구름이 끼어 있는 상태에서 벗어나 밝아지려고 노력해야 합니다. 스스로 어두운 것을 좋아하는 마음을 고치고 밝음을 지향한다면 주변 사람에게 힘이 될 것입니다.

밝음의 에너지를 찾아서

맑음은 달의 기운, 음의 기운입니다. 따뜻함은 해의 기운, 양의 기운이고요. 그럼 밝음은 어떤 기운인가 하면 별의 기운입니다. 우주의 수많은 별들로부터 밝음의 기운을 받고 있는 것입니다.

그 어떤 것도 별의 밝기를 따라갈 수 없습니다. 북극성이 지구로부터 800광년 떨어져 있다고 하는데 그렇게 먼 거리에 있는 별이 밤하늘을 밝게 빛냅니다. 밝음이 그토록 엄청난 에너지라는 것입니다.

우리가 수련을 통해 찾아야 할 것은 그러한 밝음의 에너지입니다. 우중충한 표정으로 어둡게 있으면 에너지가 안 생깁니다. 의도적으로라도 밝아져야만 힘과 에너지가 생깁니다.

마음먹기에 달린 일입니다. 슬픔도 기쁨으로 받으면 기쁨이 됩니다. 슬픔은 자기 혼자만의 것으로 끝내고 기쁨은 나누고자 마음먹는다면 그렇게 할 수 있습니다. 서로 기쁨의 파장으로 견인하며 갈 수 있게 됩니다.

매 순간 감사하는 마음을 지닐 때

밝아지는 첫째 방법은 '감사'입니다. 감사하는 마음을 가지면 일단 표정부터 바뀝니다. 밝고 웃음 어린 표정을 띠게 됩니다. 표정이 바뀌면 인생이 달라집니다. 불운에서 벗어나 행복해지게 됩니다.

'감사'는 우주가 가장 좋아하는 파장입니다. 『물은 답을 알고 있다』라는 책을 보면 사랑과 감사에 대한 이야기가 나옵니다. 사랑이 하나의 에너지를 낸다면 감사는 둘 즉, 배의 에너지를 낸다고 합니다. 맞는 이야기입니다.

인간의 사랑은 애증입니다. '당신을 사랑합니다'에는 '당신이 미워죽겠어'하는 미움이나 질투가 섞여 있습니다. 파장이 조금 일그러져 있는 것입니다. 반면 감사는 오로지 순에너지입니다.

공동체 마을에서도 서로에게 감사하는 마음을 지닌다면 마을 전체가 밝아질 것입니다. 일일이 한 사람 한 사람에게 감사함을 표시하지 않더라도 그 마음이 전달될 것입니다. 감사하는 마음이 널리 퍼져서 서로 감사하게 될 것입니다.

몸이 아픈 분들에게도 감사가 최고의 처방입니다. 아픈 몸으로도 수련을 할 수 있고, 밥을 먹고살 수 있다는 것만으로도 너무나 고맙고 즐겁다는 생각을 한다면 순간에 좋아질 수도 있습니다.

그러니 어둡고 무거운 마음을 걷어버리고 밝고, 가볍고, 감사한 마음으로 살아가기를 바랍니다. 황진이 仙인의 말씀* 에 나오는 엔도르핀보다 수천만 배 강력한 효력이 있는 물질의 존재를 믿고 스스로 생성하게 되기를 바랍니다.

끊임없이 몸을 움직여야

현대인들은 총체적으로 우울증에 걸려 있다고 볼 수 있습니다. 선진국일 수록, 물질문명이 발달할수록 우울증이 심합니다. 우리나라만 해도 국민병이 아닐까 싶을 정도로 우울증을 앓는 분들이 많습니다.

우울증의 주 증상은 몸을 잘 움직이지 않는다는 것입니다. 몸을 움직이는 것을 싫어하는 분들이 우울증에 잘 걸리고요. 그러니 우울증에서 벗어나는 길도 간단합니다. 가만히 있지 말고 끊임없이 몸을 움직이면 됩니다.

천주교 수도원에 가보면 거기 계신 분들은 하루 종일 끊임없이 몸을 움직입니다. 닦은 데를 닦고 또 닦습니다. 그분들이 매일 기도만 하면서 산다면 다 우울증 환자가 될 것입니다. 독신으로 살지, 외부와 격리되어 있지, 기도하면서 내면으로 파고들지, 우울증 걸리기 딱 좋은 조건입니다. 그렇기 때문에 끊임없이 노동을 하는 것입니다.

몸을 움직일 수 있다는 것은 사실 엄청난 축복입니다. 저의 경우 작가 생활할 때 정신노동만 하다 보니 집안일이 오히려 휴식이 되었습니다. 쉴 때 설거지하고, 쉴 때 밥하고, 쉴 때 청소했습니다. 집안일이 머리를 식히는 좋은 방법이었던 것입니다.

걷는 것도 좋은 방법입니다. 우울증이 있다면 햇볕을 받으며 매일 만 보씩 걸어 보시기 바랍니다. 안에 있던 우울한 부분이 드러나면서 자기도 모르게

---

* 자세한 내용은 『황진이, 선악과를 말하다』 참조

밝아질 것입니다.

저는 걷기에 심신을 치유하는 힘이 있음을 체험을 통해 알고 있습니다. 단지 두 발로 걷는 것만으로 인생의 많은 부분이 해결되고 행복해진다는 것이 저의 절절한 체험입니다. 걷기는 실로 동적動的인 명상이라 할 수 있습니다.

■ 따뜻함

따뜻함이란

힘이 되는 사람의 세 번째 덕목은 '따뜻함'입니다. 타인의 기쁨과 아픔을 함께 하려는 따뜻한 마음을 가지면 주변 사람에게 힘이 됩니다.

사물을 보는 시각이 냉정하고 비판적인 사람이 있습니다. 좌측으로 기울어진 사람입니다. 그런 사람은 매사에 삐딱하고 냉소적입니다. 남이 한 건 잘한 게 하나도 없습니다. 내가 하면 더 잘할 거라고 말합니다. 말 한마디라도 격려해 주고 살맛나게 해야 하는데 열심히 살려고 하는 사람까지 맥 빠지게 만듭니다.

시각은 긍정적이어야 합니다. 옆 사람이 힘들어할 때는 말 한마디라도 거들어서 힘이 돼 줘야지 힘든 사람을 자꾸 더 힘들게 하면 짐이 됩니다.

힘이 되고 짐이 되는 것은 마음 한 조각 차이입니다. 빚을 지는 것도 은혜를 베푸는 것도 마음 한 조각에 달려 있습니다. 살면서 고맙게 느끼는 것들이 큰 것이 아닙니다. 힘들고 괴로울 때 해주는 따뜻한 말 한마디, 정성 들여 지은 따뜻한 밥 한 공기입니다.

그렇게 마음 한 조각 베풀면 힘이 되는데 인색하게 그걸 못하더군요. 예컨대 너무 힘들어서 자기 심정을 호소하는데 거기다 대고 비판적으로 말하는 경우입니다.

물론 그런 비판이 옳을 수도 있습니다. 그러나 상대는 시시비비를 가려 달라는 게 아니라 따뜻한 말 한마디 얻어듣겠다고 하소연한 것입니다. 그럴 때는 아무리 옳은 충고를 해도 귀에 안 들어옵니다. 10년, 20년이 지난 후에는 고마운 생각이 들지언정 당시에는 원수처럼 느끼게 됩니다. 그러니 비정하게 얘기하지 마시고 따뜻하게 대해 주십시오.

배려와 정성

예전에 '버들잎 설화'를 들은 적 있습니다. 어떤 선비가 길을 가다가 몹시 목이 말랐는데 때마침 우물을 하나 발견합니다. 한달음에 달려갔더니 마침 웬 시골 처녀가 있어 물을 달라 청합니다. 처녀는 바가지에 물을 담은 후 버들잎 하나를 띄워 건넵니다. 의아해진 선비가 그 연유를 물으니까 처녀가 대답하기를, 갈증에 급하게 냉수를 마시면 탈이 날 것 같았다고, 천천히 불어가며 마시라고 버들잎을 띄웠다고 말합니다.

그 마음 씀씀이에 감탄하여 나중에 다시 찾아와 그 처녀와 혼인했다고 합니다. 물 한 잔 대접하는 데도 상대를 배려하는 마음이 깃들어 있으니 다른 건 볼 필요도 없다고 생각했던 것입니다.

저의 집안에서 이런 일화가 있었습니다. 어느 날 거지가 찾아와서 밥을 달라고 하자 제 언니가 밥과 반찬을 쟁반에 차려서 갖다 주려 했습니다. 마침 아버지께서 그걸 보시더니 크게 화를 내셨습니다. 다시 밥상에 차려서 주라고 하시면서요. 아무리 거지라도 내 집에 온 손님인데 그렇게 대접할 수는 없다는 것이었지요.

제가 그 이야길 듣고서 아버지가 참 훌륭한 분이라는 생각을 했습니다. 쟁반에 차려주면 허리를 구부려 가며 불편하게 먹어야 하지 않습니까? 상대가 거지일지라도 인간답게 대접해주는 마음, 존중해주는 마음이 있으셨던 것입니다.

따뜻함은 이렇듯 마음을 실어 대접할 때 전해지는 것입니다. 거지라 해서

찬밥을 툭 던져주는 게 아니라 따뜻한 밥을 상에 받쳐주는 마음, 그런 작은 정성에서 배어 나오는 것입니다.

아픔과 슬픔을 함께 하는 마음

우리는 한 나무의 한 뿌리에서 나온 열매와 같은 존재들입니다. 사과나무에 비유하면 우리들 한 사람 한 사람은 인류라는 거대한 사과나무에 맺힌 사과들이라고 볼 수 있습니다.

한 나무에 맺힌 사과라도, 어떤 사과는 탐스럽게 잘 영글었는데 다른 사과는 미처 못 자랐거나 썩었을 수 있습니다. 열매가 달린 위치에 따라 빛의 양이나 바람의 세기가 달라지기 때문입니다. 동쪽에 있었으면 빛을 잘 받았을 텐데 서쪽에 있었기 때문에 그러지 못한 사과가 있을 것입니다. 바람을 심하게 맞는 자리에 있었기에 제대로 못 자란 사과도 있을 것입니다.

하지만 다 같은 형제입니다. 좀 못생기고 부실하더라도 다 같은 형제이고 가족입니다. 한 뿌리에서 나왔기 때문입니다. 같은 나무의 같은 뿌리에서 나온 열매들이기 때문입니다. 수선재樹仙齋의 '수樹' 글자에는 바로 그런 '커다란 하나의 나무'라는 뜻이 담겨 있습니다.

이런 뜻을 새기면서 동시대인들의 아픔과 슬픔을 함께 해주시기 바랍니다. 지구의 가족이 겪는 고통에 관심을 가져 주시기 바랍니다. 자신을 바꿈으로써 자신이 속한 세상(가족, 친구, 일가친척, 이웃이라도)을 조금이라도 바꿔 주시기 바랍니다.

4장
진화의 **수단**

하단의 의지, 중단의 사랑, 상단의 지혜

仙인류는 자신이 마음먹은 바를 자신의 힘으로 할 수 있는 '유능한 사람'
입니다. 기력氣力, 심력心力, 영력靈力의 세 가지 힘을 갖춘 사람이라 할 수 있
습니다. 기력(기적인 힘)은 하단에서, 심력(마음의 힘)은 중단에서, 영력(영적
인 힘)은 상단에서 나오는 것이고요.

하단下丹은 의지의 중심입니다. 인간으로 태어나서 하고자 하는 바를 이
루기 위한 기초 단위가 바로 하단입니다.

중단中丹은 사랑의 중심입니다. 조건 없는 사랑을 실천하는 분들은 중단
이 발달한 분들이라 할 수 있습니다. 중단이 완성되면 '성인聖人'이라고 합니다.

상단上丹은 지혜의 중심입니다. 상단이 발달되면 남의 주장을 맹목적으로
따라가지 않게 됩니다. 본성을 만나고 깨쳐서 스스로 모든 것을 아는 단계가
됩니다.

仙인류는 하단과 중단과 상단이 균형 있게 발달된 사람입니다. 의지는 군
건하고, 감정은 풍부하면서도 부드럽고, 지혜는 원숙한 사람입니다.

나아가 이 세 가지가 모두 완성된 사람은 仙인이라고 합니다. 하단의 의지, 중단의 사랑, 상단의 지혜가 모두 완성된 전인全人을 일컬어 仙인이라고 하는 것입니다.

삼단전의 위치와 모양

하단은 공처럼 둥근 모양입니다. 처음에는 작다가 기운이 차면서 점점 커지는데 최종적으로는 축구공만 해집니다. 남사고 仙인께서 "단전 안에 산천과 일월이 다 있다"고 말씀하셨는데 우주와 하나가 되어서 단전의 경계가 없어졌다는 얘기지 실질적인 크기는 가장 큰 경우 축구공만 합니다.

중단은 벌집처럼 여러 개의 구멍이 나 있는 모양입니다. 앞쪽의 전중부터 뒤쪽의 심유까지 벌집 모양으로 되어 있습니다. 중단이 막혔다는 것은 그 벌집의 수많은 구멍들이 꽉 채워져 있다는 것입니다. 감정이니 한이니 하는 것들이 맺혀 있는 것인데 수련으로 청소하면 뚫립니다.

보통 사람의 경우 혈은 머리카락 굵기의 가느다란 구멍입니다. 그러나 수련자의 경우는 혈이 열리면 엄청나게 커집니다. 등의 심유혈은 등 전체 크기가 되고 가슴의 전중혈은 가슴 전체 크기가 됩니다. 그렇게 혈이 열리고 커지면 중단도 축구공만 해집니다.

상단도 마찬가지여서 혈들이 열리면 사방으로 다 통해서 하나가 됩니다. 백회, 천목, 인당, 옥침 등의 혈들이 다 통해서 하나의 상단 시스템을 구성하게 됩니다. 그렇게 혈들이 다 열리면 상단의 크기도 축구공만 합니다. 백회의 경우 다 열리면 숨구멍처럼 움푹 파인 모양이 되고요.

기운이 감정을 지배하고, 감정이 생각을 지배한다

기운(하단)이 감정(중단)을 지배하고, 감정이 생각(상단)을 지배하는 순서가 조물주님이 인간을 창조하신 구조입니다.

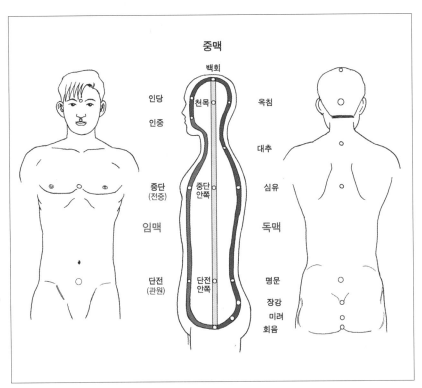

상단·중단·하단과 관련 혈의 위치

좋은 생각을 가지려면 좋은 감정 상태를 유지해야 하고, 좋은 감정 상태를 유지하려면 좋은 기운을 받아야 합니다. 맑은 기운이 맑은 감정을 낳으며, 맑은 감정이 맑은 생각을 낳습니다.

그래서 머리가 아프면 감정을 지배하는 기분을 바꾸어야 하며, 가슴이 답답하고 꿀꿀하면 기운을 바꾸어야 합니다.

기분을 바꾸는 방법은 수없이 많습니다. 기분을 나쁘게 하는 방법을 거꾸로 하면 됩니다. 기운을 바꾸는 방법도 수없이 많습니다. 탁해지는 방법을 거꾸로 하면 됩니다.

우리가 호흡을 통해 수련하는 이유입니다. 호흡을 통해 하단을 개발해야 기운을 맑고 강하게 유지할 수 있습니다. 기운이 맑고 강해야 감정(중단)을 무심無心의 상태로 이끌 수 있습니다. 감정이 무심이 되어야 생각의 방향을 옳게 이끌 수 있는 것이고요.

하단에서부터 차오르는 깨달음이어야

상중하 단전은 모두 연결된 하나로 보면 됩니다.

몸이 갖춰져서 하단에서부터 축기가 되고 기운이 차오르면 꽃이 피듯이 혈이 열립니다. 안에서부터 뻗어 나온 기운의 힘으로 그렇게 됩니다. 기운의 힘으로 하단에서부터 축기가 되고, 중단이 열리고, 상단까지 차오르면 잃어버렸던 감각이 모두 살아나면서 깨달음이 옵니다. 상단이 터지면서 깨달음이 오는 것입니다.

깨달음은 기적인 현상입니다. 기운으로 몸이 충만해지고 혈이 다 열리면 저절로 깨달음이 옵니다. 조건이 갖춰지면 오지 말라고 해도 오는 것이 깨달음입니다.

깨달음이란 '안다'는 것인데 그 알기까지의 과정은 하단에서부터 차올라야 한다는 것입니다. 근본적으로 하단에서부터 축적된 상태에서 지혜의 눈이 열리는 것이어야 합니다. 그렇지 않은 상태에서 아는 것은 별 의미가 없습니다.

단전호흡의 과정

단전호흡의 과정은 어찌 되는지요?

첫째, 잡념 제거

둘째, 하단 축기

셋째, 중단 축기

넷째, 하단 완성

다섯째, 중단 완성

여섯째, 이 모든 것의 기로 상단을 완성시키는 것이다.

중단이 열리는 증상은 따끔따끔하거나 후끈후끈하게 되는 것이며 그 단계를 넘기면 포근하고 편안하게 되는 것이다. 각 수련법은 단계별로 전수해야 한다.

하단 축기는 기운의 결집이나 중단 축기는 방향의 결정이며 하단 완성은 기의 출입이 자연스레 이루어질 수 있는 상태이고 중단 완성은 기가 뻗고 멈춤이 자유로운 상태이다. 이 모든 것이 되고 나면 그 다음 단계인 영적인 능력 개발의 준비가 끝난 것인데 이후의 수련은 반드시 개별적으로 전수해야 한다.

－『仙계에 가고 싶다』에서

■ **하단, 의지의 중심**

단전* 은 기운의 저수지

단전丹田이란 무엇인가? 한마디로 말씀드리면 기운의 저수지입니다. 저수지라는 것이 어딘가로부터 물이 흘러와 모이는 곳이듯이 단전도 인체의 모든 혈과 피부를 통해 기운이 들어와 모이는 곳입니다.

단전에 기운을 모으는 이유는 에너지로 사용하기 위해서입니다. 물을 졸졸 흘려보내기만 하면 사용할 수 없고, 저수지에 가둬둬야만 이렇게 저렇게 사용할 수 있는 것과 같은 이치입니다.

단전은 지급받는 것

단전은 어떻게 생겨나는가? 흔히들 단전이란 원래 내 몸 안에 있던 것이며 수련을 하면서 커지는 것이라고 생각하는 경향이 있는데, 단전은 仙계**에서 보내오는 물건입니다. 仙계에서 내려 보내는 물건을 자신이 키워내는 것입니다.

안테나***는 경우가 좀 다릅니다. 안테나도 仙계에서 보내오는 것이지만 자신이 키우는 게 아니라 일방적으로 받는 것입니다.

수련을 하지 않은 사람에게는 단전이 없습니다. 수련을 시작해야 비로소 단전이 형성됩니다. 단전은 내 의지에 의해 부여받은 '내 소관의 물건'이라 할 수 있는 것입니다.

그러므로 단전 수련을 시작했다면 '한번 잘 키워보겠다'는 각별한 마음으로 단전을 관리하셔야 합니다. 수련을 위해 지급받은 물건이므로 잘 키워야겠다, 수련이 어느 정도 완성되고 몸을 벗으면 다시 좋은 상태로 돌려드려야겠다는 마음자세를 가지셔야 합니다.

단전을 키우는 과정

단전은 맨 처음에 주먹만 한 크기로 받게 되는데, 단전호흡을 하면 그 안에 씨가 심어집니다. 크기가 아주 작은 기운의 씨앗이 자생적으로 생겨나 단전 안에 착상을 하게 됩니다.

• 여기서의 '단전'은 하단전을 말합니다. 이하 글에서도 마찬가지입니다.
•• '仙계'에 대한 자세한 설명은 2권 5부 1장 3절 '우주 공간의 구조'(p.188) 참조
••• '안테나'에 대한 자세한 설명은 3부 1장 5절 중 '안테나'(p.253) 참조

계속 호흡을 하면 그 씨가 자라면서 커집니다. 그렇게 빨리 커지지는 않아서 1년 정도 호흡을 하면 살구 크기 정도까지 자랍니다. 간혹 처음부터 단전을 너무 크게 생각하는 분도 있는데 '아주 작다'고 생각하는 것이 좋습니다. 내가 지금 단전에 씨를 뿌렸다, 우선은 땅에 뿌리내리게 하자 하는 차분한 마음으로 키우는 것이 좋습니다. 지속적으로 호흡을 하면 결국에는 축구공만 하게 커지는데 그때가 되면 믿을 만한 상태라 할 수 있습니다.

미처 커지기도 전에 성급하게 단전을 활용하려 드는 분도 있더군요. 미처 단전이 자리 잡기도 전에 이리저리 기운을 돌리는데 그러면 단전이 제대로 형성되지가 않습니다. 부실 단전이 되어 버립니다.

한번 단전이 부실하게 되면 바로잡기가 굉장히 어렵습니다. 너무 부실이 심하면 차라리 재지급받는 게 나은데 내가 원한다고 해서 재지급받을 수 있는 것은 아닙니다. 단전은 한 번 지급받으면 평생을 가는 것이 원칙이기 때문입니다.

그러므로 단전이 충분히 자리를 잡을 때까지는 기운을 돌리는 일에는 일절 신경 쓰지 말고 기운을 모으는 일에만 열중하는 것이 좋습니다.

호흡은 풀무질과 같은 것

단전호흡할 때 보면 아랫배가 오르락내리락합니다. 그걸 보면서 혹시 이런 의문을 가져보지 않으셨습니까? 숨은 코로 쉬는데, 공기는 폐까지만 들어오는데 왜 아랫배가 오르락내리락하는 것인가?

단전이 없는 사람은 아무리 호흡을 해도 공기가 폐에 들어오는 것으로 끝나지 그 이상은 없습니다. 그러나 단전이 형성된 사람은 호흡을 하면 기운이 단전까지 들어옵니다.

단전호흡은 아랫배 단전 부위를 오르락내리락하면서 하는 호흡인데, 사실 꼭 그렇게 하지 않아도 단전에 기운이 모입니다. 단전이 기의 저수지이기 때문에 가만히 앉아만 있어도 온몸의 혈을 통해 기운이 모입니다.

그럼 왜 굳이 단전호흡을 하는가 하면 기운이 빨리 모이라고 풀무질을 하는 것입니다. 호흡을 하면서 기운을 모으면 훨씬 빨리, 많이 모이기 때문입니다. 불이 잘 붙으라고 풀무질을 하는 것처럼 기운을 활성화하기 위해 호흡을 하는 것입니다.

기운이 저절로 모이니까 호흡하면서 딴생각을 하는 분도 있더군요. 그러나 딴생각하지 않고 호흡하는 일에만 의식을 집중하면 기운이 훨씬 잘 모입니다.

단전이 빵빵하면

하단의 발달은 축기蓄氣 즉 단전에 기운을 모음으로써 가능합니다. 축기는 호흡수련의 시작이자 끝입니다. 건강이든 능력이든 돈이든 기운이 장해야 끌어올 수 있습니다. 기운이 있어야 뭐든 찾아 먹을 수 있습니다.

단전이 빵빵하면 의욕이 생깁니다. 아침에 일어나면 의욕이 샘솟으면서 이것저것 아이디어가 떠오릅니다. 그것이 축기 100점일 때의 상태입니다.

똑같은 말도 단전이 빵빵하면 즐거운 노랫소리로 들리고 단전이 시원찮으면 짜증나게 들립니다. 단전에 기운이 빠지면 마음이 인색하고 가난해지는 것입니다. 단전이 빵빵하면 '힘든 자여 내게로 오라, 내가 해결해 줄 테니' 하는 너그러운 마음이 생기는 것이고요. 마음의 여유가 구비됩니다.

건강은 단전에 의해서만이 근본적으로 해결될 수 있습니다. 자신에게 닥치는 모든 문제들 역시 지속적인 호흡으로 밀고 나갈 때만이 쉽게 해결될 수 있습니다.

단전 관리, 마음 관리

단전은 마음을 담는 그릇입니다. 기운을 담는 그릇인 동시에 마음을 담는 그릇입니다.

수련이란 결국 마음의 힘心力을 이용하자는 것인데 마음이 이리저리 돌아다니는 상태에서는 이용할 수가 없습니다. 어딘가에 가둬야만 이용할 수 있습니다. 마음 주머니인 단전이 만들어진 이유입니다.

보통 사람의 경우 마음의 힘을 기를 뾰족한 방법이 없습니다. 그러나 수련생의 경우는 좀 다릅니다. 단전이 마음 주머니이므로 단전을 단련함으로써 마음의 힘을 기를 수 있습니다. 단전이 빵빵하면 마음의 여유가 구비된다는 말씀을 드렸습니다.

한편으로 그 반대도 성립됩니다. 마음을 잘 관리함으로써 단전이 강화되기도 합니다. 단전이라는 마음 주머니는 마음에 따라 왔다 갔다 하는 것이기 때문입니다. 마음이 굳건하면 단전도 굳건합니다. 마음이 새면 단전도 샙니다.

결국 단전 관리와 마음 관리는 서로 맞물린 관계라고 할 수 있습니다. 단전을 잘 관리해야 마음이 강건한 것이고, 마음을 잘 관리해야 단전이 강건한 것입니다. 수련자는 양자를 동시에 관리해야 하는 것이고요.

마음 관리의 기본은 홀로 서는 것입니다. 홀로 서는 방법은 '마음은 누군가에게 주는 것이 아니다'라고 생각하면서 단전 안에 자기 마음을 가두는 것입니다.

단전이 크고 굳건하면 상대방이 자기 단전의 영향권 안으로 들어옵니다. 기운의 향기로 상대에게 덕을 입히게 됩니다. 자기 마음을 상대에게 주거나 상대의 마음을 가져오지 않으면서 그렇게 할 수 있습니다.

■ 중단, 사랑의 중심

머리는 감정이 지배한다

아침에 일어났는데 왠지 모르게 기분이 나쁠 때가 있습니다. 왜 그런지 알 수 없는 정체 모를 기분 나쁨입니다. 그러면 그 기분에 의해서 하루 종일 생각이 삐딱하게 나갑니다. 괜히 삐딱해져서 '저 사람 꼴 보기 싫은데 어떻게 좀 할 수 없을까?' 이런 생각을 합니다. 예전에 기분 나빴던 일들이 계속 떠오르고요. 뇌가 그런 생각만 나게 하는 것입니다.

반대로 왠지 모르게 기분이 좋은 날이 있습니다. 왜 그런지 이유는 모릅니다. 아무튼 기분이 좋은 것인데 그러면 생각이 계속 긍정적으로 나갑니다. 좋은 일을 하고 싶다, 어려운 이웃을 위해 기부도 하고 싶다는 생각이 듭니다.

생각에 따라 기분이 왔다 갔다 하는 게 아니라 기분에 따라 생각이 왔다 갔다 합니다. 기분이 우선입니다. 기분이 좋아지면 생각은 저절로 긍정적으로 듭니다.

머리는 감정이 지배한다는 얘기입니다. 인간을 지배하는 가장 중요한 기관은 뇌라고 볼 수 있는데 그 뇌를 주관하는 것은 다름 아닌 '감정'입니다.

중단이 개발되어야만

그 감정을 조절하는 열쇠는 '중단中丹'에 있습니다. 중단은 사랑과 감정의 중심으로서 중단이 개발되어야만 감정을 조절할 수 있습니다.

조절이라는 것이 꼭 억누르는 것만을 얘기하는 것은 아닙니다. 감정이 없을 때는 불러일으킬 수도 있어야 합니다. 사실 감정이 없는 것이 더 문제입니다. 불감증이라고 하지 않습니까? 시큰둥해서 좋은지 싫은지도 모르고, 아무 느낌도 없고…. 공부를 다 마친 사람이 그러는 것은 정상인데 그전에 그러는 것은 자폐증입니다.

우선 감정을 일으켜야 합니다. 텔레비전을 보다가도 좋으면 웃고, 슬프면 울고, 이렇게 감정 표현을 충분히 할 수 있어야 합니다. 분노도 일으켜야 합니다. 인권을 너무 많이 유린당한 아이들은 화도 안 내는데 좋은 게 아닙니다. 매 맞고 사는 여자들도 마찬가지입니다. 잘못된 일이고 있을 수 없는 일인데 화도 안 나는 것은 문제입니다. 분노할 줄도 알아야 합니다.

궁극적으로는 무심으로

궁극적으로는 무심無心의 상태가 되어야 합니다. 무심이란 감정의 흔들림이 없는 상태를 말합니다. 웬만한 일에는 흔들리어 뿌리 뽑히지 않는 마음입니다.

왜 무심이 되어야 하는가? 무심에서 마음의 힘이 나오기 때문입니다. 무심이 모든 것을 생성해낼 수 있는 에너지원이기 때문입니다.

우리는 다른 어떤 능력이 아닌 마음의 힘을 공부하기 위해 이 자리에 온 사람들입니다. 마음의 힘으로 우주를 생성했다 소멸했다 하는 그 법칙을 알고자 여기 와 있습니다. 깨달음이란 쉽게 말하면 마음의 힘을 알았다는 것입니다. 마음이 얼마나 대단한지 알았다면 그 사람은 깨달은 사람입니다.

그 마음의 힘을 알려면 무심이 되어야 합니다. 감정이 파도치고 출렁일 때는 아무것도 만들어낼 수 없기 때문입니다.

인간의 감정이 귀결되는 곳

희로애락애오욕이 각기 다른 감정 같지만 결국은 한 가지 마음입니다. 여러 색깔이 다 같이 있는 것이지요. 본인이 어떤 빛깔을 내느냐에 따라 때로는 기쁨으로, 때로는 슬픔으로, 때로는 증오로, 때로는 원망으로 표현되는 것입니다.

그 한 가지 마음은 '감사하는 마음', '사랑하는 마음'입니다. 자신을 내보내준 부모님에 대한 감사와 사랑의 마음이지요. 그런데 그 부모님은 바로 하늘입니다. 하늘의 명을 받지 않고서는 어떠한 생명도 나올 수 없기 때문입니다.

그 마음이 조금 부족하면 원망이 되고 미움이 되는 것인데 그럼에도 감사하는 마음, 사랑하는 마음이 가장 큰 것입니다.

사랑, 인간이 살아가는 근본 가치

사랑이란 인간이 살아가는 근본 가치입니다. 사랑으로 태어나 사랑으로 살아가며 사랑을 하다가 떠나게 됩니다. 수련자는 이 사랑의 폭을 점차 넓힘으로써 온화한 기질로 변화하게 되며, 이 온화한 기질 속에서 넓고 부드러운 사랑이 배어 나오게 됩니다.

우주의 사랑은 향과 모습은 있으되 끌어당기는 힘이 강하지 않은 반면, 인간적인 사랑은 향이 없고 끌어당기는 힘만 강한 면이 있습니다. 우주에서 필요한 사랑은 모든 면에서 맑아 빛이 될 수 있는 사랑입니다.

이 빛이라 함은 따뜻함이며 온화함입니다. 이런 온화함 속의 강인함이 이끌어 가는 사랑이 참사랑이라고 할 수 있는 것입니다.

사랑이란 우주의 한가운데를 이루고 있는 심心의 중핵으로서 거기에서 모든 따뜻함이 배어 나옵니다. 포근하고 따뜻하며 은근한 기운으로서 인간의 사랑 중 우주의 사랑을 가장 많이 닮은 것은 어머니의 사랑입니다. 그러나 본능적인 모성母性이 아니라 올바로 살아야 한다는 엄격한 도덕성이 포함된 것이어야 합니다.

사랑, 같은 공기를 마시는 것만으로도

仙인류의 사랑은 어떠해야 하는가? 아무리 설명해도 잘 와 닿지 않으실 수 있습니다. 그런 사랑이 주위에 없기 때문입니다. 그 사랑이 어떤 차원인가 하면 '아, 같은 하늘 아래 같은 공기를 마시는 것만으로도 너무 행복하다' 하는 것입니다. 굳이 전화해서 목소리를 듣지 않더라도, 굳이 만나지 않더라도 지구상에 같이 사는 것만으로도 행복해지는 차원입니다.

상대에게 요구하는 것이 없습니다. 보고 싶다고, 같이 있자고 보채지 않습니다. 같이 숨 쉬는 것만으로도 고마운데 요구할 게 뭐가 있겠습니까? 만나지 않아도 늘 같이 있는 것 같습니다. 참 밋밋하기 짝이 없는데 그래도 그게 진짜 사랑인 걸 어떡하겠습니까?

진심으로 사랑하는 사람의 태도는 이렇게 자신이 있는지 없는지도 모르게 하면서 사랑을 느끼게 해주는 것입니다. 내가 여기 있다! 내가 이런 옷을 입고 있으니 봐 달라! 이렇게 자꾸 소리치는 것은 이미 사랑이 아닙니다. 자신을 드러내고 싶고 과시하고 싶어서 만나는 것이지 그 사람을 사랑하는 게 아닙니다. 그 사람이 아닌 다른 사람이어도 되는 것입니다.

누군가를 사랑한다면 내가 옆에서 숨을 쉬는지 안 쉬는지도 모르게 하면서 느낌으로 전달이 되는 그런 사랑을 해보시기 바랍니다. 어느 날 문득 '아, 저 사람이 나를 많이 사랑하는구나' 하고 와 닿을 것입니다.

■ 상단, 지혜의 중심

뇌는 정교한 기계장치

인간의 머릿속은 마치 텔레비전이나 컴퓨터의 내부처럼 수많은 선線으로 연결되어 있습니다. 신경줄, 핏줄, 힘줄, 경락 외에 뇌 속에는 '기선氣線'이라는 것이 있는데 마치 컴퓨터의 회로처럼 복잡하고 정교하게 연결되어 있습니다. 조물주님이 창조하신 피조물 중에서 가장 정교한 기계장치가 되어 있는 존재가 인간이라 할 수 있습니다. 그 기계장치가 제대로 작동을 하면 보이지 않는 세계를 보고, 듣고, 파장을 받을 수 있습니다.

천목, 인당, 옥침의 기능

상단은 여러 개의 혈들이 모인 시스템인데 그중 천목天目은 제어기Controller의 역할을 합니다. 상단에 관한 모든 사항을 천목에서 제어하는 것

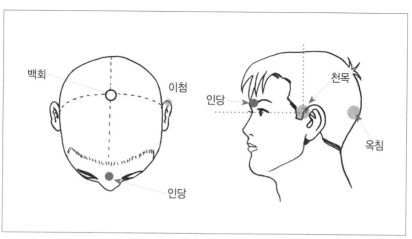

천목, 인당, 옥침의 위치

입니다.

해부학적으로 보면 천목혈은 뇌의 가장 가운데 부위, 양쪽 눈의 시신경 다발이 교차하는 자리에 있습니다. 크기는 개발하기에 따라 상당히 커질 수 있고요. 천목이 곧 우주이기 때문입니다.

인당印堂은 기운을 사출하는 곳입니다. 인당으로 기적인 세계를 본다고 생각하는 경우가 많은데 보는 곳이 아니라 기운을 내보내는 곳입니다. 그래서 인당을 열어 놓으면 기운이 계속 빠져나갑니다. 스스로 열고 닫는 능력이 생기기 전에 함부로 인당을 건드려서는 안 된다는 말씀을 드립니다.

옥침은 반대로 기운이 들어오는 곳입니다. 열어놓으면 굴속으로 빨려 들어가듯이 기운이 안으로 들어옵니다.

인당과 옥침은 상단에서 중요한 역할을 하는 혈들입니다. 인당은 뇌의 기능과 관련이 깊습니다. 옥침은 신경과 관련이 깊은데, 예를 들어 '눈이 멀었다' 할 경우 정확하게 옥침혈을 찾아서 침을 놓으면 시신경이 살아날 정도입니다. 왼쪽 옥침은 오른쪽 눈, 오른쪽 옥침은 왼쪽 눈과 연결되어 있고요.

기안으로 본다는 것

기안氣眼은 기적인 세계를 보는 눈으로서 상단 시스템의 일부분입니다. 보이지 않는 세계를 보는 것은 자력인 경우와 타력인 경우가 있는데, 기안이 형성되어 보는 것이 자력으로 보는 경우입니다.

기공하시는 분들이 뭔가를 보는 경우가 많고 스스로도 '나는 기안이 열렸다'고 얘기하는데, 보면 기안이 형성되지 않은 경우가 많습니다. 자기 능력이 아니라 타력으로 보는 경우인 것입니다.

그분들의 경우 기안이 어디에 있는지조차 모릅니다. 인당이 기안이라고 많이들 얘기하는데, 인당은 기운을 단전에서부터 끌어올려서 빛을 쏘는 장치입니다. 조명처럼 빛을 쏴서 환하게 비춰주는 역할을 합니다. 그 빛이 비춰진 곳을 보는 눈은 따로 있습니다. 아무튼 수련을 통해 자신의 능력으로 보시라는 말씀을 드립니다. 자력으로 봐야 의미도 있고 보람도 있으니까요.

인위적인 개안開眼의 한계

기안으로 본다는 것은 사실 에너지가 굉장히 많이 소모되는 일입니다. 보고자 하는 대상이 보일 때까지 단전에서 끌어올린 기운으로 계속 빛을 쏴야 하는데 기운이 엄청나게 많이 듭니다. 30분 정도 상단을 열어 놓고 뭘 했다 하면 단전의 기운이 거의 다 날아갈 정도입니다.

도인道人들끼리는 전화 통화를 하지 않고 텔레파시로 서로 대화할 수 있지 않은가? 이런 질문을 한 분이 있었는데 그렇게 에너지가 많이 소모되는 일을 왜 하겠습니까? 궁금한 게 있으면 전화해서 물어보면 되는데요. 꼭 필요한 일이 아니면 눈이 열렸어도 안 보는 것입니다. 엄청나게 에너지가 소모되는 일이기 때문입니다.

기안을 여는 수련법은 수련생이 완성 단계에 이르기 전까지는 여간해선 전수하지 않는데, 보는 재미에 빠져 기운이 날아가는 줄도 모를 위험이 있기 때문입니다. 일단 보기 시작하면 자꾸 또 보고 싶어지기 때문입니다.

그리고 기적인 훈련을 통해 눈을 여는 것은 의미가 적습니다. 눈이 열려 봐야 자신의 수준만큼만 보이기 때문입니다. 자신의 영적 수준이 1차원이면 1차원의 것들만 보입니다. 2차원이면 2차원의 것들만 보이고요. 자기 수준이 10차원이 아니면 눈이 열린다 한들 10차원은 볼 수가 없는 것입니다.

스스로 영통했다고 하는 분들이 있는데 알고 보면 그 차원에서만, 작은 범위 내에서만 통한 것입니다. 우물 안 개구리처럼 그 이상의 세계는 모릅니다.

기안, 영안, 법안, 심안

기안氣眼 : 기를 보고 기적 현상을 보며 기의 세계에 드나 판별이 되지 않는다.

영안靈眼 : 기적으로 본 것에 대해 판별이 가능하며, 타 영체와 대화가 가능하게 된다. 이 수준에서 점술, 사주 등이 가능하다.

법안法眼 : 우주의 이치가 보인다. 보통 도가 통했다고 하는 단계, 고도의 정신, 육체 수련으로 도달하는 단계이다.

심안心眼 : 우주와 일치된 단계. 우주의 법도를 본 후 지속적인 수행으로 일치를 이루어냈을 경우 심안이 열리며, 이 단계에서 매사를 보면 우주의 관점에서 보게 된다. 수련의 최종 목표이다.

– 『본성과의 대화』 2권에서

본질이 들여다보이는 경지

눈이 열리는 것에는 기안氣眼, 영안靈眼, 법안法眼, 심안心眼이 있다는 말씀을 드렸는데 그것들이 어떤 '기능'은 아닙니다. 기능적으로 열리는 눈은 아니라는 얘기입니다.

수련을 통해 맑은 기운으로 자신을 계속 갈고 닦다 보면 한없이 투명해져서 본질이 들여다보입니다. 억지로 눈을 열지 않아도 본인이 맑아지는 만큼 들여다보입니다.

그렇게 열리는 것이 최상인데 워낙 힘들고 더디다 보니까 개안수련이니 하는 방법을 동원해서 인위적으로 열기도 합니다. 그러나 그런 것들이 큰 의미는 없다는 말씀을 드립니다.

수련생마다 스케줄이 달라서 기안, 영안, 법안, 심안이 열리는 과정을 차례차례 겪는 수련생이 있는가 하면, 계속 장님으로 있다가 바로 심안이 열리는 수련생이 있습니다. 그 사람의 역할에 따라 달라지는데, 역할에 필요하면 하나씩 하나씩 겪게 하고 필요치 않으면 모든 과정을 생략하고 바로 가게 합니다.

일일이 다 보면서 가는 것이 꼭 좋은 것은 아닙니다. 장님으로 지내다가 눈뜨니까 仙계인 것이 더 나을 수도 있습니다. 불필요한 에너지 소모를 안 하기 때문입니다.

시각적으로, 형상으로 본다고 해서 단계가 높은 것도 아닙니다. '그냥 아는 것'이 더 단계가 높습니다. 제가 지금 그런 상태인데 특별히 어떤 눈으로 보지 않아도 그냥 알아집니다. 자연스럽게 알아지니까 에너지가 안 듭니다. 심안으로 보는 단계입니다.

5장

진화의 **과정**

알아야 진화할 수 있다

우리가 진화하기 위해서는 반드시 무엇인가를 알아야 하고 깨달아야 합니다. 그렇지 않고 가만히 있으면 저절로 변합니다. 어느 쪽으로 변해야 할지 몰라서 세월 따라 시간의 흐름에 따라 그냥 변하는 것입니다.

나무도 매일 변합니다. 산에 가 보면 지난번에 갔을 때와는 다른 나무입니다. 인간은 그렇게 철 따라 변하지 않으니까 어제의 내가 내일의 나인 것처럼 느낍니다. 하지만 의학자들은 사람도 끊임없는 세포분열을 통해서 새로 태어난다고 얘기합니다. 하루에 수많은 세포가 죽고, 수많은 세포가 다시 생성되고, 이렇게 끊임없이 변한다고 합니다.

그럼 그렇게 변하는 것을 진화라고 볼 수 있는가? 그렇지 않습니다. 진화라는 것은 근본적으로 '안다'는 것입니다. 생로병사뿐 아니라 나에 대해서 알고, 신에 대해서 알고, 자연에 대해서 아는 것입니다. 이런 것들을 깨닫고 나면, 우주가 가고자 하는 방향을 알고 나면 진화하게 되는 것입니다.

안다는 것은 경험했다는 것

그럼 '안다'라는 것은 대체 무엇인가?

생각해 보면 '안다'라는 우리말이 상당히 막연합니다. 우리나라 사람들은 '안다'라는 단어를 상당히 후하게 사용합니다. 신문 같은 걸 읽어서 지식을 좀 가지고 있어도 '안다'라고 표현합니다. 어떤 사람을 몇 번 만나서 차 마시고 식사하고 나면 "나 그 사람 잘 알아"라고 표현합니다. 조금 알아도 알고, 많이 알아도 알고… '안다'라는 말을 참 애매하게 사용하고 있지요.

영어에서는 좀 더 명확합니다. 영어에서는 '안다'에 대해 'know'라는 표현을 씁니다. "I know him" 하면 그 사람에 대해 아주 많이 안다는 뜻입니다. 그 사람을 경험했다는 뜻이고 아주 가까운 사이라는 얘기입니다.

그냥 많이 만난 사이라면 'meet'라고 표현합니다. 만나는 사이라는 뜻입니다. 그것보다 덜 안다 하면 'see'라고 표현합니다. 그냥 오다가다 봤다는 뜻입니다.

영어에서는 이렇게 분명하게 분화되어 있는데 우리말에서는 막연하게 되어 있습니다. 그래서 사람들이 '안다'는 표현에 대해 함정에 빠져 있습니다.

그래서 제가 간단하게 정리하자면 '안다'라는 것은 '경험했다'는 것입니다. 책을 봐서 알고, 오다가다 봐서 알고 이런 것이 아니라 몸소 겪었다, 경험했다는 것입니다.

일부를 깊이 알면 전체를 알 수 있다

국 맛을 알려면 어떻게 해야 할까요? 국을 다 먹어봐야 아는 것일까요? 그렇지 않습니다. 국물을 조금 마셔 봐도 알고, 건더기를 하나 건져 먹어 봐도 압니다. 우주도 마찬가지여서 우주의 삼라만상, 엄청난 크기의 우주를 직접 다 알아야만 아는 것이 아니라 거기 들어 있는 어떤 한 가지를 깊이 알면 미루어 짐작할 수 있습니다.

남사고 仙인은 자연을 통해서 아신 분입니다. 추우면 추운 대로, 더우면 더운 대로 자연 속에서 생활하다가 대자연의 섭리에 눈을 뜨셨습니다. 이지함 仙인은 인간을 통해서 아신 분이고요. '인간이란 이런 것이구나' 하고 연구하다가 깨달음을 얻으셨습니다. 인간이 어디서 오고, 어떻게 태어나고, 왜 늙으며, 왜 아프며, 왜 죽으며, 죽어서 어디로 가고 하는 등의 한 생을 미루어 보아서 만물의 한 생을 알 수 있다는 것입니다. 인간은 우주의 일부이기 때문입니다. 일부를 통해서 전체를 안 것입니다.

그렇다면 우리가 알아야 하는 것은 무엇일까요? 무엇을 깨달아야 하는 것일까요? 대상은 크게 세 가지입니다. 인간, 자연 그리고 하늘입니다.

알고, 하나 되고, 알리는 삶

농사를 짓는 어느 회원님이 '식물들의 사생활'이라는 제목으로 쓴 글을 보았습니다. 맞는 얘기입니다. 실제로 식물에게는 사생활이 있습니다. 그들 나름의 고충, 고난, 슬픔이 있습니다. 그걸 전달하려고 백방으로 노력하고 있습니다.

하늘도 바람, 구름, 폭풍우, 강렬한 햇볕 등 다양한 방법으로 하늘의 마음을 표현합니다. 인간도 마찬가지여서 온갖 방법을 강구하여 자신의 마음을 알리려고 노력합니다.

그러나 인간들은 이 모든 것들을 몰라줍니다. 자연의 마음을 몰라주고, 하늘의 마음을 몰라주고, 인간끼리도 서로의 마음을 몰라줍니다. 모를뿐더러 알려고도 하지 않습니다.

허나 仙인류의 삶은 달라야 한다고 봅니다.

하늘을 알고, 하늘과 하나가 되고, 하늘을 알리는 삶,

자연을 알고, 자연과 하나가 되고, 자연을 알리는 삶,

사람을 알고, 사람과 하나가 되고, 사람을 알리는 삶이어야 한다고 봅니다.

관계 속에서의 아름다움

얼마 전 수십 년간 연락을 끊고 있었던 옛 상사를 찾아뵈었습니다. 산속에서 부부가 외로운 삶을 이어가시더군요. 시종일관 자연의 아름다움을 만끽하며 살고 있는 자신의 삶을 자랑하고 계셨는데 제게는 왠지 공허함만이 가득 일렁이더군요.

'자신이 별로 하는 일은 없지만 적어도 자연에 대하여 죄는 짓지 말고 살자'는 철학으로 버티고 있다고 하셨습니다. 도시에서 사람들에게, 자연에게 죄를 짓고 사는 많은 사람들에 비하여는 훌륭한 삶이 분명하지만 자신들만을 위해서 사는 것은 어쩐지 아름다움도, 향기도 덜했습니다.

삶은 아름다워야 한다고 봅니다. 자신이 느낄 때도, 남들이 구경할 때도 아름다움을 느낄 수 있다면 다행이라고 하겠습니다. 수선재를 열고 仙서와 우주기운을 통해 전하고자 하는 내용도 결국은 아름다움이 아닐지요?

하늘과 인간,

자연과 인간,

인간과 인간관계 속에서의 아름다움….

아무리 자연이 아름답고 환경이 근사한 곳에서 사는 사람들도 그들의 말과 행동이 아름답지 않다면 전혀 의미가 없더군요. 수련장을 만들고, 안테나를 설치하고, 팔문원을 걸어놓아도 그곳에 사는 수선인들의 삶이 아름답지 않다면 사람들이 모이지 않을 것입니다. 향기가 없기 때문이지요.

아름다운 삶은 관계가 아름다울 때 발현됩니다. 같은 목적을 향하고 있는 천연인 도반과의 관계, 매일 얼굴을 마주하는 혈연인 가족 간의 관계, 또 가까운 이웃 간의 관계에서 맑고, 밝고, 따뜻한 나눔이 있을 때 피어나는 것입니다.

■ 하늘을 알고 사랑하는 일

하늘을 안다는 것

하늘을 안다는 것은 모든 것이 하늘의 뜻대로 이루어진다는 것을 아는 것입니다. 인간의 관점에서 볼 때는 인간이 만물의 주인이라고 여기지만, 하늘의 관점에서 볼 때는 인간은 하늘의 일부분입니다.

하늘을 모를 때는 죽고 사는 것을 내가 결정한다고 생각합니다. 그러나 하늘을 알고 나면 내가 할 수 있는 일은 하나도 없다는 것을 알게 됩니다.

태어나고 싶어서 태어난 것이 아니고, 병들고 싶어서 병드는 것이 아닙니다. 늙고 싶어서 늙는 것이 아니고, 죽고 싶어서 죽는 것이 아닙니다. 생로병사를 내 맘대로 할 수가 없습니다. 부모님께서 '낳아야겠다' 해서 나를 낳은 것이 아닙니다. 하늘의 명命을 받지 않고는 어떠한 생명도 나올 수가 없습니다. 부모님은 몸과 DNA를 빌려주시고 보모의 역할을 하신 것입니다.

또 내가 아프고 싶어서 아픈 것이 아니고, 죽고 싶다고 마음대로 죽을 수 있는 것이 아닙니다. 문밖에 나섰다가 교통사고로 죽을 수도 있는 것이지 않습니까? 죽고 싶지 않은데 죽는다면 그 결정권은 누가 갖고 있는 것일까요?

우리는 하늘 속의 인간으로서 하늘을 벗어날 수가 없습니다. 하늘의 범위 내에서 살고 있는 것이며 생사여탈권을 하늘이 쥐고 있습니다.

하늘의 뜻대로 사는 길, 하늘과 하나 되는 길

하늘이 있음을 알았다면, 모든 것이 하늘의 뜻대로 이루어진다는 것을 알았다면 어떻게 살아야 할까요?

하늘이 정해준 길을 따라 순리대로 사는 것이 좋습니다. 하늘의 뜻을 알고 그것을 실행하며 사는 것이 좋다는 것입니다.

하늘의 뜻이란 무엇인가? 지구에 태어난 인간은 누구를 막론하고 수련이나 경험을 통해 진화하기 위해 태어났다는 것입니다. 자신에게 다가오는 모든 일들은 '공부거리'로서의 의미를 지니고 있다는 것입니다. 이 점을 깊이 이해한다면 자신에게 다가오는 모든 일들에 감사하게 될 것입니다. 공부가 많을수록 그만큼 넉넉해지는 것이니까요.

대개의 경우 한 생에 모든 공부를 다 하도록 되어 있지는 않습니다. 이번 생에는 어디까지 공부하고, 다음 생에는 어디까지 경험하고, 이렇게 순차적으로 공부하도록 스케줄이 짜여 있습니다. 그런 스케줄로 타고난 분들은 나름 편안하게 지냅니다. 신앙생활을 하더라도 매주 모임에 열심히 나가고 많이 베풀고 하는 정도지 그 이상의 궁금증이 없습니다.

그런데 만족을 못하는 분들이 있습니다. 뭔가 부족함을 느끼면서 '딴 게 없을까?' 하고 찾아 헤매는 분들입니다. 하늘이 돌아가는 이치를 알고 싶다, 왜 인간을 만들었을까, 왜 우주를 만들었을까, 이런 의문들이 꼬리에 꼬리를 뭅니다.

처음부터 끝까지 다 가야 하는 스케줄로 태어난 분들입니다. 장거리 경주를 하듯 먼 목적지까지 가야 하는 스케줄입니다. 이런 분들에게는 수련을 통해 스스로 하늘이 되는 길을 알려드리고자 합니다. 하늘은 먼 데 있는 것이 아니어서 방법만 알면 내가 하늘이 될 수 있기 때문입니다.

■ 자연을 알고 사랑하는 일

나와 같이 귀한 존재이다

자연에 대해 가장 먼저 알아야 할 것은 나와 마찬가지로 '생명을 받은 존재'라는 사실입니다. 저절로 생겨난 것이 아니라 창조에 의해, 필요에 의해 만들어진 생명체입니다. 지금 그 자리에 있을 뿐이지 귀한 존재입니다.

길을 가다가 심심풀이로 나뭇가지 하나씩 부러뜨리기도 하는데 업이 되는 일입니다. 만일 지나가던 사람이 괜히 내 팔 한 짝을 뚝 부러뜨리면 어떻게 될까요? 아프겠지요? 비명을 지르고요. 마찬가지로 풀 한 포기도 밟거나 꺾으면 아프다는 얘기입니다. 심심풀이로 꺾거나 다치게 하면 엄청난 업이 된다는 것입니다. 나와 같은 생명체이기 때문입니다.

나무끼리 너무 붙어 있으면 솎아낼 수도 있고 다른 곳으로 옮겨 심다가 죽일 수도 있는데 그것도 죄인가? 그렇지는 않습니다. 어떤 마음으로 했느냐가 중요합니다. 나무가 그 자리에 있는 것이 이롭지 않아서 옮겼다면, 옆의 나무를 살리기 위해 솎아냈다면 죄가 아닙니다.

들꽃이 예뻐서 편찮으신 어머니께 꺾어다 드렸습니다. 차로 만들어서 나도 마시고 다른 사람에게도 주고 싶어서 꽃을 꺾었습니다. 이것은 좋은 마음입니다. 식물이 가장 좋아하는 것은 좋은 사람에게 보탬이 되는 것입니다. 어차피 죽을 수밖에 없는데 좋은 사람이 자신을 꺾어서 차를 만들어 마시면 그 식물로서는 참 영예로운 일입니다.

그런데 누구와 싸워서 화가 났다, 그래서 지나가다가 풀을 뽑아서 질겅질겅 씹고 버렸다면 그 풀의 입장에서는 참 슬픈 일입니다. 어쩌다 태어나서 아무 이유도 없이 무차별 공격을 당한 것입니다. 누가 괜히 화풀이 삼아 나한테 돌을 던졌다면 억울하고 분하겠지요? 그것과 마찬가지입니다. 다 그런 의사를 가지고 있다는 것입니다.

마찬가지로 광물이나 동물도 나와 같은 생명체입니다. 지금은 흙이 되어야 하는 인연이니까 흙으로 있고 돌이 되어야 하는 인연이니까 돌로 있는 것이지 언젠가는 고등 생명체가 될 수도 있는 존재입니다.

남사고 仙인은 오소리의 행태를 보면서 인간과 똑같다는 것을 알았다고 합니다. 사람이 사는 것과 오소리가 사는 것이 같고, 호흡을 통해서 연명하는 것이 같고…. 자연에 대해 깨닫는다는 것은 이렇게 다 똑같다는 것을 아는 것입니다. 나와 같은 생명체라는 것, 귀한 존재라는 것입니다.

기운의 흐름에 대한 공부

황진이 仙인께서는 기방에서 나온 이후 10년 정도 만행萬行을 하셨다고 합니다. 전국을 다 돌아다니셨고 그중 금강산만 1년 정도 유람하셨다고 합니다. 이렇듯 옛 仙인들의 공부 과정 중에는 반드시 만행이 있었습니다. 돈을 잔뜩 짊어지고 다닌 것도 아니고 최소한의 여비만 가지고 다니셨습니다. 침통 하나 들고서 병 고쳐주면서 다니기도 하셨습니다.

만행을 하신 이유는 자연을 알고 사랑하는 공부를 하기 위해서였습니다. 기운의 흐름을 알고자 하셨는데 가만히 있으면 모르니까 산천을 주유하면서 알고자 하신 것입니다. 오늘날 우리 수련생들이 하는 행련行鍊도 마찬가지입니다. 기운의 흐름을 공부하기 위해 하는 것입니다.

자연을 아는 것은 인간들의 생존을 위해서도 꼭 필요한 일입니다. 인간들이 자연을 너무 모릅니다. 자연이 무얼 원하는지 모르고, 어떻게 해줘야 하는지도 모릅니다. 그걸 모르고 너무 상처를 입혔기 때문에 자연의 앙갚음이 시작되었습니다. 자연재해가 무차별적으로 일어나고 있습니다. 살기 위해 정화작용을 하는 것입니다.

■ 인간을 알고 사랑하는 일

인간을 안다는 것

인간에 대해 우선적으로 알아야 할 것은 인간의 '생로병사生老病死'입니다. 어디서 왔고, 어떻게 태어났고, 왜 늙으며, 왜 병이 생기며, 죽으면 어디로 가는지… 이런 것들을 알아야 합니다.

어떤 종교에 대해 언급하면서 그 종교는 한정적이라는 말씀을 드린 바 있는데, 생 이전과 사 이후는 관여하지 않기 때문입니다. 어떻게 살아야 하는가에 대해서는 가르침을 주었지만, 어디서 왔고 어디로 가야 하는가에 대해서는 언급이 없습니다. 죽음 이후의 세계에 대해서는 전혀 언급이 없고 '지금 현재만 알아라' 합니다. 굳이 알 필요가 없다는 것입니다.

그러나 인간의 삶은 어딘가에서 와서 어딘가로 가고 있는 과정입니다. 온 곳을 모르고 갈 곳도 모른다면 다 안다고 볼 수가 없습니다.

두 번째로 '나'에 대해 알아야 합니다. "나를 통하지 않으면 천국에 갈 수 없다"라고 예수님께서 말씀하셨는데 여기서의 '나'는 예수님 당신이라기보다는 각자의 본성입니다. 각자의 본성을 통하지 않고서는 영생을 얻을 수 없다는 뜻입니다.

그런데 한 사람을 아는 것만 해도 굉장히 힘든 일입니다. 차라리 피라미드의 원리 같은 과학적인 지식을 아는 것이 더 쉽습니다. 인간이 너무나도 복잡하고 오묘한 존재이기 때문입니다.

인간에 관한 자료가 얼마나 방대한지 모릅니다. 한 인간에 관한 정보만 해도 너무나 많습니다. 한 인간의 역사는 우주의 역사만큼이나 깁니다. 다 읽을 수도 없을 정도입니다.

이 앞에 앉아 계신 한 분만 봐도 만만치가 않습니다. 정보의 양이 엄청나고 역사가 아주 오래됐습니다. 소우주입니다.

인간에게 관심 갖는 공부

김시습 仙인은 세상이 돌아가는 모습을 보면서 깨달음을 얻으신 분입니다. 이지함 仙인은 인간을 깊이 연구해서 깨달음을 얻으셨고요. 앉아서 내부로 파고드는 방법도 있지만 이런 것도 한 가지 방법입니다.

동대문 시장에 좌판 놓고 장사를 해보면 세상을 알 수 있습니다. 길거리에 오가는 사람을 보면서 경제를 피부로 느낄 수 있습니다. 은행이나 증권거래소에 앉아 있어야만 경제를 아는 게 아닙니다. 길거리에서 좌판 놓고 팔면 훨씬 빨리 알 수 있습니다. 정치도 알 수 있습니다. 오가는 사람들의 행색, 태도, 하는 얘기를 잘 관찰해 보면 '나라가 어떻게 돼가고 있구나', '어떻게 해야 하는구나' 하는 게 터득이 됩니다.

어느 남자 회원님은 사법 연수원을 나와서 변호사 개업을 한 지 얼마 안 됐는데 '변호사가 과연 내 일인가?', '때려치우고 싶다'는 생각을 하루에도 몇 번씩 한다고 하더군요. 이분의 경우 전생에 판단을 한 번 잘못했던 인연으로 법복을 입은 것입니다. 이번 생에 그것을 풀어야 합니다. 변호사 일을 통해 인간사를 두루 공부해야 합니다.

행복한 사람은 법에 관심이 없습니다. 법전을 뒤지고 법에 관심을 갖는 사람은 대개 불행한 사람입니다. 그런 사람들의 애환을 보면서 교통정리를 해줘야 합니다. 인간 군상들의 살아가는 모습을 보면서 등대 역할을 해줘야 합니다.

그러려면 사람에게 관심을 가져야 합니다. 자기 일 외에는 관심이 없는 성격인데 변호라는 것은 사람에게 관심을 갖다 못해 사랑을 해야 할 수 있는 일입니다. 변호사 일을 통해서 사람에게 관심 갖는 공부를 하라는 뜻이 있는 것입니다.

어느 여자 회원님도 비슷한 경우인데 전생에 식물을 재배하는 일에 종사했습니다. 식물이나 꽃을 많이 좋아했지만 사람에게는 관심이 없었습니다.

그 공부가 미흡해서 내려왔습니다. 보면 상당히 언변이 있고 남을 설득해서 끌고 가는 능력이 있습니다. 이분의 경우 앞에 나서서 강사도 하고 작가도 해야 하는 스케줄입니다. 그런 일들을 통해서 사람을 알고 사랑하는 공부를 해야 하는 스케줄입니다.

2부
仙인류의 삶

1장

인생에서 중요한 일 **8가지**

최근 어느 분이 올린 수련기 중 '과연 중요한 일이 뭘까요?'라는 독백이 있었습니다. 한꺼번에 많은 친구들을 잃은 그분이 외로워하는 모습이 떠오릅니다. 허나 유유상종이라고 했듯이 수련이 진전될수록 외로움이 남는 것은 필연입니다.

마라톤을 시작할 때는 언제나 엄청난 수의 사람들이 참여하다가 점점 탈락하여 최후에는 소수의 무리만이 남게 되지요. 본인은 전진하고 있는데 어느 시점에서 주저앉거나 오히려 반대 방향으로 가고 있는 분들과의 결별은 당연한 것입니다.

이분에게는 새로운 친구를 사귀라고 말씀드리고 싶군요. 나이와는 상관없이 자신과 신념이나 수준이 맞는 분들을 친구라고 하지요. 자신으로서는 최선을 다했었다면 이미 지난 일에는 연연하지 말고 새로운 친구를 많이 사귀는 것이 짧은 인생길에는 더욱 도움이 된다고 봅니다. 친구도 어차피 서로 배움을 위해 필요한 관계이니까요.

아프리카 원주민의 주류인 줄루족의 생일 인사말이 '한없이 나아가십시오'라고 합니다. 우리의 인사말은 '건강하십시오. 편안하십시오. 소원 성취하십시오' 등임에 비하여 상당히 진화된 인사라고 봅니다.

이곳 도반 중에 줄루족 원주민이 있는데 빵 만드는 솜씨가 일품이어서 이제까지 제가 먹어본 빵 중에서 가장 맛있는 빵을 만들어 가끔 맛보게 해주더군요. 그뿐 아니라 자신을 다듬고 매력적으로 가꾸는 솜씨 또한 이곳에서 가장 돋보이는 분입니다. 조만간 이들 원주민들의 마을을 방문하여 한동안 같이 지내면서 이들의 생활방식을 배우려고 합니다.

제가 생각하는 인간에게 있어 가장 중요한 일의 첫 번째는 '삶을 즐기는 일'입니다.

삶을 살고, 즐기는 일은 생명을 부여받은 생명체인 인간으로서는 가장 중요한 일이지요. 삶을 살지 못하고 준비만 하는 사람도 있다는 말씀을 언젠가 드린 바 있습니다. 항상 목표를 세우고 그 목표에 도달할 때까지 준비만 합니다. 현재는 없고 미래만 있는 삶으로서 그런 삶은 황폐하더군요. 목표에 도달하면 다른 목표를 세우고 또 그 목표에 도달할 때까지 준비합니다. 삶을 사는 일은 그 자체가 목적이고 과정인데 삶이 다른 목표의 수단이 되는 것이지요.

삶을 즐기려면,

가. 어떤 인생을 살 것인지를 정하는 인생의 목표를 세워야 합니다.

즉 자신의 그릇을 알고, 키우기 위해 원력願力을 세우는 일이지요. 원력만큼 기운이 들어온다는 말씀도 언젠가 드린 바 있지요. 예를 들어 수선재의 지도자가 되겠다는 원력을 세우고 노력하다 보면 그만큼의 기운이 조달이 되지요. 지도자는 완전한 덕목을 요구하므로 그 과정에서 한 가지 전공과목을 만들어야 합니다. 골고루 갖추되 한 가지에서는 타의 추종을 불허하는 전문성을 가져야 되는 것이지요.

초창기 수선인의 목표는 전문 수련인이 되는 것이어야 하므로 어떤 일(직업)을 통하여 그렇게 될 것인가를 정해야 합니다. 생계를 위해 현재는 그렇게 못하더라도 장차는 그런 계획을 세우고 준비해야 할 줄 압니다. 나아갈 목표가 없어 방향을 정하지 못하는 삶은 제자리에서 표류하다가 가라앉을 수밖에 없는 것이지요.

나. 주변을 정리해야 합니다.

수련을 시작하고, 수련이 곧 생활이 되어 가면서 가장 먼저 해야 하는 일은 이것입니다. 가정이나 직장, 사회에서의 인간관계를 정리하고 자신이 관리하기가 가능한 수준에서 관계를 정리해야 하지요.

세상의 모든 사람과 다 관계를 맺고 또 이들 모두와 좋은 관계를 유지할 수는 없을뿐더러 그렇게 해야 할 필요도 없는 것입니다. 주변에 관계를 맺고 있는 사람이 없을수록 좋은 일이지요.

자신과 상대방의 신념이나 수준이 맞지 않을 때는 상생의 관계가 아니라 상극의 관계가 됩니다. 주변에 자신의 발목을 잡는 상대가 있다면 과감히 정리해야 하며 그렇게 하기 싫다면 최소한 자신의 편으로 만들어야 할 것입니다.

끝까지 주변정리가 어렵다면 차라리 수련을 포기할 것을 권합니다.

다. 무엇보다 자신을 사랑해야 합니다.

어떠한 신념이나 대상도 자신을 사랑하는 일보다 우위에 있을 수는 없습니다. 자신을 사랑한 후에 자연과도, 이웃과도, 신과도 사랑을 나눌 수 있는 것이지요.

자신을 사랑하는 일은 먼저 자신을 가꾸는 일입니다. 자신에게 좋은 음식을 먹게 하고, 좋은 옷을 입게 하며, 좋은 집에서 살게 하고, 좋은 놀이를 하며, 좋은 환경에서 심신이 자유를 누릴 수 있게 하는 것이지요. 좋다는 뜻은 간소하고, 깨끗하며, 자연 친화적인 것임은 두말할 필요가 없습니다.

수련이란 먼 데 있는 것이 아니라 바로 자신을 다듬고 사랑해주는 일입니다. 그 결과 자신뿐 아니라 바라보는 이들에게도 아름다움과 기쁨을 주는 일이고요.

라. 보람을 느끼는 일을 찾아야 합니다.

자신이 자신으로부터 사랑받아야 하는 존재임을 인식한 후에는 자신이 가장 하고 싶고, 보람을 느끼며, 해야 하는 일을 발견하는 일입니다. 그 일을 찾은 후에는 그 일을 하루 한 가지씩 실행해 나가면서 '한없이 나아가면' 되는 일이고요.

허나 그 일이 너무 중요해서 자신을 해치면서까지 해서는 안 되는 것이지요. 자신이 모시는 상사를 위해, 가족이나 이웃을 위해, 나라를 위해 중요한 일을 하는 일이 힘들어서 탁기를 풍기고, 찌푸리고, 심장이 식고 있다면 적정선에서 해결해야 할 것입니다.

맑음, 밝음, 따뜻함은 그 자체로 자신뿐 아니라 우주 전체에 힘이 되는 것입니다. 반대로 일을 하는 힘겨움으로 인하여 자신뿐 아니라 주변 사람들에게 부담을 준다면 그 자체로 자신뿐 아니라 우주 전체에 짐이 되는 것이지요. 仙인은 반드시 일을 통해서가 아니라 존재하는 것만으로 우주에 힘이 된다고 하는 말은 바로 이런 뜻이지요.

그래서 어떠한 중요한 일도 자신이 지닌 에너지와 시간의 50%를 넘어서는 안 되는 것이며, 가장 이상적인 삶의 형태는 자신과 이웃을 사랑하는 일에 30%, 일에 30%, 수련에 30%를 할애하는 것입니다. 나머지 10%는 그중에서 자신이 더욱 중요하다고 생각하는 일에 보태면 되는 것이고요.

근면한 거둠은 매 30%에 자신의 기력(최선)을 다하라는 뜻이지 30%를 위해 나머지 70%를 버리라는 뜻이 아닙니다.

깨달음이라는 것은 다른 것이 아니라 하루하루 자신에게 다가오는 문제를 해결하는 능력입니다.

인생이라는 길을 따라 전개되는 수련이라는 운동(공부, 놀이, 풍류, 게임, 연극 등으로도 표현할 수 있는)은 장애물 경기의 연속이니까요.

자신의 수준이 높아질수록 장애물의 수준 또한 높아지는 것이며 매번 이것들을 가뿐히 뛰어넘을 때 仙계의 문턱에 다다라 있을 것입니다.

오늘 하루 자신에게 닥친 문제를 주변 사람들에게 부담 주지 말고 혼자서, 깔끔하게 해결해 나가는 것이 현재의 수선인으로서는 가장 시급한 일로 여겨지는군요. 고통은 스스로 감당하고, 기쁨은 나누면서 말이지요.

인간에게 있어 가장 중요한 일의 두 번째는
'살아있는 동안 죽음(영생)을 준비하는 일'입니다.

삶은 시한적인 것이고 죽음은 영생으로 들어가는 또 하나의 탄생이기 때문이지요.

식물에도 한해살이, 여러해살이가 있듯이 인간은 여러해살이 동물일 뿐 아니라 폐기처분될 때까지 수없이 환생이 가능한 영성을 지닌 영장류靈長類 입니다.

죽음을 준비하여 잘 죽기 위해서는, 영생으로 잘 태어나기 위해서는,

가. 나는 누구인가를 알아야 합니다.

나는 왜 태어났으며, 누구로부터, 어디로부터 왔는가를 아는 것은 나를 알기 위한 가장 근원적인 해답입니다.

부모로부터 태어났다고 하여도 내가 부모님의 소유물이 아님을 알 수 있는 것은 내가 부모님 마음대로 되지 않는다는 것이지요. 나로부터 태어난 자식도 결코 내 마음대로 되지 않습니다. 내가 부모님의 것이 아니고 내 자식이 나의 것이 아님은 그 사실만으로 간단히 알 수 있습니다.

생명을 주고받은 부모자식 간의 관계도 이러할진대 부부끼리 서로의 소유물로 착각하여 지나친 간섭을 하는 것은 미숙한 인간들의 횡포이지요.

하물며 나 자신조차도 나의 인생을 내 마음대로 이끌 수 없습니다. 내가 태어나고 싶어 태어난 것이 아니며, 늙고 싶어 늙는 것이 아니고, 병들고 싶어 병드는 것이 아니며, 죽고 싶어 죽는 것이 아니지요.

내가 내 것이고 부모의 것이라면 내 마음대로이거나 부모의 마음대로 될 수 있어야 하는데 나도, 부모도 알 수 없는 어떤 섭리에 의하여 내 인생이 전개되고 있는 것입니다.

또한 내가 내 것이라면 오늘 일과 내일 일 정도는 알아야 하는데 오늘 저녁이나 내일 아침에 어떤 일이 일어날지를 전혀 모르고 살고 있습니다. 내가

내 것이 아님은 분명한 것입니다.

　나뿐 아니라 인간은 어디로부터, 누구로부터, 왜 왔을까 하는 것을 알아야 합니다.

　인간은 하늘 어딘가에 영혼이 씨앗으로 존재하고 있다가, 조물주님으로부터, 조물주님을 도와 우주의 창조 목적인 우주 전체의 진화를 주도하기 위해, 우주의 법칙에 따라 창조된 피조물입니다.

　그러므로 인간은 조물주님이 정해놓은 우주의 법칙 중 인간 창조의 법칙과, 각 인간의 진화의 사이클에 따라 그 인간의 금생의 스케줄이 프로그램된 룰을 벗어날 수 없습니다.

　각 개인의 스케줄이 프로그램된 장부를 명부命簿라고 하며, 스케줄은 그 인간의 인과응보에 따라 정해지는 것이지요.

　인간은 지구에 태어날 때는 자신의 의지가 5% 정도, 하늘의 뜻이 95% 정도 주어지다가 진화가 진행되면서 점차 비율이 바뀌어서 끝내는 95%의 자유의지대로 자신의 명을 이끌 수 있게 됩니다. 이것이 인간 진화의 법칙이지요.

　100%는 조물주님만이 가능하다고 하나 조물주님조차도 자신이 정해놓은 우주의 법칙, 조물주님의 책임에서 벗어날 수 없는 것이고 자신이 창조해놓은 만물의 뜻도 살펴야 하므로 어느 누구도 완전 100%는 불가능한 것이지요.

　이것을 아는 것이 깨달음의 시초이며, 우주 창조, 지구 창조, 인간 창조의 목적과 우주 진화에 동참하는 방법을 지구 최초로 알려주는 곳이 수선재입니다.

나. 죽음이 무엇인가를 알아야 합니다.

죽음에 대한 인식과 신념에 따라 인간의 죽음에 대한 태도는 천태만상입니다. 죽음은 갑작스럽게 다가오기 때문에 인간의 진화 정도와 품위는 그 인간의 죽음의 순간에 결정되지요.

인간에게서 가장 어리석고 이상한 점은 언제 다가올지 모르는 죽음에 대한 대비가 전혀 없다는 것입니다. 그러므로 기정사실화된 죽음을 맞이하면서 허둥대고, 망연자실하며, 뜻밖이라는 듯이 한이 맺히면서 가게 되지요.

인간은 진화의 정도에 따라 단순한 명命 또는 사명이나 소명, 역할을 부여받아 학교인 지구에 나옵니다. 즉 태어나면서 공부할 양과 역할에 따라 수명을 부여받고 나오지요.

정해진 기간 안에 자신이 해야 할 공부나 경험을 쌓아야 합니다. 수련에 드는 인간들은 모든 것이 수련 안에서 진행되므로 변수가 많지 않으나 수련할 기회를 얻지 못하는 인간들은 보호나 인도를 받지 못하여 뒤죽박죽 살다가 허둥지둥 가게 되지요.

삶은 영생을 위한 준비기간으로서 필요한 것입니다. 꽃이 지면 열매가 남듯이 삶은 꽃이고, 죽음은 씨앗으로 남아 하늘 어딘가에 보관되는 것이지요. 보관되는 곳은 삶 동안의 결과를 보아 정해집니다.

진화의 수준이 높을수록 높고 좋은 곳에 보관될 뿐 아니라 이번에는 생명이 아닌 명命이 부여되지요. 아주 높은 영靈들은 죽자마자 사후의 역할이 주어집니다.

그들의 지상에서의 삶은 잠깐 동안 옷을 바꿔 입은 정도에 지나지 않는 것처럼 복귀하자마자 본래의 역할을 하게 되지요. 그러나 그들의 사후의 위치도 인간으로 있을 때의 공부 결과에 따라 바뀌거나 정해지는 것이지요. 이들을 仙인이라고 하며 仙인들은 쉬는 일은 없습니다.

상천 수준의 영들은 영체靈體로서 상천에서 역할을 부여받거나 쉬거나 공부하면서 비교적 자유롭게 살아가지요.

중천 수준의 영들은 기인氣人 즉 기적인 생명체로서 사후세계에서 역할을 하거나 공부하면서 살아가게 됩니다. 기인들도 쉬는 일은 없습니다.

하천 수준의 영들은 그저 어두운 창고에 보관되어 차후 어딘가에서 태어나거나 갈 곳이 정해지지 않은 상태에서 있습니다. 이들을 영인靈人이라고 하며 몸체를 지니지 않은 영의 상태로 보관되어 있기 때문에 생전의 모습을 띠고 있습니다.

그러므로 명은 중천 이상의 인간들에게 주어지는 것으로서 지상의 종교가 지향하는 곳은 중천이며, 지상에서 특별히 역할을 잘한 분들은 상천까지 갈 수 있습니다. 원래는 仙인이었으나 사명으로 인하여 종교지도자의 역할을 잘하셨던 분들은 仙계로 복귀하지요.

수선재가 가고자 하는 곳은 仙계이며 仙계는 상천을 지나 또 하나의 관문인 팔문八門을 열고 들어가야만 갈 수 있는 곳입니다.

다. 비워야 합니다.

인간의 진화의 수준을 결정하는 잣대는 기운입니다. 仙인이나 영체, 기인, 영인들 모두가 기운으로 둘러싸여 있기 때문에 우주에서 한 인간의 수준을 평가할 때는 기운의 모습을 보아 결정하지요.

숨길 수도 감출 수도 없이 있는 그대로 표현되는 것이 기운입니다. 기운의 맑음, 밝음, 따뜻함으로 한 인간의 격이 정해집니다. 기운이 맑고, 밝고, 따뜻하려면 몸이 그래야 하고, 생각이 그래야 하며, 마음이 그래야 하고, 마음이 그렇게 되려면 우주 원래의 상태인 공空의 상태로 되어야 합니다. 진공眞空

상태인 본성本性은 허공虛空 속에서만 빛을 발할 수 있기 때문이지요.

또한 마음이 비워져야만 기운이 가벼워져서 영이 가장 높은 곳까지 올라 갈 수 있습니다. 짐이 없을수록 높이, 멀리 갈 수 있으니까요.

마음을 비우는 순서는 물질을 비우고, 감정을 비우며, 생각을 비우는 것입니다. 인간이 만들어 놓은 물질이 몸을 지배하고, 몸이 감정을 지배하며, 감정이 생각을 지배하고, 생각이 마음을 지배하기 때문입니다.

가장 이상적인 물질의 비움은 본래 왔던 상태대로 씨앗인 영靈 하나만 가지고 돌아가는 것이며, 감정은 희로애락애오욕을 죽는 순간까지 몽땅 버리고 가는 것이고, 생각의 비움은 본성本性으로 회귀한다는 근본 하나만 잊지 않고 돌아가는 것입니다. 목적지는 알아야 여행이 즐거울 수 있으니까요.

물질을 비우는 방법은 지상의 환경에 자신의 것을 하나도 남기지 않는 것입니다. 시신조차도 남기지 말고 화장하여 자연으로 곧바로 돌아가는 것이며, 무덤이나 비석이라고 표현되는 세상에서 가장 흉측한 모양인 죽은 자의 집을 자연과 후손에게 남기지 않는 것입니다.

감정感情을 비우는 방법은 무지에서 벗어나는 것입니다. 아무리 공부가 잘된 인간일지라도 죽을 때까지 놓지 못하는 감정은 두려움과 허무라는 두 가지입니다.

두려움은 사후세계나 우주의 법칙에 대한 무지에서 나오는 것이고, 허무 또한 한 번의 삶이 끝이라고 알고 있으므로 유한하고 변화하는 삶에 대한 애착에서 나오는 것이므로 이 또한 무지가 가장 큰 원인이지요.

변한다는 것은 낡은 것을 버리고 새것을 만날 수 있는 기회를 얻는 것이므로 오히려 반가운 일입니다. 죽음 또한 낡고 병든 몸을 버리고 새로운 생을 받는 일이므로 더없이 반가운 일이지요.

인간은 공부를 위해 태어나는 것이고, 지구는 학교라는 것을 인식한다면 자신에게 다가온 모든 것들이 경험을 통하여 자신을 풍부하게 만드는 교재

였다는 것을 알고 오히려 기뻐할 것입니다.

'생'은 태어남이 즐겁고, '로'는 자신의 연륜이 쌓여가므로 즐거우며, '병'은 자체의 건강치 못한 부분을 알려줘 고맙고, '사'는 살아있는 동안의 결실을 마감할 수 있게 해주니 고마운 것이 아닐지요. 세상은 온통 즐겁고 고마운 것들로 가득 차 있는 것입니다.

생각을 비우는 방법은 본성의 표현인 仙서의 상태로 자신을 일체화시키는 것이지요. 매 사안에 대하여 자신의 생각이 따로 없다는 것처럼 가볍고 편한 것은 없더군요.

비우는 연습이 놀이가 되어 죽는 순간에는 남김없이 비울 수 있게 되기를 바랍니다. 빈손으로 왔다가 경험이 축적된 알찬 영이 되어 돌아가니 남는 장사가 아닐지요.

라. 나눠야 합니다.

비우는 방법에는 버리는 방법과 나누는 방법이 있습니다. 남에게 베푸는 것은 자신의 것을 주는 것이 아니라 자신의 비움을 돕는 방편으로 남을 선택하는 것이지요.

자신에게서 비우는 것을 길가에 놓아둔다면 아무 소용이 없을뿐더러 오히려 쓰레기가 되어 자연에게나 타인에게 장애물이 되는 것입니다. 가장 이상적인 비우는 방법은 자신에게서 남아도는 것을 모자라는 분들에게 나누는 것이지요.

그 방법의 하나로 뇌사 시 시신이라도 필요로 하는 분들에게 주고자 하는 것입니다. 살아있는 동안의 장기기증은 수련이라는 절체절명의 과제가 있는 수련생의 경우에는 조심스럽습니다.

기운은 흐르는 것이므로 주고받음이 원활할 때 유통이 원만해지지요. 물질도 기운이므로 물질을 주고받을 때 흐름이 원만해져서 더욱 풍요로워집니다.

버림과 나눔의 장소로서 믿음이 가는 곳을 활용할 수 있습니다. 자신이 혼자 해결하는 것보다는 그런 곳을 활용하는 것이 신경 덜 쓰는 일이지요. 버리는 일에도 힘이 드니까요.

하늘의 장부에는 대차대조표라는 것이 있어서 그 기록에는 한 치의 오차도 없습니다. 대부분의 인간들의 경우에는 하늘에, 자연에, 인간에, 세상에 빛을 지고 있습니다.

자신에게서 남아도는 것뿐 아니라 유용한 것을 아무 거리낌 없이 나누게 될 때 더욱 큰 축복이 내려지더군요. 하늘의 속성은 인간들에게 빚지고는 못 사는 성향이기 때문에 반드시 언젠가는 누구를 통해서든 기하급수로 돌려주시더군요. 좋은 것뿐 아니라 나쁜 것도 그러합니다.

하늘의 뜻은 물질의 흐름을 원활하게 하여 제대로 쓰일 곳에서 쓰이고자 하는 것입니다. 기운을 조절한다는 것은 이런 뜻이지요.

부의 분배와 유통은 하늘의 뜻을 잘 알 때에만 가능한 것입니다. 풍요와 빈곤이 현격하게 나뉘어 있는 지구에서 모든 물질에게 제자리를 찾아주려는 것이지요.

나눔에는 또한 정신적인 것과 물질적인 것이 있습니다. 정신을 나눌 때 명심해야 할 것은 고통을 나눔은 삼가야 하며, 기쁨을 나눔은 많을수록 좋다는 것입니다.

가장 좋은 정신의 나눔은 기쁨의 파장을 배가시키는 것입니다. 물질이나 정신이나 가진 것이 없어 타인과 나눌 것이 없다면 적어도 한숨만은 남과 나누지 않아 죄라도 짓지 않게 되기를 바랍니다.

착한데 어두운 분들이 좋은 곳에 가지 못하는 이유는 그들의 한숨 때문이지요. 한숨은 한 숨이지만 그 무게는 천근만근이랍니다.

수선인에게는 어느 누구도 지니지 못한 仙서와 우주기운이 있지요. 그것을 나누는 것만큼 귀한 일은 없습니다. 수선재의 맑고, 밝고, 따뜻한 파장으로 세상의 무게를 한 줌이라도 덜어내기를 바랍니다.

이상 여덟 가지 가치태도 이외에는 이 세상에서 중요한 일은 더 이상 없습니다. 인간에게 있어 가장 중요하게 생각되는 건강이나 자유조차도 위와 같은 근본적인 가치태도가 확립되면 저절로 찾아오는 것이지 그 자체가 목적이 될 수는 없는 것이지요.

수선인들이 천지만물에 감사하는 모습을 보고 싶습니다. 매순간은 아닐지라도 감정의 끝은 언제나 감사함으로 회귀하는 것이 수선인들이 살아가는 태도일 것입니다.

자신은 우주의 크나큰 선물로 세상에 나온 것이고, 옆에 있는 분들도 그렇습니다.

1절 | 삶을 살고 즐기는 일

1. 인생의 목표를 세워야 합니다

■ 사명, 소명, 일

소명, 자신의 일

사람은 누구나 다 태어나면서 자신의 일이 있게 마련인데 그것을 일컬어 사명使命 또는 소명召命이라고 합니다.

사명이 있는 사람은 수천만 중의 하나이며 대개는 없는 사람들입니다. 사명은 천하와 우주를 위한 일이고, 소명은 자신의 자리에서 자신의 일을 하는 것입니다. 소명만 해도 상당히 큽니다. 소명 한 가지를 해내면 그 사람의 일생은 보람이 있다 할 수 있습니다.

소명이 없는 사람은 직분이 있고, 직분이 없으면 임무가 있으며, 임무 다음에는 일이 있습니다. 사람은 누구나 다 태어나면서 자신의 일이 있게 마련입니다.

자기만의 자리가 있다

광장에 깔려 있는 보도블록을 보면 비슷한 것 같아도 동일한 것은 하나도 없습니다. 위치상으로도 같은 자리에 이중으로 설치된 경우는 없는 것이고요.

어떤 보도블록은 여기 있고 어떤 보도블록은 저기 있는데 다 자기 자리입니다. 만일 어떤 보도블록이 튀어 나와서 다른 보도블록 위에 얹혀 있다면 남의 자리를 침범한 게 됩니다. 자기만의 자리가 있는 것입니다.

그 자리가 꼭 '주인공'일 필요는 없습니다. 다 주인공일 수도 없습니다. 연극에서 다 주인공 하면 누가 조연을 하고 단역을 하겠습니까? 그와 같은 것입니다.

어떤 회원이 '나, 배경이고 싶다'라는 시를 썼더군요. 그렇게 배경 역할에 만족하고 그 속에서 자기 일을 찾으면 그것도 괜찮습니다. 그 속에서 창조성을 발휘하면 되는 것입니다. 스스로 빛나기보다는 남을 빛내주는 게 자신의 일일 수 있는 것입니다.

그럼 그건 의미가 없는 일인가? 아닙니다. 그 속에 자기 인생이 있습니다. 사람마다 역할이 다른 것뿐입니다. 내 인생에서는 내가 주인공이지만 세상에서 한 부분을 이룰 때는 조연이나 단역일 수 있는 것입니다. 집을 짓는 일에 비유하면 내 역할이 대들보가 아니라 모래나 자갈이라는 얘기인데 모래나 자갈은 집을 튼튼하게 엮어주는 역할을 합니다. 없어서는 안 될 중요한 요소입니다. 내 인생의 주인공 역할을 하고 있는 것입니다.

신화를 이루기 위해 오신 분들

일본에서 도덕경을 번역한 분에 관한 일화가 있습니다. '도덕경을 일본인에게 전해야겠다' 하고 번역을 해서 책을 내신 분입니다.

그분이 번역한 도덕경을 출간하기 위해 십 년 정도 돈을 모으셨다고 합니다. 책을 내려면 돈이 필요하기 때문입니다. 그런데 마침 그때 일본에 전염병이 돌았다고 합니다. 그러자 모은 돈을 병자를 살리는 일에 희사하셨습니다. 일단 사람을 살려야 한다고 생각한 것입니다.

다시 십 년 정도 돈을 모아서 책을 내려고 했는데 이번에는 지진이 일어났다고 합니다. 그러자 다시 이재민을 돕기 위해 모은 돈을 희사하셨습니다.

그러고 나서도 도덕경 번역서를 내겠다는 꿈을 포기하지 않으셨고, 다시 십 년 동안 돈을 모아서 마침내 책을 내셨습니다. 책 한 권을 내는 데 삼십 년이 걸린 것입니다. 일본 사람들은 그분의 업적에 대해 '보이지 않는 책 두 권까지 합쳐서 도덕경 세 권을 냈다'고 얘기한다고 합니다.

이렇듯 하늘이 인간에게 부여한 미션은 작은 것입니다. 작지만 가치 있는 일, 많은 사람들에게 기여하는 일입니다. 그것을 '신화神化'라고 표현할 수도 있습니다. '지구에 태어나신 분들은 자기만의 신화를 한 가지씩 이루기 위해 오신 분들'이라고 말씀드릴 수 있습니다.

그 신화는 결코 큰 일이 아닙니다. '나는 건축을 통해 기여하고 싶다', '아름답고 따뜻한 집, 하룻밤 자고 나면 심신이 편안해지는 그런 집을 짓고 싶다' 하면 그것은 대단한 신화입니다. '나는 요리를 통해 기여하고 싶다', '내

밥상을 받은 사람들이 기뻐하고 행복해 하면 좋겠다', '좋은 에너지를 얻어서 다시 자신의 신화를 이루었으면 좋겠다' 한다면 그것 역시 대단한 신화입니다.

그런 한 가지 주제를 정하시기 바랍니다. 평생이 걸려도 좋으니 그 한 가지를 이루고 가시기 바랍니다.

진심으로 하고 싶은 일

자신의 일을 찾기 위해서는 '진심으로 하고 싶은 일'을 찾는 것이 중요합니다. 진심으로 원하는 게 있고 겉으로 원하는 게 있습니다. 남들이 부러워하는 일이라 해서 나한테 좋은 일은 아니기 때문에 내가 진심으로 원하는 일에 솔직해져야 합니다. 또한 남들이 바람직하지 않다고 비난하기 때문에 못하는 것도 옳지 않습니다.

평생 어떤 일에 종사하다가 갑자기 "내가 할 일이 아닌 것 같다"면서 진로를 바꿔서 하고 싶은 일을 하는 분들이 가끔 있습니다. 바로 그런 걸 원하는 겁니다. 그렇게 해서라도 본인이 원하는 일을 하는 게 바람직합니다.

자신이 진심으로 원하는 일과 해야 하는 일이 맞아 떨어졌을 때 자신도 보람을 느끼고 주변에도 덕이 됩니다. 아무리 남이 칭송하는 일이라 할지라도 자신의 일이 아니면 보람도 없고 도움도 되지 않습니다.

자선사업 한다고 간판을 내걸고서는 돈벌이에만 몰두하는 사람도 있습니다. 재단을 만들어 놓고 기부금을 받는데 그 돈을 빼돌릴 궁리만 합니다.

돈 많이 벌고 싶은 게 죄는 아닙니다. 그게 왜 죄겠습니까? 벌고 싶으면 벌면 됩니다. 단, 돈 버는 방법으로 벌라는 것입니다. 편법을 써서 앞에 내세우는 것과 뒤에서 챙기는 게 다른 것은 범죄입니다. 돈 버는 방법은 장사입니다. 돈을 벌고 싶으면 장사로 나서면 됩니다.

솔직하게 자신이 원하는 일을 하라는 것입니다. 내가 이 일을 왜 하는가?

유명해지고 싶어서인가? 돈을 많이 벌고 싶어서인가? 아니면 진짜 그 일이 좋아서인가? 유명해지고 싶은 게 나쁜가요? 그렇지 않습니다. 유명해지고 싶으면 유명해지면 되는 것입니다. 죄의식을 가질 필요는 없습니다. 단, 이중적으로 하지는 말라는 것입니다.

가장 자신 있는 일

자신의 일을 찾고자 한다면 '가장 자신 있는 일'을 생각해 보는 것도 한 방법입니다. 본인이 하고 싶은 일을 각각 몇 장의 종이에 써놓고, 호흡으로 마음을 가다듬은 후 그중에서 가장 자신이 있는 부분을 선정하는 것입니다.

인간이 아무 일이나 할 수 있을 것 같아도 막상 할 수 있는 일은 그리 많지 않습니다. 인간으로 이 세상에 태어날 때 자신만의 역할이 주어지며, 이 역할에 적합한 기능을 가지고 태어나기 때문입니다.

자신의 길이란 자신이 그 자리에 있을 때 아주 편안하여 조금도 마음의 동요가 없는 것으로 알 수 있습니다. 우리는 그곳을 찾아 수련을 하고 있는 것이며 저도 여러분에게 그곳을 알려주고자 하는 것입니다.

■ 그릇과 원력

그릇은 '덕德'

흔히 '그릇이 크다, 그릇이 작다'는 얘기를 하는데 그릇이란 바로 '덕德'을 말합니다. 받아들일 수 있는 마음, 다 어루만지고 수용하는 것이 덕입니다. 덕을 많이 타고나면 그릇이 크다고 하고, 덕을 적게 타고나면 그릇이 작다고 하는 것입니다.

그릇이 작으면 남은커녕 자기 자신도 다 못 담습니다. 자신의 어떤 부분만 담고 나머지 부분은 수용이 안 돼서 삐죽삐죽 나옵니다. 자신의 자질, 가정환경, 처해 있는 상황 등을 인정하지 못하는 것입니다. 좋은 부분, 스스로 인정하고 싶은 부분만 받아들이고 나머지는 인정을 안 합니다. 내 탓이 아니라고, 내 의사와 상관없이 피동적으로 주어진 여건이라고 거부합니다. 누가 그런 부분을 건드리면 비명을 지릅니다.

그릇이 크면 다 수용하고 내 책임이라고 인정할 수 있습니다. 바닷물에 잉크 몇 방울 떨어져 봐야 아무 영향이 없는 것과 같습니다. 자신과 남을 다 담고도 한없이 여유가 있습니다.

그릇은 감당할 수 있는 숫자

그릇은 인간을 구분 짓는 기준이 되기도 합니다. 그릇이라는 것은 자신이 감당할 수 있는 사람의 숫자인 것이지요.

자기 자신조차 주체하지 못하는 그릇이 있는가 하면, 가족이나 일가친척은 담을 수 있는 그릇이 있습니다. 나라를 담을 수 있는 그릇이 있는가 하면, 우주를 담을 수 있는 그릇도 있습니다.

자신을 보살피는 수준의 사람은 소인小人이라고 할 수 있습니다. 저 사람이 소인이다, 소인배다 하면 자기밖에 모릅니다. 자기밖에 모른다는 것에는 가족도 들어갑니다. 소인은 자신과 가족을 포함하여 열 명을 감당하는 수준인데, 자기 자신을 돌보지도 못하는 수준은 소인도 아니지요.

백 명 정도 구제할 수 있는 사람은 중인中人이라고 합니다. 중인은 자기 자신을 돌보고, 가족을 돌보고 이웃이나 누구에게 크게 도움이 되는 수준입니다. 백 명을 구제한다는 것은 보통 일이 아니기에 중인만 돼도 대단한 것입니다. 구제한다는 것은 물질적인 베풂만을 말하는 것은 아닙니다. 마음으로 베푸는 것, 길을 알려줌으로써 베푸는 것이 더 중요합니다.

크게 나라나 우주에 자신의 역할을 하시는 분들은 대인大人이라고 합니다. 보이지 않더라도 기운상으로 역할을 할 수도 있고요. '위인' 또는 '영웅'

이라고 할 만한 사람입니다. 대인이라고 하면 천 명 정도는 구제할 수 있어야 합니다.

마지막으로 仙인은 소인이 되고, 중인이 되고, 대인이 된 다음에야 바라볼 수 있는 목표입니다. 仙인화란 인간이 궁극적으로 도달해야 할 목표인 것입니다. 仙인은 만 명을 감당할 수 있는 수준이라고 말씀드립니다.

그릇을 없애는 방법

지식이나 다른 것과 달리 덕은 후천적으로 갖추기가 상당히 어렵습니다. 그래서 그릇을 바꾸기도 어렵습니다. 수련을 많이 해서 기는 상당히 장해져도, 그릇 자체는 찌그러지면 찌그러진 대로, 양재기면 양재기, 냄비면 냄비인 채로 있는 것입니다.

그렇다면 '수련이라는 것이 아무 의미가 없지 않은가?' 이렇게 생각할 수도 있습니다. 그런데 수련을 통해서 그릇을 바꾸지는 못해도 그릇에 담는 내용은 바꿀 수가 있습니다. 그릇에 담는 내용이란 '기운'을 말합니다.

점점 수련을 해 나가다 보면 그릇을 바꿀 수도 있습니다. 방법은 그릇을 '없애는' 것입니다. 그릇의 경계가 없어져서 타고난 그릇 자체가 없어지면 그릇도 바뀌고 그릇에 담는 내용도 바꿀 수 있습니다. 하지만 대개 수련하시는 분들이 그런 경지까지 미처 도달하지를 못하시더군요.

수련을 열심히 하면 단전의 크기가 점점 커집니다. 담는 내용이 많아지기 때문입니다. 마치 풍선이 부풀듯이 맑고 강한 기운으로 채워지고 다져져서 그릇이 점점 커지고 경계가 없어지면, 그때 비로소 타고난 그릇을 벗고 그릇이 없어지는 상태가 되는 것입니다.

원력만큼 기운이 들어온다

타고난 그릇이 있고, 금생에 어떤 스케줄이 정해져 있다 하더라도 본인이 공부를 하시다가 '나는 금생에 어디까지 해야겠다' 하고 목표를 설정하시면 그렇게 됩니다. 자기가 원하는 만큼 하는 것이 가능합니다. 예를 들어 나는 이번 생에 본성을 만나는 데까지 가겠다는 목표를 설정하시면 그만큼이 그분의 원력이 되는 것이고, 거기까지 가는 걸로 조정이 되는 것입니다.

이미 길이 정해져 있는 것이 아니라 본인이 어느 정도 의지를 내느냐에 따라 달라질 수 있다는 것입니다. 개인의 자유의지를 상당히 중요하게 생각하기 때문이지요.

기운은 자기 원력만큼 들어오는 것이 우주의 법칙입니다. 나는 나와 내 가족만 먹여 살리면 된다 하면 그 정도 기운밖에 안 들어옵니다. 밤낮 없이 열심히 수련해도 그 이상은 안 들어옵니다. 기운을 받을 수 있는 마음자세가 안 갖춰져 있기 때문입니다. 나를 어떻게 세우고, 그 다음에 주변 사람을 어떻게 돕고, 그 다음에 사회에 어떻게 기여하고, 이런 식으로 원력을 세워야 하는 것입니다.

목표가 뚜렷하면 힘이 붙습니다. 코엘료가 쓴 『연금술사』를 보면 '자네가 무언가를 간절히 원하면 우주만물이 그것이 실현되도록 도와준다네'라는 구절이 있습니다. 자신이 뜻을 확실하게 세우면 우주만물이 그 사람을 도와주는 기운으로 감싼다는 얘기입니다.

김영삼이라는 분이 왜 대통령이 되었는가 하면 대통령이라는 뜻을 세우고, '나는 미래의 대통령'이라고 책상에 써 붙이고, 자나 깨나 일념을 가졌기 때문입니다. 그래서 힘이 붙었기 때문입니다. 만일 하루는 대통령이 되고 싶었다가, 그 다음 날은 작가가 되고 싶었다가, 그 다음 날은 소방수가 되고 싶었다가 했다면 당연히 힘이 모이지 않았을 것입니다. 힘이 붙지 않는다면 목표가 뚜렷하지 않기 때문이라고 생각하시면 됩니다.

2. 주변을 정리해야 합니다

대인관계 정리의 기준

배우자든 자식이든 친구든 가까운 인간관계가 너무 괴롭다면, 정리하고 싶은 생각이 든다면 다음 세 가지 판단 기준을 생각해 보시기 바랍니다.

첫째, 내가 그 사람을 사랑하는가?
둘째, 내가 그 사람을 위해 노력하는 것이 가치 있는 일인가?
셋째, 내가 그 사람으로부터 존중받고 있는가?

이 셋 중 어느 한 가지라도 아니다 싶으면 그 관계는 정리하는 것이 좋습니다. 설령 부부나 자식이라 할지라도 마찬가지입니다. 배우자 때문에 내가 너무나 스트레스를 받고 있는데 '내가 그 사람을 사랑하지도 않고', '그 사람보다는 딴 일을 위해 노력하는 게 더 가치가 있고', '내가 그 사람으로부터 인간적인 대우도 못 받고 있다면' 일고의 가치도 두지 말고 관계를 정리하십시오. 자식 역시 마찬가지입니다.

이혼이나 의절을 하라는 뜻은 아닙니다. 마음으로 끊으라는 얘기입니다. 생각을 끊으십시오.

▪ 남녀관계

미혼 남녀가 상대를 선택하는 기준

우리 회원님들이 자각수련(自覺修鍊, 자신에 대해 깨닫는 수련)* 과제 내신 것을 보면 남녀관계에 대해 참 많이 쓰셨더군요. 남녀관계란 게 참 드러내어 말하기 어려운 부분인데 짚고 넘어가야 하는 부분이니만큼 차근차근 말씀드리겠습니다.

우선 미혼 남녀가 상대방을 선택하는 기준은 다음과 같습니다. 첫째, 가장 중요한 기준은 상대방이 나의 진화에 도움이 되느냐 안 되느냐입니다. 나를 진화시키는 사람인가 아니면 퇴화시키는 사람인가를 가장 먼저 판단해 봐야 하는 것입니다.

상대가 나보다 월등하게 훌륭한 것이 좋은 것도 아닙니다. 둘의 수준이 비슷한 것이 좋습니다. 영적, 기적인 조건, 사회 통념상의 조건, 자라온 환경이나 상식 수준 등이 너무 차이가 나면 안 됩니다.

주변에서 환영받지 못하는 만남이나 부모가 결사적으로 반대하는 만남은 다 이유가 있습니다. 물론 자식이라 해서 자신의 생각을 강요하는 것은 부모의 잘못이지만 그래도 반대하는 것에는 이유가 있기 마련입니다. 그러니 왜 반대하는지 이유를 살피시고, 그 이유가 진화에 도움이 되는지 안 되는지 생각해 보시기 바랍니다. 무조건 부모 의견을 따르라는 것이 아니라 참고하시라는 말씀입니다.

둘째, 흔들림을 주는 상대는 안 됩니다. 만남으로 인해 흔들림, 스트레스를 주는 상대가 있습니다. 상당히 매력이 있는데 굉장히 피곤하게 합니다. 흔들다 못해 아예 뿌리째 뽑는 사람도 있습니다. 이렇듯 불편하게 하는 상대는 안 됩니다. 비록 밋밋하고 못생기고 매력이 없을지라도 흔들리지 않고 고정되어 있는 사람, 변함없는 사람이 좋습니다.

셋째, 만남을 서두르지 마십시오. 수련하시는 분들은 하루가 다르게 발전을 합니다. 가끔은 퇴보하거나 정체되는 분도 있지만 대개는 빠르게 발전하

• 2권 4부 1장 2절 중 '자기 자신을 아는 공부'(p.37) 참조

기 때문에 상대와의 시각 차이가 굉장히 커집니다. 전에는 엇비슷했더라도 1년 정도 지나면 전혀 상대가 안 되는 상황이 될 수 있습니다. 젓가락 두 개가 짝이 맞아야 하는데 하나는 길고 하나는 너무 짧아서 도저히 음식을 집을 수 없는 상태가 되는 것입니다.

그리고 남녀 간의 만남이라는 게 기운이 엄청나게 소모되는 일이기 때문에 수련에 방해가 될 수밖에 없습니다. 성관계를 통해 기운이 새는 것은 물론이고, 서로 맞추어 가는 과정에서 소모되는 에너지가 만만치 않습니다. 그러니 이제 막 수련에 드셨다면 이성과의 만남은 당분간 보류하시는 것이 좋습니다. 수련이 어느 정도 되어서 손기損氣되지 않을 수 있을 때 만나도 늦지 않습니다.

비정상적인 만남은 안 된다

비정상적인 만남, 특히 기혼 남녀끼리의 만남은 안 된다고 못을 박아 둡니다. 성적인 만남은 물론이거니와 마음만 주고받는 것도 안 됩니다.

한 분이 기혼, 다른 한 분이 미혼인 경우도 안 됩니다. 어중간한 상태, 예를 들어 별거 중인 상태에서는 기존 관계를 완전히 정리한 후 새로운 만남을 시작해야 합니다. 수련하시는 분들은 양다리를 걸치면 안 됩니다. 수련을 하려면 걸리는 게 없어야 하는데 양다리를 걸치면 걸리는 게 생기기 때문입니다. 들키지 않기 위해서 거짓말도 많이 하게 되고, 거짓말에 거짓말을 덧붙이다 보면 걸리는 것 때문에 수련을 못합니다.

겉으로는 걸리는 게 없다고 말씀하시는 분들도 양심의 소리, 본성의 느낌에 비추어 보면 어쩐지 정당하지 않다는 생각이 들 것입니다. 그런 것들을 합리화할 방법이 없습니다.

그러니 곰곰이 생각해 보셔서 환영받지 못하는 만남, 정상적이지 않은 만남이라고 판단된다면 자제하시기 바랍니다. 주변 관계를 깨끗이 정리한 후 다시 시작하는 여유와 슬기가 필요합니다. 어느 한 쪽이라도 괴로움이 따르거나 걸리는 부분이 있으면 안 되기 때문입니다. 사람의 마음을 다치게 하는 것만큼 큰 업은 없습니다.

흔들리지 않을 수 있을 때 사랑하라

사랑법이 참 안 되어 있습니다. 제가 이제까지 제대로 사랑할 줄 아는 사람을 본 적이 없습니다. 서로 엉켜서 허우적거리는데 빠져 나오기도 하고 아예 못 빠져 나오기도 하더군요.

제가 예전에 직장에 다닐 때 제 밑에 유능한 여직원이 한 명 있었습니다. 3년 동안 굉장히 열심히 일하는 모습을 보여줬습니다.

그 직원이 어느 날부턴가 연애를 하게 됐습니다. 그리고 연애를 하는 3개월 동안 유능했던 그전의 이미지를 다 깼습니다. 그렇게 유능했던 직원이 3개월 동안 날이면 날마다 울고불고하면서 힘들게 지내더군요. 그러다가 결혼해서 미국으로 가게 됐는데 한 석 달 결혼 생활을 하다가 결국 이혼하여 귀국하더군요.

사랑이란 사랑으로 인한 흔들림이 없을 때 해야 하는 것입니다. 우리 수련에서는 '하지 마라' 하는 금기 사항은 없습니다. 다만 한 가지, 흔들리지 말라고 주문합니다. 흔들리지 않을 자신이 있을 때 하라는 얘기입니다. 흔들린다면 아직 준비가 덜 된 것입니다.

흔들리지 않을 수 있을 때 사랑하십시오. 뿌리 뽑혀서 이쪽 끝에서 저쪽 끝까지 왔다 갔다 하지 않을 때라야 아름다운 사랑을 할 수 있습니다.

결혼은 선택 사항

결혼은 선택입니다. 결혼을 해도 되고 독신으로 살아도 됩니다. 단지 어떤 차이가 있는가 하면 결혼을 하면 짐은 무겁지만 발걸음은 가볍고, 결혼을 안

하면 자기 혼자 가니까 짐은 없는데 발걸음이 무겁습니다.

결혼이란 비유하자면 길을 나설 때 배낭에 먹을 것을 가득 넣어 잔뜩 지고 가는 것과 같습니다. 그래서 짐은 무거워도 발걸음은 가볍습니다. 반면 결혼을 안 하고 독신으로 가면 짐은 가볍지만 발걸음은 무겁습니다. 남들이 안 가는 길을 가는 것이기 때문입니다.

아직까지 우리 사회에서는 결혼을 안 한다는 것은 남들이 안 가는 길을 가는 것입니다. 남들처럼 결혼해서 사는 것은 아스팔트길을 가는 것처럼 순탄한 데 비해 독신으로 사는 것은 오솔길을 헤쳐 가는 것처럼 험합니다. 남들이 안 가는 길을 가기에 길이 험한 것입니다. 대신 자기 몸 하나 간수하면 되니까 홀가분합니다.

어찌 됐든 결혼은 필수가 아니라 본인이 선택할 문제입니다. 결혼을 하지 않으면 결혼을 통해서 해야 할 인생공부를 다른 일을 통해서 하게 됩니다. 부부간에 해결을 봐야 할 일을 다른 사람이나 일을 통해서 하게 되는 것입니다.

내 것이라는 착각

사람이 태어나서 살아가다 보면 사회화가 됩니다. 길들여지는 것인데 사실 이것만큼 무서운 일은 없습니다.

예를 들어 한 쪽이 다른 한 쪽에게 너무 잘해주는 부부가 있습니다. 손 하나 까딱 안 해도 될 정도로 다 알아서 해줍니다. 그러면 어떻게 되는가 하면 받는 쪽은 자립능력을 잃어버립니다. 운전은 어떻게 해야 하는지, 길은 어떻게 찾아야 하는지, 시장에 가면 뭘 어떻게 사야 하는지…. 혼자 살아갈 능력을 잃어버립니다.

상대방에게 그렇게 잘해주는 것이 과연 좋은 일인가? 순수한 의도인가? 사랑의 이름으로 상대방을 확실하게 내 것으로 만들기 위해 길들이는 것입니다. 잘해주는 사람을 보면 항상 반대급부가 있습니다. '내가 해준 만큼 나한테 뭘 해 달라' 하고 요구하는 것이 있습니다. 무조건적인 사랑이 아닌 것입니다. 부모자식 사이도 마찬가지여서 자식한테 공들이는 부모일수록 간섭하고 바라는 것이 많습니다. '내가 이만큼 했으니까 너는 의당 어떻게 해야 한다' 하는데 거기서 문제가 발생합니다.

상대방을 '내 것'으로 여기는 경우가 많은데 부부도 자녀도 내 것이 아니라 '남'입니다. 내 것이라는 착각, 내가 원하는 대로 따라줘야 한다는 착각에서 벗어나야 합니다.

인류 역사를 보면 '부부는 서로 간섭해도 된다'는 이데올로기가 있어 왔습니다. 상대방이 가장 원하는 바를 싫어하고 막는 것을 당연시 해왔습니다. 부부라는 이름으로 면죄부를 줬던 것인데 하늘의 입장에서는 그건 대단한 죄입니다.

나눌 수 있는 부분만 나누면 된다

부부라고 해서 전부 다 나눌 필요는 없습니다. 자기 생활은 자기 생활대로 하면서 나눌 수 있는 부분만 나누면 됩니다.

대개는 둘을 합쳐서 짬뽕을 만든 다음에 그걸 나누려고 하더군요. 결혼하면 얽히고설켜 돌아가는 것을 당연하게 여깁니다. 다 그래야 하는 줄 알고요. 우리나라 문화에서 특히 더 심한 현상입니다. 하지만 어느 정도 거리를 두어도 되는 일입니다.

결혼했다고 해서 꼭 같은 집에 살아야 할 필요도 없습니다. 일주일에 하루만 같이 지내도 됩니다. 꼭 같은 침대를 쓸 필요도 없습니다. 혼자 자고 싶을 때도 있지 않나요? 혼자 자다가 어느 날 같이 자면 더 반갑지 않나요?

우리 문화에서는 이렇게 하는 것을 이해하지 못하더군요. 각방을 쓴다고 하면 부부관계에 문제가 있다고 생각하더군요. 원래는 각방을 쓰는 게 당연

할 수 있는 것인데도요.

이혼의 기준

결혼이 파경에 이른 경우를 보면 대개는 본인 잘못도 굉장히 많습니다. 아내 대접, 남편 대접을 안 해줬다든가 불신을 심어줬다든가 하는 것들이 있습니다.

그런데 더러 너무 극악한 상대를 만난 경우가 있습니다. 상대방이 패륜, 인간 이하인 경우입니다. 배우자를 하대하거나 때린다는 것은 인간으로서 존중해 주지 않는다는 얘기입니다. 자기 소유물이라고 생각하기에 그런 행동이 나오는 것입니다. 그런 배우자일 때는 충분히 이혼 사유가 됩니다. 금생에는 구제가 불가능하다고 보기 때문에 양해가 되는 것입니다.

상대방이 내가 하고자 하는 일을 너무나 극렬하게 반대하는 경우라면 판단해 봐야 합니다. 내가 저 사람 때문에 그 일을 그만둘 만큼 저 사람이 중요한가? 나의 진화를 저 사람과 맞바꿀 수 있는가? 판단해서 아니다 싶으면 과감하게 그 상황에서 벗어나야 합니다. 많이 노력했는데도 도저히 안 되는 상대라면 벗어나야 합니다. 금생에 주어진 시간이 많지 않기 때문입니다.

그런데 어떻게든 결혼생활을 해내야 하는 경우도 있습니다. '적수를 만나 끝끝내 살아 봐라' 하는 숙제를 받아가지고 나온 경우입니다. 그런 분은 어떻게든 살아내야 합니다. 배우자라는 선생님을 통해 내가 배워야 할 것이 있기 때문입니다.

사람마다 조금씩 경우가 다릅니다. '그만큼 했으면 됐다' 하는 경우가 있는가 하면 '끝끝내 해야 한다' 하는 경우도 있습니다.

■ 부모자녀 관계

부모자녀 관계에 대한 인식

부모와 자녀는 본질적으로 어떤 관계인 것일까요? 만약에 지금 내가 아이를 임신하고 있다 하면 그 아이는 나와 어떤 관계인 것일까요?

아이는 하늘에서 자신의 몸을 통해서 내보낸 '별개의 영체'입니다. 자신의 분신이라고 여기는데 분신이 아니라 별개의 존재입니다. 그러므로 부모는 '나에게 찾아온 이 손님을 잘 길러야겠다'라는 마음가짐을 지녀야 합니다.

'내 것'이라고 쉽게 생각해서 함부로 낙태를 하기도 하는데 사실은 내 것이 아닙니다. 섭리에 의해 부여받은 존재입니다. 이점을 깊이 인식한다면 생명의 존엄성에 대해 다시 생각하게 될 것입니다.

부모의 역할은 뒤에서 받쳐주는 것

아이를 기를 때는 '내버려두는 것'이 가장 좋은 방법입니다. 대개 보면 엄마들이 아이를 앞에서 끄는데 아이의 재능을 보면서 뒤에서 받쳐주는 역할만 하면 됩니다. 앞에서 이리저리 끌지 말고 유심히 살피면서 본인이 하고자 하는 것을 뒷받침해 주라는 말씀입니다. 있는 듯 없는 듯 도와주는 것이 가장 좋은 방법입니다.

'너는 커서 뭐가 되라' 하는 얘기는 절대로 하지 마십시오. 본인이 스스로 찾아내서 하게 해야 합니다. 한 발짝 뒤에서 받쳐주는 것으로 부모의 역할은 다했다고 생각하시면 됩니다.

무용가 홍신자 씨가 쓴 책을 보니까 '내 딸이 나이는 나보다 어리지만 나보다 더 영성이 높은 아이인 것 같다'는 구절이 있더군요. 맞는 말입니다. 요즘 태어나는 아이 중에 영성이 높은 아이, 부모에게 오히려 가르침을 줄 만한 수준의 아이가 많습니다. 자식이라 하면 자기보다 차원이 낮다고 생각하기

쉬운데 그게 아니라는 것입니다.

몸은 부모에게 빌리지만 영은 하늘에서 오는 것이기 때문에 개체가 다릅니다. 아이가 부모보다 훨씬 차원이 높을 수 있습니다. 부모를 교육시키기 위해 나왔을 수도 있습니다. 특히 지금은 영성이 뛰어난 아이들이 많이 태어나는 시대입니다. 그런 아이들은 부모가 이래라저래라 하며 끌 수가 없습니다. 이미 상당한 수준에서 나왔기 때문입니다.

함부로 판단해 주지 마라

우리나라 부모들은 자녀의 삶에 굉장히 많이 관여합니다. 드라마만 봐도 참견하는 것이 원인이 되어 온갖 일들이 벌어집니다. '자식은 내 소유물이니까 내 맘대로 해도 된다'는 잘못된 의식 때문에 이것저것 강요하는데 모두 월권행위입니다.

진로 문제, 애정 문제, 종교 문제는 특히 강요해서는 안 되는 부분입니다. 자녀의 진로를 바꿔놓는 것은 굉장한 업이 되는 일입니다. 결혼 문제에 참견하는 것도 마찬가지입니다.

결혼 상대는 다 이유가 있어서 만나지는 것입니다. 전생에 아주 밀접한 인연이 있었던 것은 아닐지라도 금생에 어떤 공부를 해야 하기 때문에 필요에 의해 만나진 것입니다. 그것을 부모가 보기에 아니다 싶어서 죽기 살기로 반대해서 떼어놓는 것은 엄청난 업입니다.

함부로 판단해 주지 마시기 바랍니다. 예를 들어 자녀가 '이 사람과 결혼하려고 하는데 어떻게 생각하느냐'고 물었다면 '이런 식으로도 생각해 봐라' 정도의 조언은 가하지만 '그 길은 그른 길인데 왜 그 길로 가느냐?'는 식의 조언은 하지 마시기 바랍니다.

조언을 듣는 사람은 상대방의 기운이 강하면 거기에 거역을 못합니다. 기운이 강한 사람이 말 한마디 하면 위축되어서 자기 갈 길을 놓치게 됩니다.

타인의 진로를 흐트러뜨리는 것은 너무나 큰 업이 되는 일입니다.

세상 아이가 다 내 아이

우리나라가 세계에서 해외 입양률이 제일 높은 나라라고 하더군요. 내 자식만 찾느라고 남의 자식은 그렇게 많이 입양시킨 것인데 자기 핏줄을 편애하는 문화만 사라져도 우리나라가 행복한 나라가 될 거라는 생각이 듭니다.

수련생 중에도 폐쇄적으로 살아오신 분이 참 많은데 그런 분들도 수련을 하다 보면 세상의 통념에서 벗어나 인생을 달리 보게 되더군요. 이제껏 자기 가정이 전부라고 생각하며 살아왔는데 넓게 보게 되는 것입니다.

아이가 점점 '내 아이'가 아니라 '인간'으로 보이게 됩니다. 내 소유물이 아니라 독립된 한 인간으로 보이게 됩니다. 그러다 보면 편애가 없어지면서 두루두루 사랑하는 마음이 생깁니다. 내 아이를 보는 눈과 다른 아이를 보는 눈이 같아집니다. 다 내 아이입니다. 다 인간으로서 혜택을 누리고 사랑을 받아야 하는 존재들입니다.

그리고 내 아이만 예뻐하는 게 사랑이 아님을 알게 됩니다. 다른 아이에게 잘해줌으로써 내 아이에게 잘해줄 수 있다는 이치를 알게 됩니다. 내 아이에게 직접 사랑을 주지 않아도 됩니다. 내가 다른 아이에게 사랑을 주면 내 아이가 다른 곳에서 사랑을 받게 됩니다. 그것이 사랑의 원리입니다.

■ 대인관계

직장에서의 대인관계

직장에서의 대인관계에 대해 묻는 분이 있었습니다. 수련한답시고 직장 동료와의 술자리를 피하면 사회생활에 지장이 있지 않겠느냐고 묻더군요.

술자리에 어울리지 않으면 사회생활에 지장이 생기는가? 제가 아는 분 중에 술을 전혀 안 마시는데도 출세하신 분이 많습니다. 친구도 많으시고요.

노선을 분명히 하는 것이 중요합니다. 색깔을 분명히 하면 주변 사람도 안 헷갈리는데 이랬다저랬다, 술자리에 끼었다 안 끼었다 하면 헷갈립니다. 방침을 정했으면 아예 분명하게 '나는 술 못 먹는다'라고 선언하십시오. 그러면 인정해 줍니다.

학생이면 공부 잘하면 되고 직장인이면 일 잘하면 됐지 술 안 먹는 건 아무 상관이 없습니다. 일도 못하면서 술도 안 먹고 안 어울리면 따돌림 당할 수 있지만 자기 할 바를 다 하면 왜 그러겠습니까? 괜히 일 못하는 사람들이 술자리 빠지면 소외될까봐 그러는 것입니다. 자기 분야에서 당당하면 그렇게 눈치 볼 필요가 없습니다. 오히려 "술 안 마시니까 참 좋은데 당신도 한번 끊어 봐라"하고 권할 수도 있습니다. 끌려가지 않는 것입니다.

제 경우 스스로 소외되고 싶어서 소외된 적은 있어도 따돌림 당해서 소외된 적은 없었습니다. 참 신기한 것이 수련 안 하는 사람들도 기운이 맑고 좋은 것은 알더군요. 무슨 일이 있으면 저를 찾아 하소연하고 상의하곤 했습니다.

구도자求道者가 아닌 수도자修道者, 즉 도를 닦는 단계가 되면 가만히 있어도 그렇게 옵니다. 소외당할 걱정은 안 해도 되는 것입니다. 남들이 안 갖고 있는 세계를 갖고 있기 때문에 오히려 부러워하지 소외시키지는 않습니다.

3. 무엇보다 자신을 사랑해야 합니다

▪ 몸을 사랑하고 가꾸기

몸은 영이 타고 가는 자동차
몸은 이번 생에 자신을 싣고 가는 도구입니다. 비유하자면 몸은 영이 타고

가는 자동차와 같다고 볼 수 있습니다. 자동차가 좋아야 목적지에 무사히 도착할 수 있듯이 몸에 이상이 없어야 자신이 세운 인생의 목표를 달성할 수 있습니다.

그러니 '내 몸이 성소聖所다'라고 생각하면서 몸을 귀하게 대해주시기 바랍니다. 학대하거나 상처 주지 마시고요. 내 몸은 내가 위해줘야 하는 것입니다.

'내 몸이니까 내 마음대로 하겠다'고 말하는 분도 있더군요. 그러나 알고 보면 빌려 쓰는 것이지 내 것이 아닙니다. 하늘의 물건을 내가 잠시 빌려 쓰다가 죽고 나면 땅을 통해 하늘에 반납하는 것입니다. 그러니 '내 것이 아니다', '임시로 빌려 쓰는 것이다' 생각하면서 아껴주시기 바랍니다.

몸과 대화하며 보살피기

내가 내 몸에게 힘이 되는가 짐이 되는가를 살펴보시기 바랍니다. 머리가 감당치 못할 만큼 너무 많은 생각을 지고 있지는 않은지요? 몸이 감당치 못할 만큼 너무 많은 욕구를 지고 있지는 않은지요?

머리에 짐이 되고 있다고 느낀다면 뇌에게 미안한 마음을 가져보십시오. '내가 끊임없이 머리를 굴려서 뇌를 너무 부담스럽게 했구나' 하고요. 그러고 나서 머리를 비워 보십시오. 뇌가 '나 심심하니까 생각할 거리 좀 주세요' 할 정도로 생각을 안 하는 것입니다. 머리부터 비우고, 차츰 마음까지 비우시기 바랍니다.

장부藏腑에 대해서도 마찬가지입니다. 벌컥벌컥 화를 내셨던 분은 '내가 자꾸 화를 내서 간담에게 부담을 줬구나' 하고 미안한 마음을 가져보십시오. 그리고 비워 보세요. 과식을 했던 분이라면 위장이 '나 일거리 좀 주세요' 할 정도로 소식小食을 해보는 것입니다.

몸에 병이 났을 경우 더욱 미안해하고 달래는 접근이 필요합니다. 구박하거나 학대하는 치료법을 쓰면 안 됩니다. 예컨대 위장에 병이 났다 해서 위장을 굶기거나 하면서 스트레스를 주면 안 되는 것입니다. 암이 걸렸다거나 하는 극한 상황일 때는 혹 그런 방법을 쓸 수도 있습니다. 하지만 신경성 위장병이나 위무력증 등 일반적인 상황에서는 그런 극단적인 방법을 쓰는 것이 아닙니다. 미안해하면서 대화를 나누어야 합니다. '내가 무리하고 스트레스를 많이 줘서 미안하다' 하고요.

그리고 감사한 마음을 가져야 합니다. 비록 오장육부의 어느 한 부분이 병들어 있다 해도 그것은 내가 관리를 못한 탓이지 원래는 건강한 육신을 부여받았습니다. 선천적으로 질병을 타고난 분들, 어릴 적에 부모의 잘못으로 멍에를 짊어진 분들에 비하면 걱정 없이 살고 있는 것입니다. 그에 대해 감사한 마음을 가질 수 있어야 합니다.

내 몸은 내가 고칠 수 있어야 한다

《정약용》이라는 드라마를 보면 정조가 자신의 병에 대해 스스로 처방하고 치료하는 장면이 나옵니다. 실제로 정조가 의술에 조예가 깊었다는 기록이 있습니다. 정조가 어의御醫의 처방을 못마땅해 하니까 정약용이 "소신이 처방해서 약을 지어 올릴까요?"라고 말하기도 합니다.

조선시대 선비들은 자신의 몸을 스스로 치료할 수 있는 의학적 지식을 갖추고 있었다고 합니다. 자신뿐 아니라 가족이나 친척의 병을 앓은 자리에서 처방해서 치료할 능력을 구비해야 선비 자격이 주어졌다고 합니다. 인간으로서 기본적으로 갖추어야 할 능력이라고 봅니다. 자신의 몸을 타인에게 의탁하지 않고 스스로 고칠 수 있어야 하는 것입니다.

몸은 영이 타고 가는 자동차라고 말씀드렸는데 그 자동차의 운전기사 역할을 제대로 하는 사람은 드물더군요. 자기 몸인데도 그저 손님 노릇만 하는 사람이 많습니다. 운전대를 아예 의사에게 떠넘긴 사람, 옆에 탄 조수의 말만

듣고 운전하는 사람도 있고요. 자동차의 구조가 어떤지, 어디가 고장 났는지, 기름이 떨어졌는지도 모르고 막 달립니다. 그러다가 대형사고가 나기도 합니다.

자동차를 정기적으로 정비하면서 타듯이 자신의 몸에 대해서도 그래야 합니다. 그러기 위해서는 몸에 대한 기본적인 지식을 갖추어야 합니다. 자신의 영靈을 싣고 가는 운반체에 대해 알아야 하는 것입니다.

仙인류의 건강지침

[仙인류의 건강지침]은 수선재의 의료인들이 만든 생활 속 건강지침입니다. 이 지침대로 생활한다면 고가의 의료장비나 의약품이 없어도, 병의원을 여기저기 기웃거리지 않아도 타고난 건강이 더 이상 나빠지지 않은 채 생활하고 수련할 수 있을 것입니다. *

가. 仙인류의 건강

정의 **건강이란 보람 있는 삶을 위해 몸과 마음이 조화된 상태를 말한다.**

실천 1. 자신의 건강을 스스로 돌볼 수 있는 능력을 갖춘다.

설명 건강이란 몸과 마음이 조화와 균형을 이룬 상태를 말합니다.

건강을 위해 몸과 마음이 나타내는 신호를 읽어 대처할 수 있는 능력을 키워야 합니다. 건강은 보람 있는 삶을 통해 자신과 이웃, 나아가 우주에 힘이 될 때 더욱 가치를 지닙니다.

나. 仙인류의 건강지침

정의 **몸의 균형을 위해 노력한다.**

실천 2. 바른 자세로 하는 걷기나 절 명상을 생활화한다.

설명 걷기는 피로해진 상단을 쉬게 해주고, 체력을 강화시킵니다.

절 명상은 임독맥 유통과 함께 탁기제거, 축기를 도와줍니다.

걷기나 절 명상은 바른 자세로 할 때 더욱 효과적입니다.

---

* 자세한 내용은 『내가 고치는 자가치유 건강법』 참조

실천 3. 체질 식사를 하려고 노력하되, 어떤 음식이든 감사한 마음으로 먹는다.

설명 자신의 체질을 알고 그에 맞는 식사를 하는 것이 중요합니다.

체질에 맞는 음식을 섭취하면 체질에 따라 불균형으로 부여된 오장육부가 균형을 유지하게 되고, 감사의 에너지는 그에 힘을 더합니다.

의식은 체질을 보완하므로 체질식을 주로 하되 어떤 음식이든 감사한 마음으로 먹는 것이 더 중요합니다.

실천 4. 근육과 골격을 바로잡는 교정운동, 마사지를 실천한다.

설명 골격과 그를5하는 근육은 기혈의 유통에 절대적인 영향을 미치는 부분이므로 교정운동과 마사지의 실천을 통해 근육과 골격을 바로 잡습니다.

실천 5. 필요시 침, 뜸, 뇌파훈련, 속청, 부비동 청소를 활용한다.

설명 침법을 숙지해 놓고 유사시 응용하는 능력이 필요합니다.

체질에 맞게 Y침 요법을 응용합니다.

뜸은 경락에 열을 가해 순환을 돕고 전체적인 온기를 더하여 면역력을 증강시킵니다.

뇌파훈련은 우리 몸의 사령부 역할인 두뇌의 조절 프로그램입니다.

뇌파의 조절을 통해 좌우 뇌 균형 및 활성화와 더 나아가 몸의 균형을 이룹니다.

속청은 뇌에서 사고, 판단, 종합적인 결과의 도출기능을 하는 전두엽 부분을 활성화시킵니다.

얼굴 속에 있는 8개의 구멍인 부비동 청소는 뇌의 열을 식히므로 수승화강을 원활히 하고 뇌의 기능을 활성화시킵니다.

정의 좋은 감정 상태를 유지한다.

실천 6. 매사에 긍정적인 자세를 갖는다.

설명 마음에서 힘이 나옵니다.

긍정적인 자세는 비관적인 상황조차 긍정적인 방향으로 진행하게 합니다.

사소한 마음의 방향이 정반대의 결과를 불러오는 것입니다.

매사에 긍정적으로 임하여 즐겁게 받아들이되, 다만 사태를 바라보는 시각만은 중용을 유지해야 합니다.

실천 7. 순화된 방법으로 감정을 표현한다.

설명 감정은 정화되지 않은 채 고여 있으면 썩기 마련입니다.

효과적인 소통, 눈물, 웃음, 예술, 글쓰기, 운동 등의 순화된 방법으로 자신의 감정을 표현해 편안한 감정 상태를 유지합니다.

실천 8. 뇌의 깊은 잠을 위해 뇌의 잠 주기(밤 11시에서 새벽 1시) 전에 잠자리에 들어 숙면을 취한다.

설명 숙면을 취해야 그 다음 날 사용할 에너지를 충분히 공급받습니다.

뇌의 잠 주기는 밤 11시에서 새벽 1시이므로, 가급적 그 전에 잠자리에 들어 뇌가 깊은 잠을 잘 수 있도록 합니다.

뇌가 깊은 잠에 들어야 신체의 면역력이 강화됩니다.

정의 몸의 안과 밖을 맑고 밝고 따뜻하게 가꾸어 나간다.

실천 9. 몸의 구규를 선스럽게 관리한다.

설명 몸에 있는 9개의 구멍인 구규(九竅, 여자는 10개)는 인간을 우주와 직접적으로 연결하는 통로로서 구규의 관리 수준에 따라 그 사람의 격이 정해집니다.

구규는 오장과 밀접하게 연결되어 있으므로 구규의 관리가 곧 오장의 관리입니다.

구규를 깨끗하게 관리하여 불결하거나 질환이 없도록 하고, 단정하게 관리하여 마음가짐을 바로 합니다.

실천 10. 명상을 통해 그날의 탁기는 그날 제거한다.

설명 탁기는 먼지처럼 경락을 막아 건강에 위협이 됩니다.

매일 명상을 통해 최소한 그날 제거해야 몸에 쌓이지 않습니다.

실천 11. 하루를 감사한 마음으로 시작하고, 깊은 호흡을 통해 정리하는 습관을 갖는다.

설명 하루를 감사한 마음으로 시작하여 종일 감사의 파장이 이어지도록 하고, 우주기운으로 하는 깊은 호흡을 통해 마음을 정리하는 습관은 자신을 건강과 행복으로 인도합니다.

몸을 대접하는 의식주

사과 한 상자를 사면 그중 상한 것부터 먹는 사람도 있고, 좋은 것부터 먹는 사람도 있습니다. 저는 항상 제일 좋고 맛있게 생긴 것부터 먹습니다. 맛없는 것부터 먹다 보면 계속 맛없는 것만 먹게 되기 때문입니다.

사람에게는 좋은 음식을 먹을 권리가 있습니다. 음식을 버리는 것은 죄이므로 상한 것도 다 먹어야 하는 게 아닌가 하는 분도 있는데 음식이 아니라 사람이 위주여야 합니다. 사람에게 먹혀서 잘 쓰이는 것이 음식의 소망이지만 사람에게도 싱싱하고 좋은 음식을 섭취할 권리가 있는 것입니다.

그리고 버려지는 음식은 버려질 자리에 있었기에 버려지는 것입니다. 이유야 어찌 됐든 썩었습니다. 썩는 자리에 있었기에 버려질 수밖에 없습니다. 그럴 때는 미안한 마음으로 버리면 됩니다. '먹어주지 못해서 미안하다' 하고요.

저는 '먹어치운다'는 말을 싫어합니다. 흔히 어머니들이 식구들 먹고 남은 찌꺼기 음식을 먹어치우는 경우가 있는데 음식이 아닌 사람이 위주가 되어야 합니다. 음식을 먹어치워야 한다는 생각은 버려야 합니다. 사람은 귀한 존재이니까요.

옷을 입을 때도 아무 옷이나 걸치기만 하면 된다고 생각하지 마시고 좋은 옷을 입으시기 바랍니다. 대강 아무 옷이나 걸친다는 것은 그만큼 자신의 몸을 하찮게 여긴다는 뜻입니다. 더러운 옷, 구겨진 옷, 찢어진 옷을 입는 것도 마찬가지이고요.

집도 인간이라면 아무렇게나 된 집에서 살 수는 없는 거라고 생각합니다. "아무 데서나 살면 되지 집이 뭐 그리 중요해?"라고 말하는 분도 있는데 '아무 데서나 사는 사람'은 '아무렇게나 사는 사람'이라고 생각할 수 있습니다. 집은 총체적으로 그 사람을 드러내는 곳이기 때문입니다.

■ 태도를 아름답게 가꾸기

사람이 아름답다는 것은

사람의 아름다움을 좌우하는 것은 무엇일까요? 얼굴이 잘생기거나 예쁜 것일까요? 코나 귀가 예쁜 것일까요?

그 사람의 태도가 아름다워야 한다고 봅니다. '분위기가 좋다' '인상이 좋다'는 말을 많이 하는데 다름 아닌 태도의 아름다움을 얘기하는 것입니다.

사람이 사람을 판단하는 데 0.1초밖에 안 걸린다는 연구결과가 있습니다. 괜찮은 사람인지 이상한 사람인지 쓱 보면 안다는 것입니다. 면접을 보거나 할 때도 많은 질문이 필요 없습니다. 그 사람의 태도를 보면 바로 알 수 있기 때문입니다.

스님들이 하는 선禪문답이 그런 것입니다. 질문을 한마디 던져봐서 답변하는 태도를 보고 판단하는 것입니다.

한 5분 동안 같이 차를 마시거나 아무 대화 없이 10분 정도 같이 앉아 있어보면 그것만으로도 상대방의 수준을 알 수 있습니다. 차 따르는 모습, 찻잔을 잡고 있는 모습만 봐도 알 수 있습니다. 저 사람은 성급하구나, 뭔가 쫓기고 있구나, 기운이 너무 가라앉아 있구나, 어딘가 비뚤어져 있구나 하는 것들이 다 파악이 됩니다.

100% 내 것은 태도밖에 없다

아름다움은 몸의 언어인 '태도'로 나타낼 때 최고의 경지가 됩니다. 몸 자체가 카리스마가 되는 것입니다.

태도가 왜 중요한가? 인간이 내 것이라고 말할 수 있는 것은 태도밖에 없기 때문입니다. 이름이 내 것인가 하면 누가 지어준 것이지 내 것이 아닙니다. 용모나 체격은 부모님에게서 부여받은 것입니다. 관리를 잘못해서 흉측

하게 변하는 경우도 있지만 틀은 대개 가지고 나온 것입니다.

생각이 내 것인가 하면 학교 선생님에게 들었거나 책에서 본 것이지 내 것이 아닙니다. 어디서 주워들은 얘기를 할 수도 있는 것이고요. 그리고 생각은 내 맘대로 되지가 않습니다. 나는 그 생각을 하고 싶지 않은데, 괴로워서 그만하고 싶은데 통제를 벗어난 경우가 있지 않습니까? 뇌리에 박힌다는 말이 있듯이 뇌에 각인이 되면 내 의지와는 상관없이 뇌가 자꾸 생각하는 것입니다.

하지만 태도는 100% 내 것입니다. 생각이니 가치니 하는 모든 것들이 내 안에 들어와서 표현되는 것이 태도인데 자기 것은 태도밖에 없습니다.

수련이란 태도를 닦아나가는 것

태도에는 말투, 말씨, 표정, 몸가짐, 행동 등 모든 언행이 포함됩니다. 한 인간의 모든 것이 다 드러나는 총체적인 작품이 태도라 할 수 있습니다.

수련이란 태도를 닦아나가는 것입니다. 변하고자 하는 것이 수련인데 그 변화의 대상은 결국 태도인 것입니다. 제가 자꾸 태도를 고치는 데 주안점을 두는 것은 그래서입니다. 태도를 못 고치면 아무것도 못 고치기 때문입니다.

가치와 태도는 불일치할 수 있습니다. 내가 이것이 옳다고 믿는다고 해서 태도가 항상 그렇게 나오지는 않습니다. 생각은 이런데 행동은 다르게 나올 수 있는 것입니다. 도박에 중독된 분들이 입으로는 하지 말아야지 하는데 손은 어느새 도박을 하고 있지 않습니까? 손이 길들여져서 자기 의사를 갖게 된 것입니다.

자신이 볼 때나 남들이 볼 때나 나무랄 것 없는 태도를 갖춘다면 곧 닦인 사람일 것입니다. 불쑥불쑥 모난 부분이 나온다는 것은 아직 더 갈고 닦아야 한다는 얘기이지요. 너무 내세우는 사람은 다소곳한 면을 길러야 하고 너무 주눅이 들어 있는 사람은 당당한 면을 길러야 합니다.

수련하시는 분들은 누가 봐도 아름다움으로 드러나야 합니다. 자신을 표현하는 안팎의 모든 것들을 갈고 닦아서 아름다움이 느껴져야 합니다. 아름다운 모습을 보면 기쁘지 않습니까? 그렇게 자신도 기쁘고 상대방도 기쁘게 태도를 닦아나가는 것이 수련입니다.

마음을 움직이는 것은 다름 아닌 태도입니다. 어떤 사람이 지식이 많다 해서 감동 받지는 않습니다. 많이 아는구나 하고 감탄은 할지언정 감동은 안 받습니다. 맑은 느낌, 공손한 몸가짐, 따뜻한 미소, 중단을 움직이는 것은 이런 감성적인 부분입니다. 맑음, 밝음, 따뜻함, 정성스러움…. 태도가 아름다운 사람은 바라보는 이에게 아름다움을 느끼게 합니다.

작은 것을 고쳐야 큰 것이 바뀐다

태도를 닦는다는 것은 작은 것을 하나하나 고쳐나가는 것입니다. 도道란 크고 거창한 것이 아니라 작은 것입니다. 작은 것을 간과하고 넘어가면 큰 것이 절대 안 바뀝니다. 작은 것을 하나하나 고쳐야만 큰 것이 바뀝니다.

상대방이 조금이라도 거슬려 한다는 것은 뭔가가 거칠다는 것입니다. 다듬어지지 않은 부분 때문에 거슬려 하는 것입니다. 말씨, 말투, 걸음걸이, 밥 먹는 습관 등 모든 행동거지가 하나도 거슬림이 없어야 합니다. 자꾸 다듬어야만 부드럽고 거슬림이 없는 사람이 될 수 있습니다.

한 사람의 인상을 가장 많이 좌우하는 것은 표정입니다. 표정에 따라 예쁘게도 보이고 이상하게도 보입니다. 표정이 밝고 예쁜 사람이 있는가 하면 관에서 막 일어난 사람처럼 죽을상을 한 사람도 있습니다. 이런 분은 거울을 보면서 표정 관리를 할 필요가 있습니다.

표정 관리를 잘하면 성형수술을 하지 않아도 예뻐집니다. 예뻐지고 싶어서 성형수술을 하는 분이 많은데 굳이 뼈를 깎는 수술을 하지 않아도 근육으로 다 조절이 됩니다. 표정을 밝게 가꾸고 웃는 얼굴로 다른 사람을 맞이해

보세요. 사람을 맞이하는 것을 보면 그 사람의 정성이 보입니다. 그 정성스러움에서 아름다움이 느껴집니다.

식사할 때는 쩝쩝거리거나 덜그럭거리는 소리를 내지 않고 맛있게 먹을 줄 알아야 합니다. 그것이 도道입니다. 소리 내지 말라고 하면 소리를 안 내는 데 신경 쓰느라 음식이 맛없어지고, 맛있게 먹다 보면 또 소리가 나는데, 도란 동시에 그 두 가지를 할 수 있는 것입니다.

주변 사람과 자주 부딪히는 분이 있어서 왜 그런가 살펴봤더니 말투가 무뚝뚝한 것이 원인이더군요. 완강한 말투, 강한 사투리, 그런 것 때문에 다들 기분 나빠하더군요. 말하는 내용과 상관없이 거부감을 느끼고 듣기 싫어하는 것입니다.

말투는 성격에서 오는 것입니다. 표현이란 속에서 나오는 것이기 때문입니다. 속이 원만한데 겉만 거칠 수 없는 일이고, 겉이 원만한데 속만 거칠 수 없는 일입니다. 그리고 겉을 다듬으면 속도 다듬어집니다.

사투리나 말투가 강력하다는 것은 성격이 치우쳐 있다는 것입니다. 그런 것들을 고치다 보면 성격도 원만해집니다.

4. 보람을 느끼는 일을 찾아야 합니다

■ 일과 보람

행복이란

우리는 행복해져야 하는 사람들입니다. 행복이란 자신이 하고 싶은 일을 알고, 하고, 이루고, 심신이 편안한 상태를 말합니다.

우선 자기가 무슨 일을 하고 싶은지 알아야 합니다. 그걸 모르는 사람이 굉장히 많습니다. 진정 자신이 원하는 일이 무엇인지 찾아내야 합니다. 그걸 찾아내셨다면 하고, 또 이루어야 합니다. 심신이 편안하다는 것은 그런 여건이 되어 있다는 것입니다.

사람은 태생적으로 진화의 욕구가 있어서 발전을 해야 만족합니다. 제자리에 있으면 얼마간은 편안해하지만 오래지 않아 싫증냅니다. 새로운 걸 찾아 나서게 됩니다. 때문에 행복해지려면 반드시 이루어야 합니다. 주변이 편안해야 하고요. 그렇게 할 수 있는 방법을 찾아서 반드시 행복해지시기 바랍니다.

지금 여기에서, 작은 일부터

어디까지 가겠다, 무엇을 하겠다는 원력을 구체적으로 세웠다면 그 다음 할 일은 세부계획을 세우는 일입니다. 꿈(원력)이란 구체적인 계획이 수반되어야 합니다. 계획 없이 막연한 것은 망상, 공상일 뿐이기 때문입니다.

계획이 너무 먼 곳에 있으면 안 됩니다. 내일 어떻게 될지 한 치 앞도 모르는 인간들인데 오늘 실행할 일을 찾지 않고 먼 미래에 할 일을 찾고 있으면 안 됩니다. '지금 여기'가 중요합니다. 지금 여기에서 자신이 할 수 있는 작은 일을 시작하십시오. 예를 들어 꿈이 작가라면 일기부터 쓰면서 시작하는 것입니다.

우울증은 큰 목표만 있고 작은 목표가 없을 때 옵니다. 작은 목표가 없으면 늘어집니다. 뭘 해도 신이 안 나고 만날 피곤하기만 합니다. 작은 목표, 세부계획을 세워야 하는 것입니다.

▪ 균형 있는 삶

지구 여행 목적에 충실한 삶

지구에 온 우리들은 모두 여행 목적이 있습니다. 그중 가장 큰 것은 공부이고, 그 다음은 공부된 만큼 세상에 기여하는 일이지요. 허나 그 일만이 전부는 아니고 틈틈이 휴식과 관광도 있습니다. 학교에 다닌다고 해서 하루 종일 공부만 하지는 않는 것처럼 말입니다.

공부와 일을 하는 틈틈이 충분히 휴식을 즐기면서 지구의 생활을 마치기 바랍니다. 仙계에서는 지구인들이 평생을 공부와 일만 하다가 가기를 바라지는 않습니다. 그 과정에서 인간으로서의 자유와 행복을 누리기를 바라시지요.

수련과 일의 조화

수련의 길은 외길이 아니라 사회 속에서 병행하며 가는 길이어야 합니다. 수련이 양이라면 일은 음인데 음과 양이 조화되어 가운데 길로 가야 하는 것이지요.

왜 일과 수련을 병행해야 하는가? 수련만으로는 진화의 속도가 상당히 느리기 때문입니다. 사회 속에서 인간들끼리 부딪치면서 살아가는 데서 공부가 많이 되기 때문입니다. 혼자 공부하는 것은 백보드를 상대로 테니스 연습하는 것과 마찬가지로 반쪽짜리 공부이고, 선수들과 공을 칠 때 온전한 공부가 되는 것입니다. 수련만 잘하겠다 하는 것은 반쪽짜리 공부라는 얘기입니다.

두 가지를 병행해서 자신의 일에서도 일가를 이루고 수련에서도 일가를 이루시기 바랍니다. 사회에서 아주 유용하게 쓰이면서 수련을 해야지 적당히 때우면서 '저 사람은 골치야' 하는 소리 들어가며 수련하는 걸 원하지 않습니다.

일과 수련을 같이 하시면서 '중도'의 길로 나가는 것이 가장 바람직합니다. 모든 해결책이 거기서 나옵니다. 수련하다가 생긴 문제는 일에 빠졌을 때 해소되고, 일하다가 생긴 문제는 수련에 빠졌을 때 해소된다는 것을 제가 뼈저리게 체험했습니다.

하루 서너 시간만 집중해도

저는 한국 사람들이 일을 너무 많이 한다고 생각합니다. 직장에서 너무 많이 일을 시키고 있지요. 일을 너무 안 하는 꾀돌이들은 좀 더 해야겠지만, 너무 많이 했다 싶은 분들은 일을 좀 줄여서 시간과 에너지를 다른 면에 할애할 수 있어야 합니다. 일은 자신이 필요한 만큼만 하면 되는 것입니다.

그러면 회사에 지장이 생기지 않느냐 하는 분도 계실 텐데 하루에 서너 시간만 집중해도 진짜 중요한 일은 다 처리할 수 있습니다. 10시간, 12시간 일하는 것은 일하면서 불필요한 소모를 많이 하기 때문입니다.

수련을 하면 핵심을 금방금방 파악하기 때문에 일 처리하는 데 드는 시간과 에너지가 굉장히 줄어듭니다. 전에는 열 시간 하던 일을 서너 시간 안에, 어떤 때는 10분 안에 할 수 있게 됩니다.

책을 읽을 때도 마찬가지입니다. 전에는 책을 다 읽어야 내용을 알았다면 수련을 한 후로는 어느 정도만 읽으면 그 책이 말하고자 하는 내용을 금방 파악할 수 있더군요. 그래서 자료 보는 시간이 굉장히 줄어듭니다.

내 인생을 내 마음대로 경영할 수 있어야

자기가 하고 싶은 대로 하고 살아야 인간이 아니겠는가? 저는 그렇게 생각합니다. 제 경우 20대는 결혼해서 아이 낳아 기르고 직장 다니느라 정신없이 보냈고, 30대는 직장과 가정을 양립하면서 굉장히 힘을 쏟았습니다. 39살에 수련에 입문해서 40대는 수련으로만 10년을 보냈고, 50대는 이렇게 수련 지도를 하게 됐습니다.

제 인생 스케줄에 의해 그렇게 된 것인데 60대가 되면 전혀 다른 모습으로 살 수도 있다고 봅니다. 유명한 작가가 될 수도 있고, 시골 찻집 주인이 돼서 살 수도 있습니다. 70쯤 되면 다시 선생이 될 수도 있고요. 인생을 내 마음대로 살 수 있어야 한다는 얘기입니다.

만일 30년을 한 분야에 종사했다면 나머지 인생의 10년쯤은 이웃을 위해서 일할 수도 있습니다. 반장이나 동장을 지내면서, 혹은 구멍가게를 하면서 사람들과 화목하게 지내고 사회를 위해서 일을 할 수도 있는 문제입니다. 또 다른 10년은 농사짓고 자연과 대화하면서 보낼 수 있는 것이고요. 이렇게 할 수도 있고, 저렇게 할 수도 있는 것입니다.

그렇게 못한다면 그 이유는 아마 낮아지지 못해서일 것입니다. 수치심을 버리면 얼마든지 할 수 있는데 명예나 지위 같은 걸 따지다 보니까 못하는 것이겠지요. "사장님, 선생님" 이렇게 불러줘야 좋아하고 그렇게 안 불러주면 아주 싫어하지 않습니까? 그런 것들이 다 우리를 옭아매는 굴레입니다. 수치심을 버리면 그렇게 할 수 있습니다. 스스로 생각할 때 부끄럽지 않다면 체면 같은 것은 벗어 던지십시오. 내가 부끄럽지 않은데 남이 뭐라고 하면 어떤가요?

길을 떠나 봐야 성장한다

우리가 쓰는 '도道'라는 단어에는 '길'이라는 뜻이 있습니다. 도는 곧 길인 것입니다. 그리고 '길'이라는 단어에는 '간다'라는 의미가 있습니다. 길이라는 것이 제자리에 서 있으라고 있는 것이 아니지 않습니까? 가라고 있는 것입니다. 수련하는 사람들은 가야 합니다. 제자리에 있으면 안 되는 것입니다.

마냥 누워 있는 분도 있습니다. 누워 있으면 허리가 아프니까 엎치락뒤치락 자세를 바꾸기는 하는데 계속 같은 자리에 있더군요. '굼벵이도 구르는 재주가 있다'는 말이 있듯이 굼벵이도 온 힘을 다해 달립니다. 굼벵이 주위에 동그라미를 쳐놓고 한참 있다 와보면 이만큼 가 있습니다. 굼벵이도 그렇게 죽을힘을 다해서 기어가는데 하물며 사람이 제자리에서 엎치락뒤치락하고 있으면 되겠는지요.

가정적인 행복에 안주하는 분이 많습니다. 집에 가면 따뜻한 방이 있고, 맛있는 음식이 있고, 귀여운 아이들이 있고, 이런 데 심신이 젖어 있어서 거기서 떠나 보라고 하면 굉장한 공포를 느낍니다. 부부간에도 떨어지면 못 사는 줄 압니다.

하지만 이때까지 해오던 일을 계속하려고 수련하는 것은 아닙니다. 이제껏 해오던 일을 더 잘 유지하기 위해 수련하는 것은 의미가 없습니다. 그렇게 하는 것은 안주하는 것입니다. 험난한 길일지라도 지금의 안락함을 버리고 떠날 수 있어야 합니다.

살아온 날보다 살아갈 날이 더 적은 분들은 시간이 참 아깝습니다. 이제까지 해오던 일을 계속하기 위해 남은 시간을 쓴다는 것은 너무나 낭비잖습니까? 생활이 어느 정도 되신다면 과감히 접고 이제까지 안 해본 일을 해봐야 합니다. 거기서 또 일가를 이루시고요. 또 다른 세계를 개척한다는 것은 너무나 멋진 일이지 않습니까?

여행이 필요한 것은 그래서입니다. 마음이 길을 못 떠나겠으면 몸이라도 떠나봐야 하기 때문입니다. 길을 떠나봐야 비로소 철이 듭니다. 남녀노소 모두 집을 떠나봐야, 이때까지 해오던 일에서 벗어나서 다른 일을 해봐야 성장하는 것입니다.

2절 | 죽음을 준비하는 일

1. 나는 누구인가를 알아야 합니다

■ 나는 누구로부터, 어디로부터 왔는가?

내 것은 오직 '영靈'뿐

이 세상에 있는 내 소유물, 내 몸, 내 마음, 내 목숨 중에 내 것이라고 말할 수 있는 것이 있을까요? '내 것'이란 내 마음대로 할 수 있는 것입니다. 내 마음대로 만들 수 있고, 없앨 수 있고, 조절할 수 있는 것이 '내 것'입니다.

인간이 내 것이라고 말할 수 있는 것은 '태도'밖에 없다고 말씀드린 바 있습니다. 그런데 '태도'는 '영靈'의 표현이라고 할 수 있습니다. 육체와 영으로 구성되어 있는 것이 인간인데 그중 영이 내 것인 것입니다. 결국 내 것은 오직 '영靈'뿐이라고 말씀드릴 수 있습니다.

영 또한 내 마음대로 창조하거나 폐기하는 것은 불가능합니다. 그럼에도 영이 내 것이라고 하는 이유는 영이 바로 나의 실체이자 본질이기 때문입니다. 영생토록 함께 해야 할 동반자이자 가꾸어야 할 대상이기 때문입니다.

영은 어디로부터 왔는가?

영은 어디로부터 왔는가? 우주로부터 왔습니다. 우주에는 소속이 결정되지 않은 영의 씨앗들이 많이 있는데 어떤 형태를 갖추기 전, 기운으로 존재하는 단계라 할 수 있습니다.

이 기운에 의사가 부여되면 자신의 위치를 찾고자 하게 되고 일정한 법칙에 따라 지상에 태어나게 됩니다. 씨앗으로 존재하던 영이 인간으로 태어나고자 하는 원願을 품음에 따라 육체를 부여받게 되는 것입니다.

그러한 영의 씨앗을 창조하신 분들은 仙인들입니다. 우주에는 창조가 가능한 높은 등급의 仙인님들이 상당수 계시는데 그분들이 영체를 환생시킬 때 사용하기 위해 준비해 놓으셨습니다.

하늘, 섭리를 주관하는 세계

섭리(천법)를 주관하는 세계를 상징적으로 '하늘'이라고 표현합니다. 조물주님은 법칙을 만드신 분이지 우주의 운행에는 관여하지 않으시며, 각 영역에서 우주의 운행을 담당하시는 분들은 조물주님의 반열에 오르신 '仙인들'이십니다. 각자의 영역을 갖고 있되 전체적으로는 조물주님의 뜻으로 움직이시는 분들입니다. 그분들이 합당한 신神들을 동원해서 인간의 모든 것, 세상의 모든 것, 우주의 모든 것을 주관하시는 것입니다.

우리가 살고 있는 세상은 보이는 세계가 1%라면, 보이지 않는 세계가 99%를 차지하고 있다고 말씀드렸습니다. 현대인들은 보이지 않는 것을 믿지 않으려는 성향이 강하기 때문에 세상의 일들이 오로지 인간들에 의해 진행이 된다고 생각하는데, 알고 보면 보이지 않는 분들의 영향과 주관하에 진행이 되고 있는 것입니다.

나 혼자 했다고 하는 것은 다 허상입니다. 가끔씩 신들이 보여도 인정을 안 하는데 사실은 그분들이 도움을 주신 것입니다. 결정권의 99%는 그분들이 가지고 있습니다. 인간이 가진 결정권은 1% 정도에 불과합니다.

인간의 모든 것, 하늘의 모든 것, 우주의 모든 것을 주관하는 세계, 조물주님을 대표하며 조물주님의 일부를 이루고 있는 仙인들과 그 휘하 신들의 세계, 그 세계를 일컬어 '하늘'이라고 합니다.

하늘의 명命이 있어야 태어나진다

태어나는 것도 죽는 것도 내 마음대로 안 되는 것입니다. 우선 태어남부터가 내 의지가 아닙니다. '태어나야겠다' 하는 의사를 가졌다 해서 내 마음대로 태어나지지가 않는다는 것입니다. 하늘의 명命이 있어야만 태어나집니다. 태어나고 싶은데 명을 받지 못해서 못 태어나고 천 년씩 기다리는 경우도 있습니다.

물론 진화의 열망이 강하면 그것이 출생 서열에 반영됩니다. '빨리 태어나서 경험을 쌓아서 진화하겠다' 하는 욕구를 품으면 빨리 태어나지는 것입니다. 발전의 욕구가 없어서 '이대로 있겠다' 하면 무한정 있을 수도 있는 것이고요.

어떤 조건을 부여받아 태어나느냐 하는 것도 내 마음대로 안 됩니다. 미남 미녀로 태어나고 싶다고 해서, 재벌 집안에 태어나고 싶다고 해서 그렇게 되는 것이 아닙니다. '너는 20세기 대한민국에 여자로 태어나서 억눌리는 경험을 해봐라' 하면 그렇게 태어나야 합니다.

간발의 차이로 죽고 사는 이유

신문을 보면 이런 사람 저런 사람이 다 있습니다. 사고가 났는데 구사일생으로 산 사람, 너무나 불운하게 죽은 사람 등···. 그 스토리가 그냥 인간의 스토리가 아니었습니다. 신들이 이렇게까지 깊이 관여를 하는구나 하는 것을 알았습니다. 대개는 내버려 두는데 관여해야 할 사람이 있으면 아주 기술적으로 관여하십니다.

만일 보호받아야 할 사람이 사고가 날 비행기를 타게 되어 있다 하면 스케줄을 다르게 만듭니다. 갑자기 된통 부부 싸움을 하게 해서 취소를 시켰다가 다른 비행기를 타게 한다거나 하는 방법으로 구해줍니다. 우연이 없는 것입니다.

지하철 사고가 나서 그 지하철에 탄 사람은 전부 죽는다 하면, 그 시간에 그 지하철에 타게 되어 있는 사람인데 못 타게 합니다. 지하철은 30초만 놓쳐도 못 타는 것이지 않습니까? 가다가 누군가와 부딪쳐서 시비가 붙어서 놓치게 하고, 휴대폰에 온 전화를 받다가 늦어지게 하는 등 이런저런 방법으로 그 시간을 놓치게 합니다.

확률 상으로 보면 그 시간에 거기 있을 가능성은 굉장히 적습니다. 그런데도 죽는 것은 하늘에서 내버려두었기 때문입니다. 목숨을 구해야 할 사람이면 사지死地에 있더라도 어떤 방법을 써서라도 구해주시고요. 지진이나 해일 같은 천재지변이 일어날 때도 생사를 다 하늘에서 주관하는 것을 보았습니다.

병과 치유를 주관하신다

제 가까운 분이 암 수술을 한 적이 있습니다. 그때 仙인 두 분이 가시고 조수 역할을 하는 신이 세 분 따라가시더군요.

수술 전날부터 환자가 입원해 있는 병원에 가서 병원 전체를 맑게 정화하셨습니다. 환자가 불안해하니까 가슴을 쓸어내리면서 마음을 편안하게 해주시고요. 아주 섬세하고 꼼꼼하게 온몸을 어루만지셨습니다. 수술하는 동안에는 의사가 수술을 잘하도록 관여하시고요.

결과는 수술이 아주 깨끗하게 잘 되었습니다. 仙인 한 분만 해도 참 대단한데 두 분이나 관여하셨고 간호 역할을 맡은 신도 세 분이나 계셨으니까요. 수술 후에도 仙인 한 분과 신 한 분이 남으시더군요. 아마 환자가 다 나을 때까지 같이 계실 것 같았습니다. 그러니까 환자가 굉장히 편안한 상태가 되고 계속 감사하는 마음이 일어나는 것을 봤습니다.

저는 그런 과정을 다 보기에 仙인들의 힘이 어떻다는 것을 압니다. 제 공부의 경험을 통해서도 알고 직접 보고서도 압니다. 의사는 그냥 손만 빌려줄 뿐이고 그분들이 다 하십니다. 핏줄 하나하나 연결하는 것까지 다 하십니다.

그래서 아무리 이런저런 치료를 해도 仙인들이 쥐고 있으면 영영 안 낫습니다. 풀어주시면 어느 순간 싹 낫는 것이고요. 그분들은 혈관을 자를 수도 이을 수도 있는 분들입니다. 죽일 수도 살릴 수도 있다는 것입니다. 즉각적인 판단에 의해 실행하시는데 좀 중요한 사항이면 회의를 통해 결정합니다.

앞서 말씀드렸듯이 사고가 예정되어 있는데 살려야 하는 사람이 있으면 악착같이 빼내어 살리시는데 어느 정도 살리느냐는 또 판단하십니다. 온전하게 살리느냐, 다리 불구를 만드느냐, 팔의 불구를 만드느냐, 아니면 정신장애를 만드느냐를 판단하여 실행하시는 것입니다. 인간 세상에서 판사가 법에 의거하여 사형이니 징역 10년이니 판결하는 것처럼 그분들도 그렇게 실행하십니다.

왜 이렇게 부자유스럽게 만들어 놓았는가?

그럼 이렇게 부자유스럽게 만들어 놓은 이유는 무엇일까요? 생로병사든 뭐든 인간들 마음대로 하도록 내버려두지 않고 하늘이 그 모든 것을 쥐고 있는 이유는 무엇일까요?

'자유'는 자칫 나락으로 떨어지는 함정이 되기 쉽기 때문입니다. 뭘 모르는 사람에게 자유를 주면 방종으로 흐르기 쉽습니다.

조물주님은 그분의 분신인 인간들이 자유를 누리며 살기를 원하십니다. 궁극적으로 인간들에게 주시고자 하는 것은 자유입니다.

그러나 처음부터 무제한 자유를 주면 어떻게 될까요? 양날이 선 칼을 쥔 어린아이 마냥 자신도 베고 타인도 베지 않겠는지요?

그래서 조물주님은 인간의 격이 높아져서 하늘이 되어야만 비로소 원하는 것을 자신의 마음대로 할 수 있도록 만들어 놓으셨습니다. 하늘의 일부이자 전부로 존재하는 仙인이 되어야만 생로병사를 자신의 뜻대로 이끌 수 있도록 한 것입니다. 그것이 조물주님이 인간을 창조하실 때 만들어 놓은 우주의 법칙입니다.

특히 지구는 학교이고 일정 기간을 시험에 들어야 하는 감옥이기 때문에 이곳에서는 무한한 자유는 없습니다. 어느 누구라도 일정 기간 부자유에 묶이는 시험에 들어야 하는 것입니다.

■ 명부와 스케줄

스케줄이란 무엇인가?

나를 이 세상에 내보낸 하늘의 뜻은 오직 한 가지, '진화하라'는 것입니다. 애초에 창조 목적 자체가 진화입니다. 어렵게 한 생을 받은 이유도 진화하기 위해서입니다. 목표는 대자유이되 그것에 이르는 과정은 경험을 통한 진화인 것입니다.

그런데 한 번의 생에 모든 진화를 다 이룰 수는 없는 일입니다. 동식물에서 인간이 되고, 인간에서 仙인이 되는 과정에서 공부할 것이 굉장히 많은데 그것들을 한 생에 다 배울 수는 없는 것입니다.

그래서 하늘이 인간을 내보낼 때는 일정한 계획을 가지고 내보내십니다. '이번 생에는 이렇게 살면서 이런 공부를 해봐라' 하는 계획을 갖고 내보내시는데 그것을 일컬어 '스케줄'이라고 합니다. 우리가 사주팔자, 운명, 소명, 사명이라고 부르는 것의 실체는 다름 아닌 스케줄인 것입니다.

인생이란 스케줄을 찾아내어 이루어가는 과정이라고 볼 수 있습니다. 그것을 모르는 삶은 인간의 삶이라고 보기 어렵습니다.

스케줄은 하늘의 뜻에 의해 정해지는 것이나, 그렇다고 일방적으로 부여받는 것만은 아닙니다. 진화된 정도에 따라 자유의지가 몇 퍼센트이냐는 다르지만 큰 줄기는 모두 본인들이 동의한 것입니다.

명부, 스케줄이 프로그램된 장부

각 개인의 스케줄이 프로그램된 장부를 '명부命簿'라고 합니다. 조물주님의 서고인 '명부전命簿殿'에 보관되어 있는 기적氣的인 책으로서 인간은 누구나 다 자신만의 명부를 한 권씩 가지고 있습니다. 조물주님이 창조한 우주만물에 관한 모든 정보는 조물주님에게 보관되어 있는데 인간의 경우에는 이것이 바로 명부인 것입니다.

명부에는 인간이 겪어야 할 모든 것들이 프로그래밍되어 있으며 이 프로그램에 의해 인간의 일이 진행됩니다. 또한 명부에는 인간의 한 영의 창조 시부터 현재까지의 역사가 모두 기록되어 있습니다.

명부는 크기와 두께가 앨범만 한 조그마한 책이며 그 안에는 상상을 초월하는 방대한 정보가 압축 저장되어 있습니다.

스케줄을 짜는 원리

하늘이 인간을 내보내면서 스케줄을 짤 때는 일정한 원리가 있습니다. 인간을 내보내는 목적이 진화이기 때문에 진화에 가장 도움이 되도록 짜는데, 진화할 수 있는 여지를 각각 다르게 만들어 줍니다. 전에 태어났던 영들은 전생의 삶을 기반으로 해서 진화할 수 있는 여건을 반반씩 포함시켜 프로그램을 짭니다.

출생 시에 부여받는 4인자

왜 어떤 사람은 천재로 태어나고 어떤 사람은 바보로 태어나는 것일까요? 왜 어떤 사람은 한평생을 부귀공명을 누리며 살고 어떤 사람은 가난하고 천하게 사는 것일까요? 각 개인의 인과응보에 의해 정해지는 스케줄에 따라 '4인자因子'를 각기 다르게 부여받기 때문입니다.

인간은 출생 시에 부여받는 4가지 인자가 있습니다. 다 같은 사람인데 왜

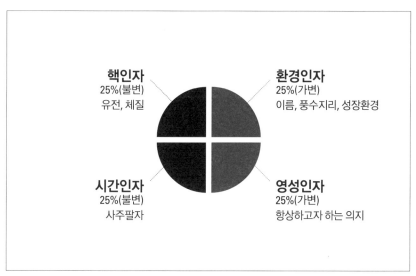

4인자 도표

이 사람은 이렇고 저 사람은 저런지 사람을 구분 짓는 기준이 되는 인자입니다.

첫째는 핵核인자입니다. 핵인자는 부모를 누구로 하여 태어날 것인가를 결정짓는 것입니다. 종자, 씨라고도 하는데 부모로부터 어떤 종자를 받으면 그런 성질이 많이 있는 사람이 됩니다.

둘째는 시간인자입니다. 종자가 정해졌으면 몇 년, 몇 월, 몇 날, 몇 시에 태어날지가 결정되는데 시간에는 다 주관하는 오행이 있습니다. 몇 날, 몇 시에 태어났느냐에 따라 오행 중의 어떤 요소를 많이 갖고 어떤 요소는 적게 갖습니다. 흔히 사주팔자라고 부르는 것입니다.

셋째는 기氣인자입니다. 환경인자라고도 하는데 그 사람을 둘러싼 기 속에 어떤 인자가 포함되어 있는가 하는 것입니다. 같은 날, 같은 시에 태어났다 하더라도 어떤 장소에 태어났느냐에 따라, 예를 들어 대한민국 서울에 태어났느냐 미국에서 태어났느냐에 따라 삶이 판이하게 달라집니다. 어떤 부모를 만났느냐 하는 것도 중요한 요소여서 많이 배운 부모인가, 향상하고자 하는 의지가 강한 부모인가 등에 따라 삶이 180도 달라지는 것이고요. 그것이 환경인자, 기인자입니다.

넷째는 영성靈性인자로서 향상하고자 하는 의지가 있는가 없는가를 판가름하는 인자입니다. 기도 등의 종교적인 활동이나 명상, 수행을 통해 주어진 상태를 개선할 수 있는 여지를 주는 것입니다.

이 4가지 인자 중에서 핵인자와 시간인자는 이미 타고난 것이므로 변하지 않습니다. 하지만 기인자와 영성인자는 변화시킬 수 있습니다. 기인자의 경우, 좋지 않은 곳에서 태어났다 하더라도 좋은 곳을 찾아가며 살 수 있습니다. 좋은 장소에서 좋은 기운을 받으면 기적인 요인을 바꿀 수 있는 것입니다. 영성인자 또한 기도나 명상 등 향상되고자 하는 행위를 통해 주어진 것을 개선할 수 있습니다. 결국 인간은 50%는 타고난 불변의 것으로, 50%는 노력 여하에 따라 바꿀 수 있는 것으로 반반 가지고서 태어나는 것입니다.

피조물에서 신神의 반열로

인간은 과거 생의 인과응보에 따라 사주, 이름, 체질, 부모 등등 모든 것을 지정받는 존재입니다. 모든 것이 섭리에 의한 것이지 자신의 의사는 없습니다. 부여받은 대로 살아갈 수밖에 없는 피조물입니다. '다음 생에는 대한민국 어디에서 여자로 태어나서 고생 좀 해봐라'라든가 '몇 살까지 살면서 10년 동안은 병석에서 고생을 하고 주변 사람도 고생시켜 봐라' 하면 따라야 합니다.

지금은 어쩔 수 없이 내 맘대로 못합니다. 섭리에 의해 돌아가는 수밖에 없습니다. 그러니 엎드릴 수밖에요. 모르면 버텨보기도 하는데 알고 나면 엎드리지 않을 수가 없습니다. 저는 그것을 수련 초기에 일찍이 알았습니다. '아, 내 마음대로 안 되는구나, 아무리 용을 써도 안 되는구나, 스케줄에 의해 되는 것이구나' 하는 것을 알았습니다. 탄생부터 내 마음대로 안 됐다는 걸 안 것입니다.

만일 영영 그렇게 종속관계로 살아야 한다면 재미가 없을 것입니다. 조물주님만 찾다가 끝난다면, 나를 어떻게 해달라고 빌기만 하다가 끝난다면 그 것만큼 재미없는 삶도 없을 것입니다.

그런데 같은 반열에 오를 수 있는 방법을 알려 주십니다. 조금씩 조금씩 다가가는 방법을 알려 주시고 결국은 같은 수준에 도달하게 해주십니다.

仙인의 반열에 오르면 자신의 의사를 가질 수 있게 됩니다. 다음 생에 지구에 태어나 공부할 것인지 아니면 다른 별에 태어나 공부할 것인지, 누구를 부모로 할 것인지, 시기를 언제로 할 것인지, 장소를 어디로 할 것인지 등등 모든 스케줄을 자신의 의사대로 선택할 수 있는 권한이 주어집니다.

자신의 명을 자신의 뜻대로 조절할 권한도 부여됩니다. 이순신 仙인처럼 사명을 다했다 싶으면 스스로 죽을 날을 선택할 수 있는 것입니다.*

仙인이 되고자 하는 것은 바로 내 인생을 내 마음대로 하기 위해서입니다. 피조물의 위치에서 스스로 창조할 수 있는 신神의 반열, 조물주의 반열로 가고자 하는 것입니다.

---

* 자세한 내용은 『다큐멘터리 한국의 仙인들』 2권 참조

2. 죽음이 무엇인가를 알아야 합니다

▪ 죽으면 어디로 가는가?

무지에서 비롯되는 공포심

대다수의 종교가 유인책으로 삼는 것은 공포심입니다. 사후세계에 대해 무지하기 때문에 그 세계를 무기 삼아 인간들의 영혼을 지배하고 휘두르는 면이 없지 않습니다.

그럼 그 종교들은 사후세계에 대해 명확하게 아는가? 따져 보면 그렇지도 않습니다. 신앙 여부에 따라 죽으면 천당 혹은 지옥으로 간다고 하는데 정작 천당과 지옥이 어떤 곳인지는 잘 모릅니다. 천당과 지옥이라는 막연한 개념이 있을 뿐이지 구체적으로 어떤 구조와 제도에 의해 운영되는지는 제시하지 못합니다.

그렇기 때문에 그 종교를 따르는 신도들도 알지 못합니다. 그 무지를 이용하여 창시자를 믿으면 천당 가고 헌금 많이 하면 천당 가고 하는 식으로 호도합니다. 오죽하면 면죄부를 팔았겠습니까? 사후세계를 저당 잡아 권력을 휘두른 것입니다.

윤회를 믿는 종교도 마찬가지입니다. '윤회가 있어서 잘못 살면 축생으로 태어나 굉장히 고생한다'고 얘기하지만 사후세계에 대한 구체적인 정보를 주지는 못합니다. 그래서 신도들이 사후세계를 평가하는 능력을 갖지 못합니다.

200여 년 전만 해도 우리 조상들은 '코 큰 사람들이 사람을 잡아먹는다더라' 하면서 서양인들을 무서워했습니다. 그러나 지금은 그 실체를 알기에 두려워하지 않습니다. 사후세계에 대해서도 그런 식으로 의식이 깨여야 합니다. 그곳의 구조가 어떠한지, 어떤 질서에 의해 운영되고 있는지 구체적으로 알아야 합니다.

사람은 죽으면 다 신이다

우리가 사는 이 세상은 물질계物質界와 기계氣界가 동전의 앞뒷면과 같이 동시에 존재하고 있습니다. 이 두 세계가 우주의 진화라는 공동 목적을 위해 상호 협력하면서 같이 움직이고 있습니다.

우리는 보이지 않는 것을 믿지 않기 때문에 다급할 때는 하느님을 찾으면서도 신과 밀접한 교류를 했다거나 채널링을 했다거나 하면 이상하게 생각하는 경향이 있습니다. 그러나 이상하게 생각할 필요가 없는 것이 사람이 죽으면 다 신神입니다. 귀신이냐, 산신이냐, 지신이냐, 仙인이냐 하는 급의 차이가 있을 뿐이지 다 신입니다.

49일, 옷을 바꿔 입는 데 걸리는 시간

사람이 죽고 나서 영靈이 막 빠져 나왔을 때는 아직 형태가 없습니다. 몸 밖으로 빠져 나와서 어느 정도 시간이 지나야 비로소 형태를 띠게 됩니다. 이렇게 되는 데 49일 정도 걸리더군요.

우리 조상들이 49재라 해서 49일에 의미를 두지 않습니까? 영이 몸을 빠져나와서 기적인 상태에서 제대로 살 수 있는 조건을 구비하는 데 그 정도 시간이 걸리는 것입니다. 이승에서의 삶을 스스로 정리하는 데도 49일 정도 필요하고, 남아있는 가족이 대충 마음을 정리하는 데도 그 정도 시간이 필요합니다.

이승에 태어날 때 어머니 뱃속에서 열 달 동안 형성된 후에야 밖으로 나올 수 있듯이, 육체를 떠난 영이 다시 영적인 세계에서 살 수 있는 몸을 구비하는 데도 어느 정도 시간이 걸린다는 얘기입니다. 옷을 바꿔 입는 데 걸리는 시간입니다.

점수대로 가게 된다

사람이 죽고 나서 어디로 갈지는 어떻게 결정되는 것일까요? 하천이나 중천 혹은 상천으로 가게 되는 기준은 무엇일까요?

사람이 죽으면 죽는 순간 점수가 나옵니다. 살아생전의 공부 점수가 나와서 이 사람은 어디까지 가서, 얼마 동안 대기했다가, 그 다음에는 어떻게 되어야 하는지 스케줄이 다 나옵니다.

이런 스케줄을 신神들이 관리하시는데 대충 다 압니다. 어디까지 가는 사람이고 그 다음에 어떻게 될 것인지를 알아서 그에 따라 인도해 주십니다.

갈 때는 점수별로 갑니다. 점수에 따라 중학생 수준의 영들이 가는 별, 고등학생 수준의 영들이 가는 별, 대학생 수준의 영들이 가는 별이 다릅니다. 지구는 천차만별의 사람들이 섞여 있지만 다른 별들은 같은 부류의 사람들이 모여 있습니다.

기독교 신자는 기독교 신자끼리, 불교 신자는 불교 신자끼리 모여 있습니다. 기독교 신자가 죽으면 기독교가 인도할 수 있는 지점까지 가고, 불교 신자가 죽으면 불교가 인도해 갈 수 있는 지점까지 가기 때문입니다. 각 종교마다 영을 인도할 수 있는 수준이 다르기에 어느 특정 지점에 몰리는 것입니다.•

仙계는 단번에 가야

仙계는 우주의 맨 꼭대기, 정점에 있습니다. 지구에서 우리 은하의 정점인 북극성까지의 거리만 해도 800광년입니다. 우리 은하의 정점까지 가는 데만도 그렇게 먼데 '우주의 정점이다' 하면 얼마나 먼지 감도 안 오실 것입니다.

그렇게 원거리를 가려면 어때야 하는가? 굉장히 가벼워야 합니다. 무거우

• 자세한 설명은 2권 5부 1장 3절 '우주 공간의 구조'(p.188) 참조

면 못 갑니다. 그러니 죽어서 仙계에 간다 하면 수련을 굉장히 많이 한 것입니다. 북극성만 간다 해도 엄청나게 수련을 한 것입니다. 영이 가는데 어떻게 가느냐 하면, 기운의 지원을 받아서 갑니다. 살아생전 축기한 기운의 지원을 받아서 로켓을 쏘아 올리듯이 쫙 가는 것이지요. 마냥 세월아 네월아 하면서 800광년 걸려서 가는 게 아니라 일시에 갑니다. 제 어머니도 돌아가실 때 보니까 다 버리시더니 로켓이 쏘아 올려지듯 바로 仙계 앞까지 가시더군요.

그렇게 단번에 가야 하는 곳이 仙계입니다. 천천히 가다 보면 수백만 년, 수억만 년이 걸리는데 그러다 보면 길을 잃어 미아가 됩니다. 그리고 인도해 주시는 분이 그렇게 몇 백만 년 기다리지도 않습니다. 인도해 주시는 것은 잠깐입니다.

지구 근처에 떠있는 영들

대개의 영들은 지구의 대기권에 떠있습니다. 자리를 찾지 못하고 허공에 떠있는 상태입니다. 낮은 곳에 떠있을수록 낮은 차원이고, 높은 곳으로 올라갈수록 높은 차원입니다.

그런데 아직까지 지구를 벗어난 영들은 그리 많지 않습니다. 거의 지구의 대기권을 벗어나지 못하는데 기적인 훈련이 되어 있지 않기 때문입니다. 우리가 살아서 화성이나 다른 별에 가지 못하듯이 그분들도 기적인 준비가 되어 있지 않아서 못 갑니다. 그럼 지구 내에서라도 제자리를 찾아야 할 텐데 대개의 영들이 그런 수준에 있지 않습니다. 그래서 아주 오랜 시간을 허공에 떠있습니다.

이런 영들은 대개 자신이 죽었는지 살았는지도 모릅니다. 그래서 아프다고도 하고 배고프다고도 합니다. 살아생전의 기억을 그대로 가지고 있습니다. 암으로 죽었다 하면 죽을 때 고통 받았던 기억이 남아서 수십 년이 지나도 아프다고 합니다. 생전에 신경통이 있었던 분들은 몸이 여기저기 쑤신다고 하고, 생전에 잘 못 먹었던 분들은 배고프다고 합니다. 본인들이 살아 있고 몸이 있는 줄 압니다. 상당수 영들이 이런 상태에 있다고 보시면 됩니다.

영인, 기인, 영체, 仙인의 몸

하천 수준의 영들인 영인은 평상시에는 실타래처럼 되어 있습니다. 그러다가 자신의 형태를 드러내어 누군가에게 메시지를 주려 할 때는 전생의 모습을 입을 수가 있습니다. '영인은 몸체를 지니지 않은 영의 상태로 보관되어 있기 때문에 생전의 모습을 띠고 있다'는 말씀은 그걸 얘기한 것입니다.

채널링 하는 사람들이 흔히 얘기하기를, 영들은 다 또릿또릿하고 열아홉 살 미남미녀라고 합니다. 그런데 그건 수준 높은 영들이기 때문에 그렇게 잘생긴 것이지 보통 영들은 형체조차 없습니다. 의식도 죽었는지 살았는지 모르는 저의식 상태에 있습니다.

영인은 몸이 없는 반면 기인이나 영체 단계가 되면 몸이 있습니다.

중천 수준의 영들인 기인은 별의 사람인데 기인의 몸은 그 기인이 속한 공간의 기운 배합에 따라 다릅니다. 토기土氣 위주의 공간, 화기火氣 위주의 공간 등 다양합니다. 예를 들어 화기火氣 위주의 공간에 살려면 껍질이 두꺼워야 합니다. 그래서 그런 곳에 사는 우주인을 보면 악어처럼 두꺼운 껍질을 쓰고 있습니다.

대다수의 기인은 지구처럼 오행이 고루 있는 별에 살고 있는 것이 아니기 때문에 그런 형태로 존재하고 있습니다. 다른 우주로 가려면 우주복을 입고 가야 하고요.

상천 수준의 영들인 영체는 더 진화해서 '본체本體'가 있는 상태입니다.

仙인은 본체의 형태를 띠고 있는 것에 더하여 자기 몸을 원하는 모습으로 바꿀 수 있는 능력이 있고요. 자기 모습을 꽃으로 보여야겠다 하면 꽃으로 보이고, 새로 보여야겠다 하면 새로 보일 수 있습니다.

환생의 법칙

영이 태어나는 주기는 일률적으로 말할 수 없습니다. 주관하는 부서가 있어서 이 사람이 얼마 만에 생명을 받을지 심사합니다. 죽으면 어디로 가는지, 어디로 갔다가 어느 정도 기간이 지나면 생명을 받아 나오는지 하는 것들을 그 사람이 살아온 과정을 보고서 판단합니다.

'이 사람은 만 년 정도 영체로 있어야 한다' 하면 오래 묵는 곳으로 보내지고, '빨리 태어나야 한다' 하면 빨리 순환하는 곳으로 보내집니다. 대체적으로 진화를 빨리 해야 하면 자주 태어나게 됩니다. 영계의 하층부에 있을수록 빨리 태어나서 자꾸 공부해야 하는 것입니다.

그런데 천 년 만에 태어났다 해서 반드시 진화된 영이라고 말할 수는 없습니다. 매 경우가 다르기 때문입니다. 본인이 빨리 나오고 싶어 했는데도 허락이 떨어지지 않는 경우가 있습니다. 또 어디로 가고 싶다고 해서 그곳으로 보내주지도 않습니다. 본인의 희망사항을 듣기는 하되 참고만 하는 것입니다.

'그 사람의 공부에 어떤 것이 더 좋은가?' 하는 것이 가장 중요한 결정의 기준입니다. 빨리 태어나고 싶다고 요청하는 영도 있고, 그냥 영계에 남아 있겠다는 영도 있는데 그 사람의 공부에 도움이 되는 쪽으로 결정을 해줍니다.

■ 아름다운 죽음을 위하여

죽음 앞에서의 겸손

한 톱스타의 자살이 대부분의 국민들에게 슬픔과 충격을 가져오는 것을 보았습니다. 저도 많이 충격 받았습니다.

유복한 어린 시절을 보내지 못한 아픔, 어려서부터 가장으로서의 힘겨움, 이혼녀로서의 부담, 정점을 언제까지나 지켜내고 싶은 지나친 욕망, 자신을 지탱해 줄 신념의 부족, 과도한 자기애로 비롯된 타인을 지나치게 의식하는 신경과민….

이 모든 것에 대한 이해를 바탕으로 그동안 대중들에게 선사해 준 즐거움을 고마워하며 고인의 넋을 위로하고 명복을 빌었습니다. 그 죽음이 비록 바람직하지 못하더라도 타인의 죽음을 비난할 자격을 지닌 인간은 아마도 없을 것입니다.

예전에 홍콩스타 장국영의 갑작스런 죽음으로 홍콩 전체가 집단 우울증에 빠져 한 달간 공황상태를 빚었다고 합니다. 때마침 불어 닥친 사스의 충격과 더불어 홍콩 경제가 가라앉을 정도로 그 여파가 커 정부가 개입하여 모든 매체에서 장국영의 이름을 거론하지 않도록 조치했다고 들었습니다.

스타란 말 그대로 캄캄한 밤하늘을 밝혀주는 빛나는 별인데 별이 스스로 어둠이 되어 떨어져 내리니 그 영향이 클 수밖에 없는 것이지요. 특히 대중적인 스타는 대중과 더불어 울고 웃는 친숙한 존재이므로 자신의 육친이 겪는 고통처럼 직접적으로 와 닿는 것입니다.

죽음으로부터 자유로운 인간은 아마도 없을 것입니다. 특히 자살로부터 영원히 자유롭다고 선언할 수 있는 인간도 흔치 않을 것입니다. 지금은 그렇다고 하더라도 언젠가는 불어 닥칠 내외의 위기로부터 자살 충동을 전혀 느끼지 않으리라는 보장이 없는 것입니다. 인간에게 다가오는 위협과 공격이 점점 극렬해지고 다양해지고 집요해지기 때문입니다. 저도 그렇고 우리 모두가 아마도 그럴 것입니다. 경제 불황과 더불어 우리 스스로 우리를 지켜내지 않으면 살아남기 어려울 시대가 오고 있습니다.

자살로부터 자유로운 삶이 결코 성공한 삶은 아닐 것입니다. 자살의 위협을 전혀 느끼지 않는 인생을 살아왔다면 인생의 한 단면만을 보고 살아왔을 확률이 높기 때문입니다.

인간은 어떤 종류의 죽음으로부터도 영원히 자유로울 수 없으므로 죽음에 대해 겸손해질 필요가 있습니다. 준비하고 대비하지 않다가 갑작스럽게 맞닥뜨리는 죽음은 그 고통이 몇 배로 클 것입니다.

우리 모두 준비된 죽음, 아름다운 죽음을 맞게 되기를 바랍니다. 그 과정이 아름다운 삶이 될 것입니다.

일상의 소소한 계획을 실천할 때 스스로 삶의 보람을 찾게 될 것이지요. 수련이란 일상의 소소한 반복을 통해 자신을 단련시켜 스스로를 지킬 에너지를 비축하고 그 힘으로 이웃마저 지켜주는 아름다운 행위입니다.

자살은 죄인가?

자살은 어떻게 생각해야 하는지요?

죄이다. 본인이 자신의 할 일이 남아 있음을 알 수는 없다. 자신의 힘으로 할 수 있는 일이 끝나면 남에게 일을 시키는 것이 남아 있으며, 남에게 일을 시키는 것까지도 끝나야 돌아가게 되는바, 그 시점이 바로 자연 수명이 끝나는 시점인 것이니라.

명은 이미 자신도 모르게 주어지는 것이 있음이니, 그것이 곧 수명이고, 일에 관한 것은 사명이며, 나만의 것은 소명이니, 수명은 자연 상태 그대로 감으로 할 바를 다하는 것이니라.

미리 당김은 아직 일이 남아 있음을 나타내 주는 것이니라. 죄이다. 결코 후생이 보장되지 못한다.

－『본성과의 대화』 3권에서

인간답게 죽을 권리

자살은 바람직하지 못하나, 뇌사나 회복 불능의 중병으로 인해 고통 받고 있는 경우라면 인간답게 죽을 권리는 있습니다.

뇌사를 한 상태에서 인공적으로 수명을 연장하는 것은 바람직하지 못하다고 봅니다. 인간이 인간다울 수 있는 것은 뇌가 있기 때문인데 뇌가 죽은 상태에서 기계로 심장박동이나 호흡을 연장하는 것은 환자에게나 그 가족에게 못할 일인 것입니다.

仙인의 입장이라면 관리소홀로 인해 깊이 병든 몸을 살려내기 위해 병상과 의료인력을 동원하고, 가족에게 심리적, 경제적으로 폐를 끼치는 일은 원하지 않을 것입니다.

사망 시점은 '뇌사'가 맞습니다. 호흡이나 심장박동은 기계에 의하여 어느 정도 유지가 되나 뇌의 기능은 기계로 대신할 수 없을 만큼 정교한 부분입니다. 뇌는 사람을 사람답게 만들어주는 대표 기관입니다. 또한 한 사람의 특성을 가장 잘 설명해주고, 그 사람만의 정체성을 대표해주는 기관이기도 합니다. 뇌사 시 장기이식을 허용하는 이유이기도 하고요. 뇌사 이후 깨어나는 특별한 경우가 있기도 하나 그것은 그야말로 특별한 경우로서 자신과 가족, 사회에 그렇게 해야만 하는 임무가 있을 경우입니다.

제 어머니의 임종을 지켜보면서 목격했던 사실인데 호흡과 심장박동을 기계에 의지하고 계셨는데 몸에 기운(에너지)이 없어지자 뇌에 더 이상 산소와 혈액이 공급되지 못하더군요. 뇌의 기능이 정지하자 기계에 의지하고 있던 호흡이 저절로 끊겼으며, 심장은 뇌사가 이루어진 이후에도 한동안 더 기계에 의해 작동되었습니다.

뇌사가 진행되자 사망이 인정되어 영혼이 백회로 빠져나오는데 자신의 힘으로 하는 것이 아니라 仙인 또는 저승사자의 도움으로 나오더군요. 출생 직후 신생아에게 영혼이 들어가는 것도 자신의 힘으로 하는 것이 아니라 신의 도움으로 하듯이 말입니다. 이같이 인간의 생로병사 중 '생'과 '사'는 전적으로 신의 도움을 필요로 합니다. 인간이 피조물인 까닭입니다.

존엄사는 하늘에서 권장되는 사망의 방법입니다. 가장 자연스러운 방법을 선호하는 것이 하늘의 입장입니다. 안락사는 권장사항은 아니나 일부 인정되는 방법입니다. 사망으로 이르는 과정이 너무 복잡하고 힘들어 불필요한 에너지(시간, 돈, 힘, 감정 등)를 낭비할 경우 허용하는 입장입니다.

허나 이 모든 것이 만인만도滿人滿道여서 각각의 경우에 따라 개별 적용됩니다. 그 사람과 가족, 이웃이 경험하고 공부해야 하는 과정에 따라 다르지요. 그 공부를 할 만큼 해야 인정되는 과목입니다. '이혼'의 경우에도 어떤 때는 허용되고 어떤 때는 인정되지 않는 것과 같은 이치입니다.

'때가 되어야' 즉, '겪을 만큼 겪어야' 과정을 이수하게 되므로 모자라거나 지나치게 겪어서 같은 공부를 여러 번에 걸치거나, 여러 생에 걸쳐 이수하기를 바라지 않으시는 하늘의 사랑의 표현입니다. 그러므로 한 생을 마무리하는 죽음이라는 공부를 단번에 말끔하게 이수하기를 바라시기에 매 경우마다 지침이 필요합니다.

3. 비워야 합니다

▪ 비움이란 무엇인가?

버리는 공부

우리 수련은 버리는 공부입니다. 버리면 얻어지고, 버리면 주어집니다. 경락이나 혈도 버리면 열립니다. 잔뜩 가지고 있으면 닫힐 수밖에 없습니다.

다 버리면 뜻하지 않게 다른 곳에서 주어지는 것이 우리 수련의 원리입니다. 어떤 사람에게 뭔가 줬다고 해서 반드시 그 사람한테서 보상이 오지는 않습니다. 엉뚱하게 다른 사람한테서 옵니다.

도의 세계는 냉정해서 준만큼 거둡니다. 다 주고 다 버린 줄 알았는데 엉뚱한 곳에서 주어지는 것이 도의 원리입니다. 이런 원리를 터득하면 공부가 쉽습니다. '내가 이만큼 수련을 했으니까 이만큼 얻어가야 한다'라는 마음가짐이라면 처음부터 다시 공부를 해야 하고요.

버리는 원리를 터득하면 마음이 가벼워지고, 마음이 가벼워지면 몸도 편안해집니다. 건강수련 지도 시에도 '어떤 병에는 어떤 처방' 하는 식의 대중처방을 내려드리지는 않는데, 몸이 아픈 것은 마음이 편치 않은 것이 몸의 어딘가에 증상으로 나타나는 것이므로 먼저 마음을 고침으로써 몸의 병을 고치고자 하기 때문입니다. 수선재는 마음을 고치는 곳이기 때문입니다.

물질을 버리라고 하면 직장도 버리고, 돈도 버려야 하느냐고 물어보시는 분이 계시는데, 물질을 다 버리라는 것이 아니라 물질을 추구하는 마음을 버리라는 것입니다. '꼭 돈을 많이 벌어야 한다'는 마음, '결혼해서 가정을 이루고 재미있게 살아야 한다'는 마음이 있는데 '반드시 그래야 하는 건 아니다'라고 생각하는 것이 버리는 것입니다. 요구하는 게 적어지면 마음이 편해집니다. 그런 식으로 버리는 공부를 하는 것입니다.

버린 만큼 홀가분해진다

제 경우 기공氣功, 신공身功, 신공神功 공부는 재미있게 했는데 그 다음 심공心功 단계에서는 상당히 괴로웠습니다. 버리는 공부를 했기 때문입니다. 깨달음으로 가는 방법은 여러 가지가 있는데 저는 버리는 방법을 택했던 것이지요.

그런데 버리고 나면 그렇게 홀가분할 수가 없습니다. 버릴 때는 아깝다는 생각이 드는데 버리고 나면 홀가분하고 자유롭습니다. 버리면서 기분 좋고 홀가분한 것은 버려보지 않으면 모릅니다. 버리는 재미를 알게 되면 '뭐 버릴 것 없나' 하고 자꾸 버릴 것을 찾게 됩니다. 버리는 시원함이 굉장합니다. 가진 것만큼 머리가 아프고, 버린 것만큼 홀가분합니다.

본인이 귀하다고 생각하는 것, 어려운 것, 큰 것, 버리지 못하는 것들을 버리면 다음번에는 극복이 됩니다. 또 그렇게 버리고 나면 나중에 수십 배로 돌려받는 기회가 옵니다. 궁극적으로는 자신까지 버려서 깨달음을 얻습니다. 자신을 버려 우주를 얻는 것입니다.

받으려면 먼저 비워야 한다

순서는 버리는 것이 먼저입니다. 버리고 맑아져야 하고, 버리고 밝아져야 하고, 버리고 따뜻해져야 합니다. 쥐고 있는 한은 맑지도, 밝지도, 따뜻하지도 않습니다. 내 것이 아니어야만 그렇게 될 수 있습니다.

또 비운 만큼 채워 주십니다. 소주잔만큼 비우면 소주잔만큼 들어오고, 맥주잔만큼 비우면 맥주잔만큼 들어오고, 하늘만큼 비우면 하늘이 들어옵니다. 왜 비우라고 하시는가? 주시기 위해서입니다. 채워져 있으면 들어갈 곳이 없기 때문입니다.

그런데 먼저 달라고 합니다. '먼저 주시면 내가 비우겠습니다' 합니다. 순서는 그게 아닙니다. 먼저 비우면 주십니다. 틀림없이 몇 배, 몇 십 배 주시는데 조건은 비우는 것입니다.

우주라는 곳이 비어 있는 곳이잖습니까? 하늘만 해도 뭔가가 있습니다. 구름도 있고 해도 있고 바람도 있고 달도 있습니다. 희로애락의 표현이 있는 것입니다. 하지만 우리가 가려고 하는 곳은 우주입니다. 텅 비어 있는 곳, 아무 감정이 없는 곳입니다.

그러니 다 던져 보는 것, 버려 보는 것이 중요합니다. 가지고 있는 것들이 별것도 아닌데 안 버립니다. 버리면 죽는 줄 알고 악착같이 안 버립니다. 그런데 다 던져야 합니다. 일단 빈 그릇을 만들고 난 후 그 다음에 채워야 합니다.

인생은 날숨 한 번

큰 호흡으로 보면 생명으로 있을 때는 '호呼'의 단계입니다. 내쉬는 숨이고 버리는 단계입니다. 그 다음에 죽어서 영생으로 들어가면 들이쉬는 단계가 됩니다.

그러니 인생이란 그저 한 호흡입니다. 한 생에 들이쉬고 내쉬고를 다 하는 것도 아닙니다. 지상에 몸을 쓰고 나왔을 때는 내쉬는 일, 버리는 일만 하면 됩니다. 채워지는 일은 죽고 나면 저절로 됩니다.

덜 내쉬면 죽어서 덜 채워집니다. 버리는 만큼 채워지기 때문입니다. 금생에 충분히 버리면 다음 생에는 가득 채워지는 것이 원리입니다. 그러니 우리는 숨만 쉬고 버리기만 하면 되는 것입니다.

나를 가장 지배하는 것

"버리는 게 싫은데 왜 자꾸 버리라고 하십니까?" 하고 불평하는 분도 있더 군요. 가족도 버리고, 부모도 버리고, 직장도 버려야 한다는 강박관념을 가진 분도 있고요. 그렇게 말씀드린 적이 없는데 그렇게 이해하고 계셨습니다.

우리는 욕심이라고 하면 아주 나쁜 것이라고 생각하는데, 그렇지는 않습니다. 욕심이라고 다 나쁜 것은 아닙니다. 식욕을 버리면 죽습니다. 수면욕도 그렇고요. 하나씩 하나씩 순차적으로 버리되 지금 자기가 가장 중요하게 생각하는 것, 자신을 가장 지배하는 것, 그것을 버리라는 것입니다.

마음이 밭이라 하면 거기 커다란 바윗덩어리가 차지하고 있습니다. 그것도 하나만 있는 게 아니라 여러 개 있습니다. 밭을 갈자면 제일 큰 것부터 덜어내야 합니다. 큰 건 놔둔 채 자잘한 것들만 덜어내면 밭이 갈아지지 않습니다.

자기 마음을 들여다보면 자신을 제일 많이 차지하고 있는 것이 있습니다. 내가 무엇에 가장 지배를 받는가? 그걸 찾아내서 버리면 됩니다. 큰 걸 버리면 나머지는 쉬워집니다. 큰 걸 버릴 수만 있다면 작은 걸 버리기는 그리 어렵지 않습니다.

무엇을 버려야 하는가?

버려야 할 대상에는 어떤 것들이 있는가? 먹고 자고 하는 본능적인 욕구가 굉장히 두꺼운 분이 있습니다. 인간은 반은 신이고 반은 동물이라고 말씀드렸지요? 동물적인 욕구 또한 인간이 갖고 있는 속성인 것입니다.

본능적인 욕구는 얇은데 자기만의 두께가 두꺼운 분이 있습니다. 그런데 그게 진짜 자기냐 하면, 아닙니다. 이합집산이 된 자기인데 많은 부분 허술합니다. 꽉 찬 자기가 아니라 뭔지 몰라도 많이 비어 있는 자기인 것입니다. 그래서 항상 뭔가 생각하는데 반은 쓸데없는 생각입니다. 자기도 비어 있는 부분이 뭔지 모르기 때문입니다.

자기는 없고 남으로 가득 차 있는 분도 있습니다. 어떤 타인이 많이 자리 잡은 경우입니다. 사랑하는 남녀의 경우는 굉장합니다. 80~90% 이상입니다. 본성을 다 싸고 있어서 그 안으로 들어갈 수가 없습니다. 상대방이 너무 큰 것이지요. 상대방 속으로 몽땅 다 들어가는 경우도 있고, 반대로 남을 자기한테 끌어오는 경우도 있습니다.

버려야 할 대상이 욕심만 있는 게 아닙니다. 성격적인 결함을 버려야 하는 경우도 많습니다. 다들 건드리면 경기하는 부분들을 갖고 있지 않습니까? 열등감이 많은 분은 조금만 그 열등감을 건드려도 경기를 일으킵니다. 자존심이 강한 분은 조금만 그 자존심에 생채기를 내도 부르르 떨며 분노합니다.

내 생각만 옳다고 여기는 편협한 분들은 그걸 버려야 합니다. 매사 시시비비를 가려주는 분들 있잖습니까? 자기가 재판관도 아닌데 옳다 그르다 판단해 줍니다. 매사에 지식을 대입하는 분도 있습니다. 사랑이 온통 지배하고 있는 분, 눈 먼 애정으로 결점도 무조건 감싸는 분은 그걸 버려봐야 하고요.

자신은 어느 것에도 지배를 받아서는 안 되는 존재이기 때문입니다. 욕망, 지식, 감정 같은 것들에 지배받고 휘둘리면 안 되는 것입니다.

이처럼 사람마다 버려야 할 것이 다 다른데, 한 가지를 버리는데 평생이 걸리는 분도 있습니다. 한 가지를 뿌리 뽑기 위해 몇 생을 되풀이하는 분도 있고요. 돈이 너무 중요한 분은 그걸 뿌리 뽑기 위해 몇 생을 나옵니다. 명예욕, 권력욕, 상승하고자 하는 욕구가 너무 강하면 그것 때문에 몇 생이 걸리기도 합니다.

한 가지가 뿌리 뽑히면 그 다음 단계의 공부를 시킵니다. 그 공부가 안 되면 금생에 다른 공부는 안 시킵니다. 그러니 다 버려야 한다고 너무 걱정하지는 마시기 바랍니다. 그 사람을 가장 지배하는 것을 버려야만, 그것도 어지간히 버려야만 그 다음 공부로 진입시킵니다. 평생 한 가지 버리기도 벅찰 수 있습니다.

▪ 선악과 보지 않기

선악과 공부란 무엇인가?

사람은 누구나 따먹어서는 안 되는 선악과가 있습니다. 너는 금생에 돈이 없다, 너는 금생에 건강이 없다, 너는 금생에 사랑이 없다, 짝이 없다, 아이가 없다, 부모가 없다, 이런 것들을 한두 가지씩은 다 가지고 내려옵니다. '너는 이것은 따먹지 마라' 하는 선악과를 가지고 내려오는 것입니다. 그게 한 가지인 사람은 아주 성적이 좋은 것이고, 전생에 살아온 결과에 따라 두 가지, 세 가지로 많을 수도 있습니다.

선악과 공부란 '나는 금생에 뭐가 없다'라는 것을 알면 거기에 대해서는 깨끗이 포기하고 물꼬를 다른 데로 돌리는 것입니다. 그러면 그쪽으로 터집니다. 금지된 선악과를 굳이 따먹으려고 하지 말고 시선을 다른 데로 돌리면 그쪽으로 트이는 것입니다.

금지된 것을 보지 말고 열려진 것을 찾아서

예를 들어 '성性'이라는 것은 '도道'와 맞바꿀 정도로 강렬한 것입니다. 『소설 仙』에서도 사랑이 인간에게 가장 강력한 동기가 된다고 하지 않았습니까? 허나 알고 보면 함정이어서 그것을 금해 봐야 그 에너지가 다른 쪽으로 쓰입니다. 우리가 수련을 하면서 '금촉'이라는 과정을 거치는 것도 그 때문입니다.

꼭 수련이 아니더라도 역사적으로 두각을 나타낸 분들을 보면, 특히 예술가들을 보면 가정적으로나 개인적으로 많이 불행합니다. 타고나기를 그렇게 타고난 것입니다.

'너는 금생에 지상에 가서 불행하게 살아라' 이런 뜻은 아닙니다. '그 불행한 것을 다른 쪽으로 돌려서 다른 능력을 개발해라, 인간의 존엄성, 위대함, 창조력을 드러내라, 그래서 자기 자신에게 인간다움을 보여줘라' 이런 뜻입니다. 그 뜻을 잘 알아들으면 어느 한 부분에서 일가를 이룹니다.

그런데 못 알아듣고 '나는 왜 이게 없을까? 왜 저게 없을까?' 하고 자꾸 불행한 쪽을 보면 자신이 갖고 있는 능력 개발이 안 됩니다. 계속 다른 쪽만 향하고 있기 때문입니다. 사람은 자신에게 없는 것은 몇 십 배로 크게 확대되어 보이는 반면, 자신에게 있는 것은 당연하거나 시원찮게 생각하는 속성을 가지고 있습니다. 항상 남의 떡이 커 보이는 것입니다.

판도라의 상자가 그 얘기입니다. 그냥 주면 되는데 주면서 열어보지 말라고 하니까 괜히 열어보고 싶은 것입니다. 선악과도 하느님이 '이건 따먹지 마라'는 말씀을 안 하셨더라면 그렇게 관심을 끌지는 않았을 것입니다. 에덴

동산에 선악과만 있었겠습니까? 동산이니까 생명나무를 비롯한 온갖 나무가 다 있었을 것입니다. 그런데 따먹지 말라고 하니까 너무나 궁금해진 것입니다.

저도 예전에는 그랬습니다. 굉장히 고통스러워하니까 제 스승님이 어느 날 "네가 가지고 있지 않은 것을 한번 써봐라, 없는 것을 한번 찾아내 봐라" 하시더군요. 써보니까 다 가지고 있는데 하나가 없었습니다. 저와 같은 수준의 수평적인 짝이 없었습니다. 그래서 그걸 하나 써냈습니다.

다음으로 가지고 있는 것을 써봐라 하시더군요. 써보니까 제가 가지고 있는 것이 많더군요. 너무 많이 가지고 있었습니다. 게다가 제가 가지고 있는 것들은 고급 골동품 같은 것들이었습니다. 많이 가지고 있어도 값싼 창고 물건 같은 것들만 있는 사람도 있는데 저는 박물관에 가 있음직한 귀한 것, 값나가는 것들을 갖고 있었습니다. 실제 물건을 얘기하는 건 아니고요.

그래서 '아, 내가 그랬구나' 하고 깨달았습니다. 계속 없는 것 한 가지만 쳐다본 것이지요. '그것 하나만 있으면 진짜 행복해질 것 같은데 난 왜 그게 없을까?' 하면서요. 만약 바꿀 수 있게 해준다면 바꾸겠는가? 내가 가지고 있는 모든 것을 그 '짝'과 바꾸겠는가? 안 바꾸겠더군요.

저뿐이 아닙니다. 한번 자신이 가지고 있지 않은 것을 찾아내어 쭉 써보시고 또 자신이 가진 것을 쭉 써보세요. 아마 여기 계신 분들은 가지지 못한 것보다는 가진 것이 더 많을 것입니다.

우리는 모두 선악과를 한두 개 정도 가지고 나온다는 것, 금지된 것을 보지 말고 주어진 것, 열려 있는 것을 찾아서 열심히 개발하라는 것, 이것이 하늘의 뜻이라는 것을 기억해 주십시오.

■ 마음의 아픔을 치료하는 방법

마음의 아픔을 치료하는 방법

마음이 아플 때는 어떻게 치료해야 할까요? 몸이 아픈 것은 침을 맞거나 약을 먹으며 치료를 받는데 마음이 아픈 것은 어떻게 치료해야 할까요?

첫 번째 방법은 마음의 상처를 작은 것으로 생각하는 것입니다. 대개 보면 큰 것으로 생각하기 때문에 감당이 안 되는 것입니다. 내가 받은 마음의 상처가 너무나 크다 하시는 분들을 보면 권투선수가 정면으로 크게 한 방을 맞아 쓰러진 것과 같습니다. 아파하면서 일어나지를 못합니다. 그런데 그걸 작게 생각해 보시기 바랍니다.

자신이 받은 상처가 왜 그렇게 크게 느껴지는가 하면 '나만 받는다'고 생각하기 때문입니다. 다른 사람들은 다 무난하고 편안하고 행복한데 나만 이런 고통을 받는다고 생각하는 것이지요. 하지만 지구에 태어난 인간은 다 그런 상처를 받게 마련입니다. 그러니 나만 받는 게 아니고 옆 사람도 받는다고 생각해 보십시오.

신문에 나는 엄청난 일들에 비하면 내가 받은 상처는 사실 작은 일입니다. 내가 받은 상처를 글로 써서 신문기자에게 보낸다면 그걸 신문에 싣는 기자는 한 명도 없을 것입니다. "내가 이렇게 엄청난 수모를 당하고 상처를 받았으니까 대서특필해 주시오" 해봤자 그냥 쓰레기통에 버릴 것입니다. 작은 일이라는 얘기입니다.

상처가 크게 느껴지는 다른 한 가지 이유는 지금의 내 슬픔이 영원히 변치 않는다고 생각하기 때문입니다. 그러나 시간이 지나면 언제 그랬느냐는 듯이 잊힙니다. "내가 그때 왜 그랬지?" 하는 때가 옵니다. 아무리 죽을 것 같았던 일도 시간이 지나면 하찮게 여겨지는 것입니다.

장마철에 비가 굉장히 많이 오면 그런 날씨가 영원히 계속될 것 같지만 가을이 되면 또 좋아지지 않습니까? 변하는 것이 하늘의 섭리입니다. 우주에 가면 변하지 않지만 하늘 단계에서는 계절마다 변하고 하루에도 몇 번씩 변합니다. 아침이 가면 또 저녁이 옵니다. 그렇게 변한다고 생각하면 가벼워질 것입니다.

두 번째 방법은 들어가서 허우적거리지 말고 살짝 빠져나와서 바라보는 것입니다. 자신과 똑같은 등신等身을 앞에 앉히고 바라보세요. 왜 내가 아파하는가? 이렇게 된 원인이 무엇인가? 들어가 있을 때는 거기에 엉켜서 모르는데 떨어져서 바라보면 왜 이런 일이 생겼는지 원인이 보입니다.

더 경지가 높아지면 앞에 앉힐 필요도 없이 손바닥 위에 올려놓으면 됩니다. 부처님 손바닥 위에 올려놓듯이, 자신을 손바닥 위에 올려놓고 바라보는 것입니다. 손바닥 위에 아파하는 자신을 올려놓으면 아주 작게 느껴집니다. 앞에 앉아있을 때만 해도 넘지 못할 산처럼 크게 느껴질 수 있는데 손바닥 위에 올려놓으면 아주 작게 느껴집니다. 그러면서 자신이 조절할 수 있는 재료로 변합니다. 이렇게 하면 아픔의 원인이 밝혀지고 점점 작게 보이게 될 것입니다.

세 번째 방법은 거기에서 교훈을 얻는 것입니다. 우리에게 다가오는 모든 일들은 경험을 얻어 풍부해지고 자신의 역사를 만드는 것 외에는 다른 의미가 없습니다. 그러니 그 일에서 경험과 배움을 얻었다면 그냥 마음의 주머니에 넣으십시오.

그 일은 현재가 아닌 과거의 일입니다. 내가 얻을 것을 얻었다면 그 다음에는 이미 지나간 일입니다. 그냥 경험으로 생각하면 되는 것입니다. 현재의 자신을 좌지우지하지 않도록 창고나 주머니에 넣어버리면 됩니다.

이렇게 세 가지 과정을 거치면 마음의 상처가 치유됩니다. 만약 상처를 또 받게 되면 다시 이런 방법으로 치유하십시오. 그러다 보면 단련이 되어서 나중에는 어떤 상처를 받아도 아무렇지 않을 수 있을 것입니다. 살짝 아프고 맘니다. 아무는 속도도 빠를 것이고요.

4. 나눠야 합니다

▪ 물질의 나눔

참 어려운 돈공부

세상공부는 반은 정情공부, 반은 돈공부라고 볼 수 있습니다. 정공부 어지간히 하고 돈공부 어지간히 하면 세상공부는 거의 통달했다고 볼 수 있습니다. 그런데 그중 더 어려운 것은 돈공부더군요. 정공부만 해도 끊으라 하면 끊을 수 있는데 돈공부는 참 어렵더군요.

월남전 때 미국 정부가 자기 아들을 전쟁에 내보내는 대신 전 재산을 바치라고 했다면 미국의 부모들이 어떻게 했을까요? 아마 반 이상은 애국을 들먹이면서 전쟁에 나가라고 했을 것입니다. 아들은 바칠망정, 사랑하는 사람은 버릴망정 전 재산을 바치기는 어려웠을 것입니다. 참 어려운 공부입니다.

돈은 내 것이 아니다

그럼 돈을 어떻게 다스려야 하는가? 첫 번째로 '돈은 내 것이 아니다'라고 생각하시면 됩니다.

'내 것'이란 내 맘대로 할 수 있는 것입니다. 내가 만들고 내가 없애고 싶을 때 없앨 수 있는 것이 내 것입니다. 그런데 돈은 내가 만들 수도 없을뿐더러 내가 마음대로 없앨 수도 없습니다.

그렇다면 내가 벌었다고 내 것인가? 주머니에 들어왔을 때는 내 것이지만 뭘 사거나 해서 일단 내 주머니에서 나가면 내 것이 아닙니다. 어디로 돌아다니든 내 소관이 아닌 것입니다. 주머니에서 나간 돈을 따라다니면서 어떻게 쓰이는지 참견할 수는 없는 일입니다. 나한테 들어왔을 때는 내 물건이지만 내 주머니에서 나가면 내 것이 아니라는 철학을 지녀야 합니다. 내가 잠시 맡아두는 것일 뿐입니다.

내 몸도 내 마음도 내 것이 아니라는 말씀을 드렸습니다. 어떤 섭리에 의해 주어지고 앗아지는 것입니다. 하물며 돈 같은 물질은 말할 것도 없는 것입니다.

돈은 흐름이다

돈의 속성은 흐름입니다. 어디 고여 있는 것을 싫어합니다. 이 주머니에 갔다가 저 주머니에 가고, 내 주머니에 들어왔다가 다른 사람의 주머니로 들어가고, 이런 식으로 돌고 도는 것이 돈의 생명력입니다.

나라 전체를 봐도 마찬가지여서 금리가 높아지면 은행으로 갔다가, 낮아지면 증시나 제3시장으로 갔다가 합니다. 국제 관계에서도 달러니 엔화니 하는 것들이 절상되느냐 절하되느냐에 따라 이리 갔다 저리 갔다 하지요? 유럽으로 갔다가 미국으로 갔다가 아시아로 갔다가 하면서 계속 돌아다닙니다.

돈은 자꾸 흐르게 해야 합니다. 흘러야만 돈이 들어옵니다. 안 쓰는 사람에게는 결국 돈이 안 들어옵니다. 제일 나쁜 것은 장롱 속에 돈을 넣어놓는 것입니다. 그러면 정체됩니다. 귀찮더라도 은행에 넣어둬서 남들이 그 돈을 쓰게 해야 합니다. 은행에서는 돈을 계속 유통시키잖습니까?

우주의 법칙은 '순환한다'는 것입니다. 우주를 만들 때 순환하도록 만들었습니다. 가만히 있으면 정체되고 썩기 때문에 높은 데서 낮은 데로, 많은 데서 적은 데로, 맑은 데서 탁한 데로 순환하도록 만든 것입니다. 그걸 수수작용이라고도 하고 피드백이라고도 합니다.

그래서 기운을 전달하면 더 많은 기운이 나에게 돌아옵니다. 사랑도 많이 베풀면 내게 돌아오는 사랑이 많습니다. 돈도 마찬가지여서 나가는 데가 없으면 막히는데 베풀면 쓸 만큼은 들어오게 되어 있습니다. 그런 법칙을 잘 아는 분들은 '필요하면 쓸 만큼의 돈은 항상 들어온다'고 생각하시더군요. 맞는 얘기입니다. 돈을 적절하게 쓰기 때문에 필요하다 싶으면 들어오는 것입니다.

　돈을 누군가에게 주면 어떤 방식으로든 자기한테 돌아옵니다. 그것이 돈의 이치입니다. 길 가는 사람에게 100만 원을 줬다면 다른 사람으로부터 뜻하지 않게 돌아옵니다. 주는 사람, 받는 사람이 일정치가 않습니다. 어떤 사람한테는 계속 주기만 하고 어떤 사람한테는 계속 받기만 합니다. 기운의 크기에 따라 나보다 기운이 큰 사람한테는 계속 받기만 하는 것입니다. 받았다고 해서 꼭 그 사람한테 돌려줘야 하는 것은 아닙니다. 보답은 엉뚱한 사람한테 할 수 있는데 기운의 크기에 따라 그렇게 되는 것입니다.

쓰는 공부, 버는 공부

　정공부의 과제는 인간관계에서 내 것을 갖지 않고 두루 사랑하는 것입니다. 내 남편, 내 아내, 내 부모, 내 자식만 챙기지 말고 두루두루 사랑할 수 있으면 정공부는 다 된 것입니다.

　돈공부의 과제도 내 것을 갖지 않는 것입니다. 가진 게 없으면 어떻게 사느냐고 항변하는 분도 계실 텐데, 가지려면 가질 수 있고 버리려면 버릴 수 있어야 합니다. 자유자재로 그렇게 할 수 있는 사람이 仙인입니다.

　돈공부는 쓰는 공부와 버는 공부, 두 가지가 있습니다. 사람에 따라 돈을 버는 것에는 능통한데 쓸 줄 모르는 사람이 있고 멋들어지게 잘 쓰는데 버는 방법을 모르는 사람이 있습니다.

　쓰는 공부는 『허생전』에 나오는 장안 제일의 부자처럼 할 수 있으면 다 된 것입니다. 생면부지의 사람이 왔을 때 물어보지도 않고 만 냥을 내놓을 수 있는 경지입니다. 그 돈을 벌 때 얼마나 열심히 벌었겠습니까? 그래도 쓸 때는 그렇게 쓸 줄 알아야 합니다. 사람을 알아보고 단번에 그렇게 내놓을 수 있다면 쓰는 공부는 끝난 것입니다. 그렇게 하니까 돈을 벌 수 있는 것이고요.

버는 공부는 허생처럼 책만 읽다가도 '벌어야겠다' 하면 돈을 벌 수 있는 경지가 되어야 합니다. 돈을 벌 줄 몰라서 못 버는 것과, 벌 줄 아는데 다른 걸 할 시기라서 안 버는 것은 차원이 다릅니다. 내가 충분히 돈을 벌 수 있지만 그렇게 하지 않고 그 시간을 다른 일에 투자하는 것은 좋은 일입니다. 하지만 사회에 뿌리내리지 못하고 남의 신세만 지는 사람이라면 생활에 더 비중을 둬야 합니다.

돈을 벌 수 있는 능력을 갖추시기 바랍니다. 여차하면 나가서 지게를 지거나 품팔이라도 할 수 있어야 합니다. 단순 노동을 해서라도 돈을 벌 수 있어야 합니다. 여자 분들도 돈 버는 능력을 한두 가지는 가지고 있어야 합니다.

돈을 잘 쓰는 방법

돈을 쓸 때는 또 어떻게 써야 하는가? "쓰는 거야 쉽죠, 주머니에 들어온 돈을 쓸 줄 모르는 사람이 어디 있나요?" 이렇게 말하는 분도 있는데 돈을 제대로 쓸 줄 아는 사람은 참 드뭅니다. 우리나라 교육이 돈 버는 방법은 혹 가르칠지 몰라도 돈 쓰는 방법은 안 가르치기 때문입니다.

가령 수입이 백만 원이다 하면 대개는 그 백만 원을 나를 위해 쓰고 가족을 위해 쓰고 나머지는 저금을 합니다. 그런데 일정한 금액은 나를 위하지 않는 방법으로 쓰는 것이 돈을 잘 쓰는 방법입니다.

이 세상에 태어났을 때 내 것이 없는 채로 태어났기 때문입니다. 다 내 소유가 아닙니다. 공기가 없으면 죽는데 공기에 대해 돈을 지불하지 않습니다. 물을 못 먹으면 죽는데 물에 대해 돈을 지불하지 않습니다. 수도세 내지 않느냐, 생각할 수도 있는데 그건 나라에 지불하는 것이지 나를 내보내준 자연에 돌려주는 건 아니지요. 쌀이나 반찬도 돈 내고 사먹지만 농부나 상인에게 지불하는 돈이지 나를 낳아준 대자연에 돌려주는 돈은 아닙니다. 집을 마련할 때도 집을 지어준 업자한테 돈을 주는 거지 나를 살게 해준 이 땅에게 돈을 주는 것은 아닙니다. 공기, 물, 음식, 땅…. 가장 중요한 것들은 다 거저 받고 있습니다. 대자연이 우리를 먹여 살리고 있는 것입니다.

그럼 대자연에게 어떻게 돌려줘야 하는가? 대자연에게 돌려준다고 길거리에 놓아둘 수는 없지요? 그렇기 때문에 나와 내 가족이 아닌 다른 사람을 위해 쓰라는 것입니다.

연말에 불우이웃돕기 모금을 할 때 누가 익명으로 거금을 놓고 갔다는 얘기가 가끔 뉴스에 나오더군요. 돈이 내 것이 아니라는 마음이 확실하면 그렇게 쓸 수 있게 됩니다. 낯모르는 사람을 위해 아무 조건 없이 쓰는 것입니다.

꼭 기부금으로 내야 한다는 얘기는 아닙니다. 부서지는 돈으로 내는 것이 참 좋은 방법입니다. 대개 사람들이 어디다 돈을 낼 때는 '이 돈으로 뭘 해 주십시오' 하고 조건을 붙이길 좋아합니다. 그럴듯한 명분이 있는 데만 돈을 내려고 하고요. 그런데 부서지는 돈, 존재감이 없는 돈으로 내는 것이 좋습니다. 오다가다 만난 사람에게 밥 먹으라고 줄 수도 있고, 아이가 예쁘면 '이거 써라' 하고 줄 수도 있습니다. 지하도에서 만난 거지에게 줄 수도 있는 것이고요. 자기도 모르게 그런 마음이 우러나오면 돈공부는 된 것입니다.

일단 주면 상관을 말아야

일단 내 주머니에서 나가면 내 것이 아닙니다. 내가 참견할 일이 아닙니다. 내가 돈을 냈으니까 어떻게 쓰이는지 끝까지 따라다니면서 감시하겠다는 생각이라면 돈을 낸 공덕이 없어집니다. 돈을 내기 전에는 제대로 쓰이는지 면밀히 조사해야겠지만 일단 내 주머니에서 나가면 내 소관이 아닙니다. 받은 사람이 그 돈을 들고 사창가를 찾아가든 술집에 가서 하룻밤에 다 쓰든 상관하지 말아야 하는 것입니다.

돈이라는 것이 만 원을 줘도 배 아픈 것입니다. 돈을 안 줘본 사람은 모릅니다. 내가 얼마나 피를 말려가면서 번 돈인데, 내가 안 쓰고 준 것인데 엄한 데 쓰면 속상합니다. 그런데 그렇게 하면 돈 쓰는 공부를 못합니다. 받은 사람이 그 돈을 가지고 태워버리든 말든 그 사람 소관입니다. 상관을 말아야 합니다. 돈공부를 제대로 하려면 그래야 합니다.

■ 정신의 나눔

복福을 행行하는 것

공자님께서 복福에 대해 하신 말씀이 있는데 '석복惜福'이라고 표현하셨습니다. 복은 다스려야 하는 것이다, 이런 뜻으로 말씀하신 것 같습니다.

우리가 많이 쓰는 '행복幸福'이라는 단어는 한자로 '다행 행幸'에 '복 복福' 자를 씁니다. 복이 있어서 다행이다, 이런 뜻이라고 여겨집니다.

그런데 이제부터는 행복에 대한 개념을 좀 바꿔서 "복을 행한다"고 생각하면 어떨까 합니다. '행할 행行' 자를 써보자는 것입니다.

복을 행한다는 것은 무엇인가? 아주 작은 일일 수 있다고 봅니다. 지금 이 순간 이 자리에서 자신이 할 수 있는 최선을 다하는 것, 그것이 '행복行福'이라고 봅니다. 이 다음에 형편이 나아지면 뭘 하겠다는 게 아니고요.

약국을 운영한다면 약만 파는 것이 아니라 웃음을 팔고, 맑은 표정으로 밝게 웃으며 따뜻한 인사를 전하면 그것만으로도 상대방에게 기쁜 파장을 전달하여 복을 행할 수 있습니다. 약사가 우중충하게 고민에 쌓여 있다면 아무리 약이 좋아도 그 약을 받아 가는 사람들이 약 먹고 좋아지는 데 한계가 있을 것이고요. 대개 아픈 분들이 몸만 아픈 게 아니라 마음도 아프지 않습니까? 그분들을 변함없이 맑고 밝고 따뜻하게 대한다면 그것이 곧 도道입니다.

기쁨은 나누고, 슬픔은 스스로 감당하고

복을 행한다는 것은 기쁨은 나누어 배가시키고 슬픔이나 안 좋은 일은 스스로 감당하는 것입니다.

타슈켄트에 사는 고려인들을 취재한 다큐멘터리를 본 적이 있습니다. 어떤 소년에 대한 얘기가 나왔습니다. 아빠는 러시아에 있고 엄마는 한국에 돈 벌러 가버려서 친척집에 맡겨져 있는 아이인데 얼굴 가득 웃음을 띤 환한 얼굴이더군요. 불우한 아이, 엄마 없는 아이와 단짝을 하면서 웃음을 주었습니다. 웃을 수 있는 환경이 아닌데도 즐겁게 계속 웃는 것을 보면서 참 대단한 아이라는 생각을 했습니다.

그 아이는 이미 신화를 이루고 있습니다. 자신의 자리에서 밝음, 기쁨, 희망의 파장을 선사하고 있습니다. 표정 하나만으로 그렇게 하는 아이입니다. 보는 사람마다 즐거워합니다.

에베레스트를 오르거나 목숨을 걸고 환경운동을 하거나 하는 거창한 일만이 신화는 아닙니다. 자신의 자리에서 웃음을 선사하는 것도 신화라는 말씀을 드립니다.

당신이 있기에 내가 있다

제가 남아프리카 공화국에서 산 적이 있었는데 한 번은 더반Durban이라는 곳에 갔습니다. 그 지역의 원주민인 줄루족이 사는 모습을 보고 싶어서였습니다.

일단 아쉬운 대로 민속촌에 갔는데 사실 볼 것은 없었습니다. 거기 계신 분들이 선조들의 정신을 잘 계승하지는 못했더군요. 그런데 어느 분이 줄루족에 대한 책을 한 권 선물로 주셔서 읽어보니까 거기 근사한 말이 있었습니다.

"당신이 있기에 내가 있다."

이 사람들은 왜 이렇게 말을 잘하는가 생각했습니다. 전에 줄루족의 인사 말이 '한없이 나아가십시오'라는 얘기를 들었을 때도 참 근사하다고 생각했는데 그런 근사한 말이 또 있었던 것입니다.

'내가 있기에 당신이 있다'라고 하면 그냥 상식적인 말입니다. 그런데 '당신이 있기에 내가 있다'는 너무나 기가 막힌 말입니다. 여기서의 '당신'은 조물주님일 수도 있고, 부모님일 수도 있고, 도반일 수도 있고, 가족일 수도 있고, 만물일 수도 있고, 또 나일 수도 있습니다. 이곳 수선재에서도 제가 있기에 여러분이 있고, 여러분이 있기에 제가 있는 것입니다.

그리고 '이웃을 사랑하라'는 말보다 훨씬 멋있는 말입니다. 옆에 계신 분들에게 감사함을 돌리는 말이지 않습니까? 안 되는 것은 내 탓이고, 잘 되는 것은 당신 탓입니다. '당신'에게 감사함을 돌리면 그것이 금방 자신에게 돌아옵니다.

2장

仙인류의 **문화**

1절 | 仙한 의식주

지구의 보호자로서의 의식주

仙인류가 살아가는 곳은 의식주를 생태적으로 영위하는 곳이어야 한다고 봅니다. 인간에게는 지구를 지키는 '보호자'의 역할이 부여되어 있으므로 가장 기본이 되는 의식주에서 그것을 실천해야 하는 것이지요.

우선 가급적 유기농 채식을 위주로 한 밥상을 실천해야 합니다. 육식을 위해 너무 많은 곡식과 물이 소비되고 있고, 가축들의 배설물로 지구가 비명을 지르고 있으며, 비위생적이고 비인도적인 양육과 도축방식은 더 이상 용납하기 어렵기 때문입니다.

그런데 식사가 생활을 지배해서는 안 된다고 봅니다. 너무 정성을 들이다가 식사가 주가 되는 현상은 바람직하지 않은 것이지요. 식사는 어디까지나 보조 수단으로서 건강을 유지하기 위한 방편입니다. 간단하게 또 알차게, 두

세 가지만 가지고 조화를 이루는 식단이면 족합니다.

그 다음으로 옷은 인간을 자유롭게 하는 것이어야 합니다. 인간을 가둬놓는 옷이어서는 안 되는 것이지요. 지금 우리가 입는 옷들은 인간을 옷 속에 꿰어 놓는 옷이 주를 이루고 있잖습니까? 옷이 주인이고 사람이 종이 되는 옷을 입고 있습니다. 자연 소재로 만든 옷, 자연의 기운을 느낄 수 있는 옷이 좋습니다.

仙인류의 삶을 표현하는 선한 집

집과 정원은 우리 인간들의 영원한 테마입니다. 사람은 처음에는 음식에 관심을 가지고, 먹고살 만하면 옷에 관심을 가지고, 나중에는 집에 관심을 갖습니다. 집은 몸을 담는 그릇이자 그 집에 살고 있는 한 인간의 모든 것을 표현하는 종합예술이라고 할 수 있습니다.

仙인류가 살아야 할 선한 집은 먼저 작은 집입니다. 작은 집에서 살면 가구와 살림, 쓰레기, 에너지 등 모든 것을 줄일 수 있으므로 인간에게나 자연에게 꼭 필요한 일입니다. 가족 수에 비하여 큰 집은 건강에도 좋지 않습니다. 작은 집이되 생태건축, 생태화장실, 빗물 활용 시스템 등 다양한 생태적 요소를 구비한 집이어야 합니다.

또한 선한 집은 건강에 좋은 집, 짓기 쉬운 집입니다. 건강에 좋은 소재여야 하고, 또 집 한 채 짓는 데 온갖 고생을 해서도 안 됩니다.

집은 기운과 밀접한 관련이 있어서 잘못 지으면 자기도 모르게 기운이 솔솔 빠져나갑니다. 기적으로 사람을 생生하는 집이어야 하는 것입니다.

저는 그동안 강철과 유리로만 된 집, 과도한 황토와 나무로만 된 집 등을 통하여 오행의 기운이 편중된 집과 가족 수에 비하여 큰 집은 건강에 좋지 않다는 것을 몸소 겪었습니다.

그런 면에서 우리나라 옛날 초가집이 참 좋은 집이더군요. 아궁이에 불 때

고 바닥에 앉아 있으면 흙기운[土], 불기운[火]이 극克해주니까 자궁[水]의
병이 없어집니다. 옛날 여인들이 부인병이 없고 건강이 좋았던 건 그래서였
습니다. 지금은 다들 시멘트집에 살기 때문에 생식기·신장·방광 병이 많아
지지 않았나 합니다. 외관 면에서도 초가집이 우리나라 옛날 집 중에서 제일
아름답더군요.

仙인류다운 집살이

집이라는 것은 길러내는 장소입니다. 사랑을 나누고 아이를 기르는 곳입
니다. 집은 또 매일같이 죽었다가 살아나는 장소입니다. 잘 때는 시체처럼 누
워서 자더라도 아침에 일어날 때는 생기를 충전 받은 상태여야 합니다.

그러므로 집은 첫 번째로 편안해야 합니다. 편안하다는 것은 구조나 시설
이 편안하다는 것이며 가족들이 서로 편안하게 대해준다는 것입니다. 집에
가서 불편하고 눈치 보고 무언가를 신경 써야 한다면 그건 집이 아니라고 봅
니다.

두 번째로 집은 따뜻해야 합니다. 추워서 벌벌 떨며 자다가 일어나서 출근
한다면 무슨 기운이 나고 의욕이 나겠는지요? 잠자는 곳만이라도 따뜻해야
하는 것입니다.

마지막으로 집은 매일같이 가꾸는 곳입니다. 이미 되어있는 곳이 아니라
가꾸어 나가는 곳입니다. 거기 사시는 분들이 아름답게, 깨끗하게, 행복하게
가꾸어야 하는 곳입니다.

단순하고 소박한 삶

仙인류의 삶은 그렇게 복잡하지 않습니다. 구인류가 정치니 경제니 사회니 하며 불필요하게 삶을 복잡하게 만들어 놓은 것이지요.

먹고사는 문제, 즉 경제가 너무 많이 지배하는 사회는 후진적인 사회라고 볼 수 있습니다. 정치·경제는 하부 구조로서 지탱해 주는 역할을 하고 문화, 예술, 철학, 여가 등 인간답게 살기 위한 활동이 주가 되는 것이 바람직합니다. 거꾸로가 되면 안 되는 것입니다.

생활이 단순해지면 보다 근원적인 질문을 하게 됩니다. 생로병사에 대해 알고 싶어 합니다. 지구는 우주의 어떤 지점에 속해 있는 별이며, 인간은 우주만물 중에서 어떤 카테고리에 속한 생명체인지 이런 근원적인 질문이 더 중요해집니다.

자신을 진화시키고 남들도 진화시키고, 동물과 식물과 대자연이 함께 소통하면서 다 같이 어울려 살며 하루하루의 소소한 일상, 취미로 인간적인 삶이 즐거워지는 세상입니다.

최소한의 자급자족은 필요합니다. 하지만 살기 위해 일이 필요한 것이지 일하기 위해 살고 있는 것이 아닙니다. 아침부터 밤늦게까지 그렇게 일을 많이 할 필요는 없는 것입니다.

소박한 삶으로 돌아가야 합니다. '먹고살 수 있으면 행복하다', '간소한 의식주에 만족할 수 있다' 이렇게 의식이 바뀌어야 합니다. 먹고살기 위한 노동 시간은 줄이는 대신 창조적이고 영적인 일에 시간과 에너지를 쏟는 문화적 풍토가 조성되어야 합니다.

파장을 통한 창조

시, 시조와 소설, 서예와 그림 등의 모든 예술은 모두 인간의 마음을 표현할 수 있는 좋은 방법입니다. 어떤 매체를 통하여 인간의 마음을 다른 사람에게 전달하는 것이지요. 마음의 순도가 높을수록 작가는 우주를 전달할 수 있는 역량이 커지며, 이 우주를 전달할 수 있는 역량이 커지면 커질수록 그 작가의 작품은 영원히 살아남을 수 있는 작품이 됩니다.

그런데 예술가들의 작품은 자기 몸속에서 쥐어짜서 나오는 것이 아니라 영감에 의해서 우주와 하나가 될 때 나오는 것입니다. 즉, '창조'라는 것은 파장을 받는 것이지요. 인간은 자신의 두뇌만으로는 창조를 할 수가 없습니다. 우주와 연결이 되어야만 창조가 가능합니다. 흔히 '영감을 받았다'라고 표현하는데 영감을 받았다는 것은 파장을 받았다는 얘기입니다.

예술 작품, 책, 과학기술, 음식, 의복, 건축물 등 지상에 있는 모든 것들은 파장의 결과물들입니다. 내 노력으로 만든 것 같지만 알고 보면 파장수신에 의해 내 것으로 화化한 것들입니다. 지구상에 새로운 것은 없다고 볼 수 있습니다. 전부 다른 별에서 이식되어 온 것들입니다. 우리가 입는 한복도 우주의 어떤 별의 복식을 파장으로 받아 만든 것입니다. 유명한 건축물들도 타 별의 건축 양식을 파장으로 받아 만든 것이고요. 우리 수련생들도 파장이 연결되어 우주의 지식을 습득한다면 각 분야에서 뛰어난 업적을 남길 수 있을 거라 봅니다.

예술과 학문은 파장을 전하는 도구

신사임당 仙인님께서 시詩, 서書, 화畵를 우주의 파장을 전하기 위한 도구로서 활용하였다고 말씀하셨는데 예술은 그렇게 파장을 전달하기 위한 도구로서 있는 것입니다.

파장을 전달하되 어떤 파장을 전달해야 하는가? 맑고 좋은 파장을 전달해야 합니다. 광란적이고 탁한 파장을 전달하는 예술이어서는 안 됩니다. 안 좋은 파장을 전달할 바에는 차라리 예술을 안 하는 것이 낫습니다.

말과 글은 그대로 뜻을 전하기에 앞서 좋은 파장을 전달하는 도구여야 합니다. 학문도 어떤 이론이나 학설을 주장하기에 앞서 좋은 파장을 전달하는 도구여야 하고요. 제가 책을 쓰는 목적도 그러합니다. 책이라는 도구에 싸서 仙계의 파장을 전달하는 것입니다.

수련을 통해 감각이 발달하면 음악이든 그림이든 거기서 오는 파장을 먼저 느끼게 됩니다. 파장이 안 좋으면 테크닉적인 면에서 아무리 뛰어나도 높이 평가하지 않게 됩니다. 책도 내용을 읽기에 앞서 파장을 느껴 선별하게 됩니다. 사물을 접할 때 이런 안목이 필요하지 않나 합니다.

또한 수련을 통해 장심이 개발되면 글이나 그림, 음악에 특별한 재능이 없더라도 파장을 받아 작품을 만들 수 있습니다. 우리 인체는 항상 부분이 전체를 대표할 수 있는데 그중에서도 가장 몸을 대표할 수 있는 부분이 손입니다. 손에 오행이 다 있고 온갖 기능이 다 있습니다. 손을 많이 활용할수록 그런 능력들이 많이 개발되는 것이지요. 잘 그린 그림이나 글은 힘이 안 들어간 상태에서 그냥 저절로 흐르는 것입니다. 벌써 머리를 굴리고 생각을 하면 답답한 글이 나오게 됩니다.

맛을 내주고 잔잔하게 스며드는 예술

예술이라는 것이 왜 필요하냐면, 진리를 전달하기 위해서가 아니라 사는 기쁨과 재미를 주기 위한 것입니다. 사는 게 너무 재미없으니까 예술을 통해서 재미를 주는 것이지요. 그런데 재미로만 끝나면 안 되기 때문에 감동을 주고 아름다움을 주는 것입니다. 우리가 추구하면서 살아가야 할 가치인 것이지요.

책을 내는 것도 어떤 지식만 전달하기 위해서 필요한 게 아니라 감동을 주고, 또 아름다움도 주기 위해서입니다.

하지만 예술도 지나치면 월권이 됩니다. 예술이 인간을 좌지우지하면 안 되는 것이지요. 슬쩍슬쩍 건드려줘야 합니다. 너무 심심하거나 살맛이 안 나거나 우울하거나 슬플 때 슬쩍 건드려줘서 기분을 전환해 주는 것이지요. 살맛을 내주는 성분, 양념 같은 것입니다. 음식을 먹을 때 양념이 너무 많으면 본래의 맛을 희석시키기 때문에 좋지 않습니다.

뭔가 해보겠다고 마구 뒤집어 놓고, 들쑤셔 놓고, 강렬하게 표현하는 게 답은 아닙니다. 뭔가를 잔뜩 표현하려고 하면 질립니다.

음악도 순수한 음악들은 몸으로 스며드는데, 뭔가를 표현하려고 무지 애를 쓴 음악들은 듣는 게 힘들더군요. 그래서 지상의 음악은 음악이 아니라고 말씀하시는 분도 계십니다. 너무 강하게 자극하는 음악, 사람에게 뭔가 작용하려는 하는 음악보다 자기도 모르게 스며드는 음악이 좋은 것입니다. '명상 음악'이 따로 있는 게 아닙니다. 나를 편안하게 하고, 자유롭게 하고, 이롭게 하고, 비워주는 음악이 좋은 음악입니다.

그림도 추상화라고 해서 복잡하고 색깔을 짙게 한 그림을 보면 '아, 끔찍하다'는 느낌이 듭니다. 그런 것이 좋은 그림이 아닙니다. 그림을 봄으로써 내가 순화되는 그림이 좋은 그림이지요.

할리우드 영화는 폭력과 섹스가 빠지면 영화가 안 됩니다. 정신없이 왔다 갔다 하면서 두 시간 동안 숨 돌릴 시간도 주지 않습니다. 영화에서 높은 파장이 계속 나와서 사람을 끌고 올라갑니다.

오히려 스토리가 없어 보이고 단순한 영화를 통해 사람들은 편안함을 느낍니다. 폭력이 없고, 섹스가 없고, 마약이 없어도 인생을 담을 수 있습니다. 그런 잔잔한 영화가 좋습니다. 평범한 사람의 이야기를 통해서 인간의 품위를 느끼게 해주는 영화를 보면 하루를 건진 듯 기분이 좋습니다.

결국 仙문화는 육체와 영혼을 정화시켜주는 문화라고 할 수 있습니다.

웰빙과 仙문화

한동안 우리 사회에 '웰빙well-being'이라는 단어가 크게 유행한 적이 있습니다. 웰빙의 본뜻은 좋습니다. 자신이 건강해지고 행복해짐으로써 주변 사람에게 나누어 주는 것, 자신을 이롭게 하면 남도 이롭다는 것입니다. 그런데 지금의 웰빙은 어떻게 보면 좀 이기적입니다. 자기만 악착같이 챙기고 남은 나 몰라라 하는 이미지입니다.

그걸 그대로 답습할 게 아니라 한국적이고 우주적인 웰빙을 보여줬으면 좋겠습니다. 우리가 이끌어 가자는 것인데 그 방법은 문화여야 합니다. 문화 운동으로 가면서 생활 속에 녹아들어야 합니다. 이념만으로는 꽃을 피울 수가 없습니다. 의식주, 놀이, 예술 등을 통해 보여줘야 합니다. 유럽에서 있었던 종교개혁도 그것만으로는 파급 효과가 적었을 겁니다. 그 뒤에 르네상스가 있었기에, 문학·예술·건축 등 문화 전반에서 인본주의의 꽃을 피웠기에 사회가 바뀔 수 있었습니다.

문화란 의식 수준입니다. 그 사회를 형성하는 대중의 전반적인 의식 수준을 문화라고 합니다. 문명은 물질 수준을 말하고요. 그래서 문명이 발달했다고 해서 반드시 문화 수준이 높다고는 볼 수 없습니다.

지금은 세상을 주도하는 힘이 문명에서 문화로 넘어오는 단계입니다. '말세'라고 많이들 얘기하는데 기존의 질서가 붕괴되고 새로운 질서가 태동하는 시기입니다. 그리고 그 전환의 중심에는 한국이 서 있습니다. 한국에서 어떻게 하느냐에 따라 될 수도 있고 안 될 수도 있습니다.

후천시대로 바뀐다는 것은 문화, 의식 수준이 바뀐다는 것인데 동이東夷족의 문화, 仙문화로 가도록 해야 합니다.

자연으로 돌아가는 문화

언젠가 뉴욕을 방문했을 때, 《라이언 킹》이라는 뮤지컬을 본 적이 있습니다. 아주 수작이라고 느꼈지요. 음악도 춤도 무대장치도 소품도 훌륭했고 특히 배우들의 매력이 만점이었습니다.

배우들이 전부 흑인으로 구성된 것이 특이했습니다. 그들의 춤과 노래는 가히 우주적이었고요. 미국 뉴욕의 시민들에게도 아프리카로 돌아가고 싶은 열정이 생기고 있음을 느꼈습니다. 인간이 결국은 도달해야 할 지점도 아프리카적인 삶이 아닐까 하는 생각을 했습니다.

仙문화는 자연으로 돌아가는 문화입니다. 그런데 자연을 훼손하지 않고 사는 사람들이 누구냐 하면 바로 원주민이기 때문에 그들한테 배울 필요가 있습니다. 음악이나 무용, 색채와 미술 등 자신만의 보물을 그들이 가지고 있습니다.

그들의 의식주는 많은 것들이 자연에서 오는 소재여서, 몸에도 좋은 것들입니다. 음악도 멜로디가 너무 좋고 또 탁기가 거의 없습니다. 仙인류가 배우고 지향해야 하는 것들이 바로 그런 것들이 아닌가 합니다.

그렇다고 문명국이 나쁘기만 한 것이냐 하면 그렇지는 않습니다. 다 섞여 있습니다. 仙계의 문화가 이식된 부분도 있고 반대로 지구에 뿌리내리면서 많이 오염된 부분도 있습니다. 좋은 것을 추려서 가꿀 필요가 있습니다.

우리나라 풍속을 보면 동이족이 보통 종족이 아니었다는 흔적이 너무나 많습니다. 풍속이니, 의복이니, 음식이니 이런 것들이 다 그렇습니다. 예를 들어 색동 문양은 우주의 문양입니다. 색깔이 그렇게 강렬하지는 않은 무지갯빛 문양입니다. 무지개는 오색이 반사돼서 일곱 가지 색이 나오는 것으로 기적으로 가장 조화된 색깔입니다. 몸에도 아주 좋은 색깔이고요.

선한 놀이 문화

스스로 즐겁고 행복하지 않다면 우리가 명상을 하는 의미가 없습니다. 고행한답시고 잔뜩 괴로운 얼굴을 하고 있어서는 안 되는 것이지요. 진도는 좀 덜 나가더라도 공부된 만큼 보여줘야 합니다. 조화를 이루면서 가자는 겁니다. 더딘 것 같아도 그게 더 빠른 방법이기 때문입니다.

주안점은 마음의 평화입니다. 마음의 평화를 얻으려면 몸부터 돌봐야 합니다. 그러려면 움직여줘야 합니다. 움직이되 바른 방법으로 움직여야 합니다. 호흡을 통해서 움직이고, 선무를 추면서 움직이고, 그렇게 즐겁게 움직이면 몸과 마음이 모두 즐거워집니다.

매달 한 번씩 수선대*樹仙臺에 오셔서 명상을 하시는데 명상하기 전에 선무나 노래를 배우시면 어떨까요? 오카리나나 대금 같은 악기를 배우는 시간을 가져도 좋겠습니다. 와서 명상만 할 게 아니라 좋은 집에서 좋은 음식 먹고 좋은 놀이를 즐기는 놀이마당이면 좋겠다는 바람입니다.

윷놀이나 제기차기나 팽이돌리기, 줄다리기 같은 한민족의 전통 놀이도 참 좋습니다. 특히 윷놀이를 할 때 보면 아주 잘 웃으시더군요. 배시시 웃거나 씨익 웃는 것보다 소리를 내서 하하하 웃는 그런 웃음이 좋습니다. 확 열리게 됩니다.

뇌의 시상하부에서 면역력을 강화하는 호르몬을 분비하는데 어떨 때 엔도르핀을 가장 많이 발생하는가 했더니 웃을 때 그렇다고 합니다. 마음으로는 감사할 때, 그리고 몸으로는 하하하 웃을 때 강력한 엔도르핀이 발생한다고 하는데, 뇌는 가짜 웃음과 진짜 웃음을 구분하지 못한다고 하는군요.

그러니 즐거운 놀이를 통해 많이 웃으시고 또 웃는 연습을 자꾸 하시기 바

---

* 1999년 개원한 수선재의 명상마을. 2008년까지 진천에 있었으며 이후 고흥과 보은으로 이전함

랍니다. 활동적인 명상법을 도입하고 즐겁게 노래 부르고 춤도 추시고요.

3절 | 仙인류의 의례儀禮

시급히 바꾸어야 할 결혼문화, 장례문화

한 나라의 수준을 한 번에 파악할 수 있는 것이 바로 관혼상제입니다.

하지만 우리나라는 사회제도상 가장 큰 문제를 가진 것이 바로 결혼문화와 장례문화입니다. 시급히 바로잡을 필요가 있습니다.

왜 결혼식을 그렇게 날림으로 해야 하는지 의문입니다. 줄 섰다가 30분 만에 끝내는 것을 당연시 여깁니다. 꼭 서양드레스를 입고 결혼식장에서 해야 할 필요가 있을까요? 공원을 개방해서 야외 결혼식을 할 수도 있고, 비 오는 날은 천막 같은 것을 쳐 줄 수도 있지 않나요? 음식은 싸가지고 올 수도 있고요.

특히 시급한 것은 장례문화입니다. 장례문화가 미흡해서 너무나 불명예스럽게 고인들을 보내드리고 있기 때문이지요. 관을 지고 가면서 발 한 번 움직일 때마다 돈 달라고 하지, 무덤 팔 때 돈 달라고 하지, 엄청나게 돈을 뜯으면서 모욕적으로 하는 것을 봤습니다. 돈을 적게 들이면서 제대로 예우를 해서 보내드릴 수 있는 장례문화가 필요합니다.

선한 장례문화

제가 예전에 태국으로 여행을 간 적이 있었습니다. 제가 묵은 호텔이 장례식장 바로 옆이었는데 밖을 내다보면 매일 장례식을 했습니다. 동네는 온통

꽃집이어서 장례식에 사용할 꽃들을 팔았지요.

그런데 우리나라에서는 장례식이라면 하얗고 노란 꽃만 쓰는데 그곳에서는 화려한 꽃을 쓰더군요. 그리고 장례식 때 울지 않습니다. 장례식이 끝나면 바로 옆에서 뒤돌아선 채로 밥을 먹고요. 참 사람들의 수준이 높다는 생각을 했습니다. 죽음과 삶에 별 차이를 안 두더군요.

우리는 목 놓아서 울고불고 하지 않습니까? 심지어 곡하는 사람을 돈 주고 사서 '아이고, 아이고' 하고 울게 합니다. 돌아서면 웃고요. 참 허세가 심한 나라입니다.

요즘 세계적으로 '슬픈 장례식은 물렀거라' 하면서 '즐거운 장례식'이 추세이더군요. 장례식에 고인이 좋아하던 음악을 틀어주고, 연주회도 하면서 함께 즐기고…. 화장을 하기 때문에 종이 수의, 종이 관을 사용하기도 합니다. 유액을 바르지 않은 옹관(甕棺, 점토를 구워 만든 항아리 모양의 관)이 좋다고도 하고요.

수의는 어떻게 할 것이며, 관은 어떻게 할 것인지를 좀 더 연구해서 품위 있는 장례식이 널리 대중화되었으면 합니다.

화장火葬이 좋은 이유

죽어서까지 무덤으로 남아 있는 일은 진화의 사이클을 길게 하므로 자신을 위해서나, 죽어서까지 기억해 줄 것을 강요받는 가족을 위해서나 못할 일입니다.

특히 한정된 땅에서 살아가야 하는 후손들에게나, 죽은 자의 집보다는 우주의 진화를 위해 더욱 유익한 역할을 하고 싶어 하는 자연에게는 크게 죄를 짓는 일입니다. 무덤이나 납골당 따위로 흔적을 남기지 말고 자신의 업적이나 후손들의 가슴속에 남는 것이 바람직하다고 봅니다.

그리고 일단 죽고 나면 시신은 빨리 없어지는 것이 좋습니다. 시신 속에 남아 있는 기운이 흩어져야만 완전히 정리가 되기 때문입니다.

사람이 죽으면 영은 하늘로 올라가고 혼은 땅으로 흩어지는데 순식간에 되는 일은 아닙니다. 시신 속에 남아 있는 정精이 다 흩어지기 전에는 혼도 완전히 흩어질 수가 없습니다. 정이 남아 있으면 혼이 어느 정도 형체를 띠게 됩니다. 영이 하늘로 가버렸으니까 사고나 의식은 없는데 시신 속에 남아 있는 정으로 인한 에너지는 남아 있는 것입니다.

영 또한 몸이 완전히 흩어지기 전까지는 하늘로 올라가서도 온전한 하나의 영체를 형성할 수가 없습니다. 여기에 조금 있고, 저기도 조금 있고, 그렇게 나눠진 불완전한 상태가 됩니다.

시신이 빨리 없어져야만 진화의 사이클이 빠르다는 얘기입니다. 죽은 후 다시 태어나려 해도 자신의 몸이 찌꺼기처럼 어딘가에 남아 있으면, 어딘가에 묻혀서 기운이 남아 있으면 정리가 되지 않는 것입니다. 시체 속에 남아 있는 기운이 다 없어질 때까지 백 년 정도 걸리는데 그동안은 다시 태어나지지 않습니다. 정리가 되어야만 다시 태어날 수 있습니다.

그러니 매장보다는 화장火葬을 하시기를 권합니다. 화장 후 수습한 골분은 납골당에 모시기보다는 산골하거나 자연장지自然葬地에 모시는 게 좋습니다.

걷고 싶고 묻히고 싶은 무덤

전 세계에서 숲을 제일 잘 가꾼 나라가 우리나라와 독일이라고 합니다. 식목일까지 만들어 나무를 많이 심고 숲을 만든 것이 그렇게 된 원인이겠지요.

그런데 우리나라에서 제일 흉물스러운 것이 '무덤'입니다. 전 세계 어느 곳에서도 볼 수 없는, 지상에서 가장 기이한 건조물이 무덤이라고 할 정도로 아름답지 않은 풍경이 한국의 산하 곳곳에 자리 잡고 있습니다. 동네를 산책하다 보면 수십, 수백 구의 무덤을 쉽게 만날 정도로 이웃입니다.

헌데 그 모양이 아름답지 않음으로 인하여 무덤을 바라보는 이들의 마음도 아름다워지지는 않습니다. 못 본 척 피하고 싶을 정도로 우리의 자연과 후손들의 정서를 해치고 있는 구조물이지요.

사실 무덤에 무슨 의미가 있습니까? 빈껍데기입니다. 영들도 거기 없습니다. 생기나 희망을 주지도 않습니다. 산책을 하기도 어렵습니다. 자연훼손일 뿐 아니라 후손들이 설 자리를 안 만들어 주는 것입니다. 우리가 가장 우선해야 하는 자연보호, 후손보호 대상이라고 생각합니다. 차선책이라고 하는 납골당도 아름답지가 않습니다. 무덤보다 없애기도 더 힘들고요.

보기 흉하다고 해서 무조건 없애자는 것은 아닙니다. 보기 좋게 예쁘게 무덤을 만들자는 얘기입니다. 후손들이 조상에게 고마운 마음을 가질 수 있도록 방법을 강구해야 합니다.

모든 것을 한꺼번에 할 수는 없는 노릇이므로 저는 시범으로 무덤이라도 아름답고 자연스러운 형태로 꾸며놓고 싶습니다.

언덕이나 작은 산 하나를 사서 잡목을 정리하여 산책길을 만들고, 무덤 대신 고인을 대표하는 소나무를 심게 합니다. 고인의 생을 설명하는 작고 아름다운 비석을 곁들입니다. 소나무 사이사이 예쁜 들꽃을 심고 가꾸어 누구나 걷고 싶고 묻히고 싶은 무덤을 만드는 것입니다. 저의 꿈이기도 하지만 제가 아니라도 누군가는 반드시 해야 하는 보람 있는 일이지요.

제사, 생사를 초월하는 의식

제사는 필요합니다. 생사를 초월하는 의식이며 꼭 누구를 위해서 하는 것은 아닙니다. 영계와의 교류는 항상 되고 있다고 볼 수 있으나 일정한 날을 정해서 어떤 형식을 갖추어 조상들을 모시는 것은 서로에게 필요한 일입니다.

완전히 벗어난 분에게는 별로 필요가 없으나, 속에서 완전한 해탈이 이루어지지 않은 분들께는 제사의 형식으로 지원을 해드릴 수 있습니다. 후손들의 기의 지원은 영계에서 별로 대단치 못한 위치에 있는 조상들에게는 유일한 낙일 수도 있습니다.

제사를 지내면 기적으로 배고픈 분들이 오십니다. 기운 보충이 안 되어 음식을 통해서 기운을 섭취하려는 분들입니다. 예전에 제사 지낼 때 보면 조상님들이 친구들을 많이 데리고 오시더군요. '나는 이렇게 꼬박꼬박 제삿밥 얻어먹는다' 하고 자랑하고 싶어서 데려오기도 하고, 친구들이 불쌍해서 먹여주려고 데려오기도 합니다.

낮은 하늘에 계시는 분들은 仙인들의 통솔을 받는 처지인데 그래도 하늘의 통제하에 자기들끼리 몰려다녀도 되는 영역이 있습니다. 그 수준의 분들에게는 낙이 없기 때문에 일 년에 한두 번 제삿밥 먹는 것이 유일한 낙이고요.

천기나 우주기의 소관에 계신 분들은 제사에 올 필요가 없습니다. 어느 정도의 수준에 올라서면 기운이 다 보충이 되기 때문입니다. 영적인 면에서도 미련을 지닌 채 제사 때마다 얼굴 내밀 수준이 아니어서 안 오게 됩니다.

3장

공동체 마을을 이루어 살기

1절 | 왜 공동체 마을인가?

잘 산다는 것, 잘 죽는다는 것

잘 산다는 것은 무엇이며 잘 죽는다는 것은 무엇일까요? 무엇을 기준 삼아 잘 살았다, 잘 죽었다를 판단할 수 있는 것일까요?

누군가에게 잔뜩 폐를 끼치는 삶을 잘 산다고 볼 수는 없을 것입니다. 좋지 않은 자취를 잔뜩 남기고 죽는 것을 잘 죽는 거라고 볼 수 없을 것이고요. 그런데 동식물, 무생물, 대자연, 어머니 지구와 대화해 보면 그들은 입을 모아 이렇게 얘기하고 있습니다.

"지구상의 다른 생명체들도 인간과 동등한 권리를 부여받았다. 그런데 인간이 지구의 주인 노릇을 하고 착취하면서 지구가 이렇게 파괴되었다."

지구는 숨 쉬며 살아있는 하나의 생명체인데 인간들이 회복불능의 중병 상태로 몰고 갔다는 것입니다. 인간은 지구의 주인이 아니라 구성 요소일 뿐인데 그 점에 대해 무지했기 때문입니다.

　인간은 지구의 만물(동식물, 무생물 포함)과 공존해야 하는 존재입니다. 인간을 포함한 지구의 모든 존재는 생사를 함께 하는 공동운명체라고 볼 수 있습니다.

　그러므로 더불어 사는 삶이 잘 사는 삶이라고 말할 수 있습니다. 지구의 모든 생명체들과 더불어 살 때라야 잘 사는 삶, 보람 있는 삶이 되는 것입니다. 죽는 것도 크게 사랑을 베풀고 죽는 것이 잘 죽는 거라고 볼 수 있고요. 본인의 자취를 만물의 마음속에 사랑으로 남기고 죽어야 하는 것입니다. 지구 환경에 쓰레기를 남기는 대신에요.

공동체 마을을 이루고자 하는 이유

　수선재가 전하는 仙서는 결국 잘 살고 잘 죽기 위한 의식의 개혁을 위해 필요한 것입니다. 허나 의식만 향상되어서는 그 끝이 길지 않고 오히려 머리만 크고 사회 부적응의 불균형한 인간이 되고 말 것입니다. 수선인들이 仙서대로 실천하며 살지 못하고 말씀만 무성하게 된다면 결국 仙서는 '전 세계의 강사와 작가들로부터 흘러나오는 말의 강물을 조금 더 불어나게 하는 데 일조하는' 공허한 일이 될 것입니다. 실천을 통해 하단과 중단과 상단을 고루 갖춘 인간이 되어야 하는 것입니다.

　그런데 대도시의 아파트에 살면서 자연을 알고 이해하며 공생하기란 하늘의 별따기 만큼 어려운 일입니다. 편리한 삶에 길들여진 가족과 주변의 반대와 도전 또한 만만치 않을 것입니다.

　그러기에 비슷한 생각을 가진 사람들끼리 모여 공동체를 이루고자 하는 것입니다. 수선재가 공동체 마을을 만들고자 하는 이유는 실천과 나눔의 장소가 필요해서입니다. 공동체 운영을 통해 앎을 몸으로 실천하고, 몸을 통해 삶을 바꾸는 실천을 하고자 하는 것입니다.

누군가가 앞장 서 주기를 기다릴 시간이 없으므로 수선인들이 먼저 모델이 되자는 것입니다. '저 사람처럼 살고 싶다', '그동안 물질문명에 가려 잃어버렸던 인간본성을 찾으며 저 사람들처럼 공동체에서 오순도순 살고 싶다' 하는 모델 말입니다. 우리가 먼저 모델이 되어 즐겁게 잘 사는 방법, 잘 죽는 방법을 알리자는 것입니다.

혈연이 아닌 이웃을 단위로

피를 나누지 않은 이웃과 더불어 행복해야 仙인류라 할 수 있습니다. 공동체 마을은 혈연이 아닌 이웃으로 마을을 구성하는 곳입니다.

우리나라는 유난히 핏줄을 중요시 하는 가족주의가 지배하는 곳입니다. 세계에서 해외입양을 가장 많이 하는 나라입니다. 내 자식은 끔찍하게 소중한데 남의 자식은 남의 일입니다. 식구끼리 화목한 가정일수록 배타적이고, 잘 사는 마을일수록 타지인이 발붙이기 어렵게 텃세가 심하더군요. 가정불화가 유난히 많은 것도 따지고 보면 결혼과 자녀에 대한 지나친 애정과 집착에서 오는 것입니다.

진화의 단위는 가족이 아니라 이웃입니다. 이웃이 점점 확대되어 세계가 되는 것이고요. 혈연이 아닌, 남녀가 아닌, 하단(의지) 중단(사랑) 상단(지혜)이 하나가 되어 '한 인간'을 구성하는 것이 仙인류의 조합입니다.

2절 | 조화로운 삶

땅을 밟는 태초의 세상으로

자주 그리고 많이 웃는 것
현명한 이에게 존경을 받고
아이들에게 사랑을 받는 것
정직한 비평가의 찬사를 듣고
친구의 배반을 참아내는 것
아름다움을 식별할 줄 알고
다른 사람에게서 최선을 발견하는 것
건강한 아이를 낳든
한 뙈기의 정원을 가꾸든
사회 환경을 개선하든
자신이 태어나기 전보다
세상을 조금이라도 살기 좋은 곳으로
만들어 놓고 떠나는 것
자신이 한때 이곳에 살았음으로 해서
단 한 사람의 인생이라도 행복해지는 것
이것이 진정한 성공이다.

미국의 위대한 사상가이자 생태주의의 실천가인 랠프 왈도 에머슨이라는 분이 한 말이라고 합니다. 이분의 말에 전적으로 공감합니다. 사는 동안 한 뙈기의 텃밭이라도 가꾸어서, 한 그루의 나무라도 심어서 자신과 이웃을 기쁘게 하는 게 행복이자 성공이라고 봅니다. 자신에게도, 이웃에게도 보람 있고 기쁜 삶이 곧 진리라고 봅니다.

요즘 저는 시골생활을 즐기고 있습니다. 새벽에 일어나서 두 시간 정도 축기를 하고, 한 시간 정도 걷고 나서, 한 시간 정도 들판에서 나물을 뜯거나 녹차 잎을 땁니다. 장바구니 가득 나물을 뜯어 돌아오는 길은 마치 만선을 한 어부처럼 흐뭇하더군요.

이것저것 읽거나 보고, 텃밭에서 채소와 화초를 가꾸고, 작은 돌을 모아 옥상으로 오르는 계단을 쌓고, 집 짓는 일을 도와 벽돌 하나라도 직접 올리면서 삶을 즐기고 있습니다. 제가 꿈꾸던 이런 삶을 살기 위해 준비해 온 시간이 너무나 길었지요.

여러분도 땅을 밟는 태초의 세상으로 나아가면 어떨까요? 농사꾼이 아니라도 좋습니다. 많은 평수가 필요하지도 않습니다. 한 평이라도 가꾸어 보면 틀림없이 행복해질 것입니다.

자연과 교감하는 삶

시골에 집을 지으면서 나무 몇 그루를 옮겨 심은 일이 있습니다. 집 앞에 나무들이 너무 빽빽하게 심어져 있어서 시야를 다 가렸기 때문입니다.

다들 잘 옮겨졌는데 모과나무 한 그루가 몸살을 앓았습니다. 잎을 다 떨구고 말라죽은 형상을 하더군요. 그렇다고 죽은 것은 아니었습니다. 말하자면 시위를 하는 것이었습니다. 관심을 가져달라고요.

제가 관심을 갖고 대화를 하니까 '미리 얘기를 해줬어야 했다'고 하더군요. 옮겨 심을 거라고 미리 얘기를 해줘야 자기네도 준비를 할 수 있다고요. 미안하다고 사과했습니다. 앞으로는 그렇게 하겠다고 했습니다.

『핀드혼 농장 이야기』라는 책을 보면 그곳 사람들이 자연과 대화하는 얘기가 나옵니다. 식물의 정령, 동물의 정령과 대화하고 그걸 농사에 적용하는 얘기입니다. 그냥 기술적으로 농사짓는 것과 사랑과 관심으로 대화하면서 농사짓는 것은 엄청난 차이가 있다고 얘기하더군요. 상식적으로 이해할 수 없을 만큼 큰 열매가 맺혔다고 하고요. 황무지이고 비바람이 대단한 바닷가 마을이었는데도 그런 일이 일어났습니다. 자연이 원하는 바를 들어줬기에 일어난 일입니다.

자연은 자신을 알아주고 사랑해주는 것에 대한 간절한 원願이 있습니다. 그러니 자연을 다룰 때는 관심을 갖고 대화하면서 해주시면 좋겠습니다. 나물을 캘 경우 그냥 캐기보다는 '내가 너를 캘게', '너희들을 먹음으로써 너희들의 진화 사이클을 빠르게 해줄게'라고 얘기하는 것입니다. 꽃을 꺾을 때도 그냥 꺾기보다는 '내가 너를 꺾을게', '방에 꽂아 놓고 향기를 맡으면서 즐거워할게' 해주시고요. 흙을 다룰 때는 '나의 사랑을 받으면서 더 좋은 흙이 되어 다오' 해주십시오.

풀의 입장에서는 '잡초'라는 것은 없습니다. 꽃 피고 열매 맺는 것을 다 하고 쓰임새가 다 있습니다. 우리 인간들이 아직 그걸 모를 뿐입니다. 최근에 안개꽃에서 기존의 항암제의 몇 만 배의 효과가 있는 성분이 발견됐다고 합니다. 독초라고 하는 것조차 다 쓰임새가 있습니다. 이렇게 쓰면 독이 되고 저렇게 쓰면 약이 되는 것이지 애초에 '나는 독초다'라고 나온 것은 없습니다.

식물도 우리와 똑같이 귀한 생명체라는 것, 그러니 최소한의 배려는 해줘야 한다는 얘기입니다. 먹을거리를 얻기 위해 채취하거나 필요에 의해 장소를 옮겨줄 경우 미리 얘기해 줘야 합니다. '미안하다, 고맙다'고 말해 줘야 합니다.

조화로운 삶을 위한 수칙

공동체 마을에 입주하는 예비 仙인류들을 위해 다음과 같은 수칙을 제안해 봅니다. 조화롭고 균형 잡힌 삶을 위한 수칙입니다.

1. 하루 4시간 이상 수련과 仙서, 천서 숙독을 기본으로 합니다. 仙계수련은 '호흡으로 시작하고, 호흡으로 겪어 넘기며, 호흡으로 마무리하는 명상법입니다'라고 했습니다. 그 본분을 지켜 '호흡이 만사'임을 체감하는 생활이 되어야 합니다. 仙서는 '길을 일러주는 나침반'으로 필요한 것이고요.

2. 그 어떤 생업에도 하루 4시간 이상 투입하지 않습니다. 제가 직장생활을 오래 하면서 절실하게 느꼈던 것은 하루 4시간 정도 열심히 일하면 될 일을 하루 종일 걸려 느슨하게 하고 있다는 것이었습니다. 하루 4시간을 집중해서 일한다면 그 어떤 일도 성취되리라 믿습니다.

3. 하루 4시간은 자신을 기쁘게 하기 위해, 타인을 기쁘게 하기 위한 취미생활을 합니다. 그것이 일이어도 좋고, 취미여도 좋지만 반드시 기쁨을 주는 일이어야 하지요. 자신을 가꾸고, 주변을 가꾸고, 이웃을 가꾸고, 기쁨을 나누는 일에 투자하기를 바랍니다.

4. 매일 일정한 시간을 자신이 맡은 일 이외의 자원봉사를 합니다. 예를 들어 영농 일을 맡았다고 하더라도 하루 한 시간 이상은 주방을 위해 일을 하는 것을 말하지요. 역지사지易地思之라는 말이 있듯이 타인의 입장에 서 보아야 완전한 이해가 가능한 것입니다. 또한 仙인류가 지향하는 전인全人은 이런 방식으로 도달하는 것이 타당하다고 봅니다.

5. 전 입주민이 참여하는 합창단을 결성할 것을 제안합니다. 기독교와 천주교의 확장에 음악이 기여하는 역할은 대단히 큽니다. 저도 경험했던 바이

지만 일주일에 한 번 교회에 나가 목청껏 노래를 부르는 것이 심신의 건강에 얼마나 좋은지를 알고 있습니다. 더구나 합창은 조화와 화합, 균형이 필수여서 즐거운 공동생활을 위해 꼭 필요하다고 봅니다. 노래를 잘할 필요는 없고, 함께 노래를 부른다는 것이 중요합니다.

6. 이렇게 하여 12시간을 쓰고, 남는 시간은 잠을 자거나 휴식을 취하거나 수련, 일, 취미, 자원봉사 중에서 자신이 보다 중요하다고 여기는 일에 더 투자하면 되는 것이고요.

3절 | 더불어 살기

나는 어떤 학생인가

예전에 어느 심리학책에서 이런 그림을 봤습니다. 한 교실에서 공부하는 50여 명의 학생들의 행태를 그렸더군요. 선생은 열심히 교단에서 가르치고 있는데 학생들의 행동은 다 달랐습니다.

꾸벅꾸벅 조는 학생, 엎드려서 본격적으로 자는 학생, 밖으로 들락거리는 학생, 복도에서 뛰어다니는 학생, 옆 친구와 떠드는 학생, 뭔가를 꺼내어 먹는 학생, 다른 책을 보는 학생, 전화 통화하는 학생, 그림을 그리거나 낙서를 하는 학생, 노래를 부르거나 흥얼거리는 학생, 열심히 경청하는 척하며 다른 생각을 하는 학생, 노트에 뭔가를 쓰는 학생, 입을 비쭉거리며 선생 흉을 보는 학생, 교단으로 나가 선생의 뒤에서 선생을 향하여 도끼질을 하는 학생⋯. 이런 학생 저런 학생이 다 있어서 그림을 보고 참 재밌다고 생각했습니다.

한번 생각해 보시기 바랍니다. 그 50여 명 중에서 어떤 학생이 나와 가장 가까운 모습입니까? 내가 속한 조직에서 나는 지금 어떻게 처신하고 있습니까?

소인, 중인, 대인

만일 내가 어떤 마을의 일원으로 들어가서 활동을 시작했는데 어떤 움직임이 마땅치 않다 하면, 예를 들어 회장이 일하는 게 마음에 안 든다면 어떻게 처신해야 할까요?

세 가지 방법이 있습니다. 나이, 학벌, 사회 경력 등 모든 면에서 내가 더 뛰어나니까 회장을 불러다 한번 얘기를 해야겠다 할 수도 있고, 회장이 일 처리하는 게 마땅치 않다고 마을 사람들과 흉을 볼 수도 있고, 말없이 회장의 부족한 부분을 채워주는 일을 할 수도 있습니다. 그게 다 그릇의 크기인데 나는 어떤 타입인지 한번 돌아보시기 바랍니다.

마을 사람들끼리 같이 흉보고 비판한다면 그 사람은 소인입니다. 잘못된 점을 소리 내어 지적하면서 그 모임이 잘 돌아가도록 노력한다면 그 사람은 중인입니다. 아무 소리 없이 부족한 부분을 채워주면서 움직인다면 그 사람은 대인입니다.

소인은 없을수록 좋은 사람입니다. 중인은 있어도 그만 없어도 그만입니다. 어느 정도 기여를 하긴 하는데 상쇄하는 면이 있습니다. 자신이 기여한 부분을 말로 상쇄합니다. 하지만 대인은 꼭 필요한 사람입니다. 부족한 부분을 소리 없이 채워주는데 당시에는 소리가 안 나도 지나고 나면 족적이 남습니다. 없어지고 나면 빈자리가 크게 느껴지는 사람입니다. 덕을 많이 갖춘 사람이란 그런 대인을 말하는 것이지요.

무슨 일을 하든지 소리 내면서 하면 공이 없습니다. 소리 없이 할 수 있어야 귀한 사람입니다. 수련하시는 분들은 그런 인격을 갖춰주시면 좋겠습니다.

선배는 선배답게, 후배는 후배답게

어느 분이 저에게 편지를 보내서 "잠시 수련을 쉬고 싶다"는 의사를 전해오신 적이 있습니다. 그 이유를 몇 가지 적어놓았는데 "선배가 선배답지 않다, 배울 점이 없다"는 구절이 있더군요.

선배란 선배로서 처신을 잘해야 선배입니다. 그렇지 못하다면, 후배들에게 어느 면에서도 도움이 되지 못한다면 참 수치스러운 일입니다. 대접을 받을 수 있도록 스스로 처신을 잘해야 하는 겁니다.

그런데 선배가 선배답지 않아서 수련을 하지 않겠다면 그것 또한 소인입니다. 그 사람을 보고 수련하는 게 아니잖습니까? 선배에게 부족한 부분이 있다면 나는 그렇게 하지 않으면 되는 일입니다. 꼭 그걸 문제 삼아 지적할 이유도 없는 것입니다.

그분의 경우 내가 많이 갖춘 사람이다, 후배로 들어왔지만 나이도 더 많고 사회에서의 경력도 더 많다, 그런 마음이 있어서 그랬던 것입니다. 허나 사회에서 높은 위치에 있었다 해서 여기 와서까지 대접받으려 해서는 안 됩니다. 아무리 많이 갖췄어도 평회원이면 평회원답게 자신의 자리를 찾아야 하는 것입니다.

자리를 찾으라고 하니까 "어떻게 도와드리면 좋겠습니까?" 묻는 분도 계시더군요. 굳이 그런 질문을 할 것도 없이 빈 부분이 보이면 먼저 역할을 해주시면 됩니다. 청소를 해주셔도 좋고 물을 떠놓아 주셔도 좋습니다. 부족한 부분이 보이면 소리 없이 그 부분을 메워주면 되는 것입니다.

조언을 하되 상처받지 않도록

선배의 입장에서는 상대가 아무리 후배라도 내가 갖추지 못한 면을 갖고 있으면 고개 숙일 줄 알아야 합니다. '그거 내가 못하는 일인데 졌다' 하고 인정할 줄 알아야 합니다.

그러지 않고 자꾸 작은 티끌을 들춰내는 사람은 소인입니다. 단점이 많더라도 장점이 크게 하나만 있으면 덮을 줄 알아야 하는데, 하물며 장점이 많은데 작은 단점을 자꾸 들춰내는 것은 아주 비겁한 행동입니다.

특히 선배입네 하면서 후배를 불러다 놓고 지적하고 훈계하는 일은 안 해야 합니다. 『仙界에 가고 싶다』에 "충고로 끝내야지 지도는 불가하다"는 구절이 있듯이 같이 수련하는 입장에서 누가 누구를 지도할 수는 없는 일입니다. 지도는 선생만이 할 수 있습니다.

같은 회원들끼리는 조언은 하되 마음이 다치지 않도록 부드럽게 조언해야 합니다. 만일 상처를 주면서까지 조언을 한다면 그건 이미 조언이 아닙니다. 조언을 넘어서 가르치려고 드는 것입니다. 조언을 하되 조용히 상처받지 않도록 해주시기 바랍니다.

어루만져 주는 마음으로

상대방과 대화를 해보면 그 애로사항이 별것 아닌 경우가 많습니다. 계속 불만을 얘기하는데 살펴보면 별것 아닌 게 눈덩이처럼 커진 경우가 많습니다. 끄집어내서 해결해 주면 언제 그랬냐는 듯이 사라질 일인데 그걸 못해준 것입니다.

수련을 하다 보면 열쇠 구멍이 보입니다. '저 사람을 내가 열려면 어디를 어떻게 열면 되겠구나' 하고 보이는 것입니다.

열쇠 구멍이 보이면 헛발질을 안 합니다. 단번에 그 사람이 뭘 원하는지 압니다. 그걸 열어주면 쉽게 해결 나는 일인데 못 열어주고 딴 데 가서 헤쳐 놓으니까 문제가 생기는 것입니다. 앙심을 품고 저지르는 살인 같은 큰일도 시발은 단순한 일입니다. 대개는 무시당했다, 저 사람이 내 자존심을 건드렸다 하는 것입니다.

원하는 바를 들어주십시오. 가까운 사람의 소원 하나 못 들어줘서야 무얼 하겠는지요? 주변 사람을 보면 '이 사람은 이렇고, 저 사람은 저렇고' 하는 약점이 보일 것입니다. 그걸 다 감싸주는 눈이어야 합니다. '저 사람은 저기가 아프구나' 이렇게 보는 눈이어야 합니다. 단점을 드러내는 부분이 사실은 다 아픈 부분입니다. 그걸 헤쳐 놓으면 안 되는 것이지요.

상처를 어루만져 주는 마음이어야 합니다. '이 사람은 이 부분을 굉장히 아파하는구나' 하고 이해해주는 마음자세여야 합니다. 돈이나 물질보다는 말 한마디, 마음 한 조각 써주는 것에 더 감동하고 은혜롭게 여기는 게 인간입니다. 어루만져 주는 마음으로 대하면 이심전심으로 그 마음을 아는 것이지요.

사소한 것이 중요하다

사소한 행동들이 굉장히 중요합니다. 기분 상하고 기분 좋고 하는 것이 사실은 큰 게 아니라 작은 것에서 비롯됩니다. 상대방이 나를 어떻게 배려하는가? 어떻게 대우하는가? 이런 것이 굉장히 중요합니다.

예를 들어 누가 왔는데 본척만척하고 딴 일을 열심히 하고 있거나, 뭔가 열심히 치우면서 말하면 안 되는 것입니다. 아무리 중요한 일이 있다 하더라도 그때는 그 사람이 가장 중요한 사람입니다. 자신을 낮추고 경청해야 합니다.

경청할 때는 시선을 적당히 상대방의 가슴쯤에 두고 얘기를 듣되, 도중에 전화를 받는다거나 하는 일은 하지 말아야 합니다. 대화 중에 전화가 오면 "잠깐만요" 하고 받지 말고, "지금 누구와 얘기하는 중이니까 10분 내에 다시 전화를 드리겠다" 하고 끊거나 전화를 돌려놓는 것이 좋습니다.

테레사 수녀님이 '나는 하느님의 종입니다'라는 말씀을 하셨는데 종까지는 아니더라도 내가 제일 낮은 사람이라고 생각하면 틀림이 없습니다.

장사를 해보신 분들은 들어왔다가 "나중에 올게요" 하는 분들을 종종 봤을 것입니다. 그분들이 꼭 뭔가 조건이 안 맞아서 그런 건 아닐 겁니다. 껌을 씹고 있었다거나, 신발을 끌고 다녔다거나, 자기와 얘기하다가 전화를 받고서는 오래 안 끊었다거나 하는 사소한 문제 때문일 수 있습니다.

상대방을 대하는 마음이 예의로 표현되는 것입니다. 항상 자신을 낮추고 상대방을 예우해 주시기 바랍니다.

4절 | 소통의 기술

나를 좋아해도 내가 미숙하면

인간관계를 좌우하는 것은 '의사소통의 기술'이라고 봅니다. 어떤 사람이 나를 좋아하면 관계가 좋고, 나를 싫어하면 관계가 나쁜 게 아닙니다. 나를 좋아해도 내가 미숙하면 갈등이 생기고, 나를 싫어해도 내가 잘 헤쳐 나가면 부딪히지 않고 관계를 잘 유지할 수 있는 것이지요. 누군가와 계속 갈등이 있다는 것은 내게 그만큼 미숙하고 막무가내인 면이 있다는 얘기입니다.

그동안 줄곧 느껴온 것은 우리 수선인들 뿐 아니라 많은 인간에게 의사소통에 장애가 있다는 것입니다. 가정에서, 학교에서, 직장에서, 나아가서는 국가와 국가 간에 말이지요. 기본이 덜 되어 있는 것입니다. 이런 근본적인 것들을 가르쳐 주는 학교가 없어서 그런 것 같습니다.

인간에게 일어나는 모든 문제들이 커뮤니케이션의 부재로 일어나는 일들이라고 해도 과언이 아닙니다. 크게 이해관계가 걸려 있는 협상이라고 해도 커뮤니케이션으로 적정선에서 해결 가능합니다. 하물며 도반같이 추구하는 것이 같은 가장 가까운 사이에서 단절을 겪는다면 소통 능력이 수준 미달이라고 보아도 무방할 것 같습니다.

대화로 풀어가기

제가 예전에 직장에 다닐 때 한번은 저보다 일곱 살 많은 선배와 팀을 짜서 국제기구에서 하는 연수를 갔습니다. 앞으로 어떤 식으로 사업을 전개해 나가겠다는 청사진을 컴퓨터로 디자인하는 프로그램이었습니다.

컴퓨터가 두 사람당 한 대씩 주어졌는데 같이 간 선배가 너무 열의가 많아서 컴퓨터를 계속 혼자서만 쓰더군요. 저는 어깨너머로 보고 있을 수밖에 없었고요. 다른 팀 사람들이 '그 사람 너무 이기적이지 않느냐, 어떻게 저렇게 혼자서만 하느냐'라고 말할 정도였습니다. 그분이 선배인데다 의욕이 너무 많으니까 계속 비켜줄 수밖에 없었는데 사실 마음이 편치가 않았습니다.

일주일 정도 있다가 참다못해 나도 컴퓨터 좀 하고 싶다고 얘기를 했습니다. 그랬더니 아주 의외로 미리 얘기를 하지 그랬느냐고 하면서 양보를 하더군요. 그분이 너무 열의가 많다 보니 미처 알아채지를 못했던 것입니다. 그다음부터는 같이 사용했습니다. 말이 전혀 안 통할 것 같은 사람이었는데 대화해 보니 다르더군요. 얘기해서 안 되는 일은 없구나 생각했습니다.

그런 식으로 상대방이 미처 알아채지 못해서 오해가 생기는 일이 많습니다. 상대방이 내 입장을 충분히 이해하고 알아서 해주겠거니 했는데 그렇지 않은 경우입니다. 상대방은 미처 생각이 못 미치는 것입니다. 가까운 사이일수록 그렇게 생기는 오해가 많습니다. 일방적으로 생각해서 생기는 오해입니다. 오해가 생기다 보면 불신이 쌓여서 점점 사이가 벌어지고요.

대화로 안 되는 일은 없습니다. 분위기를 만들어 가면서 차근차근 대화하면 다 됩니다. 잘 안 되는 것은 주도권을 자기가 쥐려고 하기 때문입니다. 상대방이 자신에게 맞춰주길 원하기 때문입니다.

가볍게 한마디 툭

나와 의견이 다른 사람이 있을 때 '그 사람을 180도 바꿔 놓겠다' 생각하는 것은 욕심입니다. 그 사람 생각을 바꿔 보겠다고 장시간 앉아서 설전을 벌일 필요가 없습니다.

자기 자신만 어떻게 조절할 수 있어도 큰 수확입니다. 내 마음도 내 마음대로 못하지 않는지요? 하물며 남의 마음을 움직여보겠다는 것은 말이 안 되는 일인 것입니다.

자기 의사가 어떻다는 것은 분명하게 알려줘야 합니다. 하지만 그것도 힘들이지 않고 그냥 한두 마디로 해줄 수 있는 것입니다. 가볍게 한마디 툭 던졌는데 뒤돌아서서 '어?' 하고 생각하게 할 수 있으면 좋은 것입니다. 생각이 있는 사람이라면 한번 돌이켜 볼 겁니다. 그렇게 한 번씩 툭툭 건드려 보다가 들을 만하면 얘기하는 겁니다. 들을 만하지도 않은데 왜 에너지 낭비를 하나요?

여유를 가지십시오. 크게 봤을 때 바른 방향으로 가고 있으면 되는 겁니다. 가는 방향이 바르다는 믿음만 있으면 자질구레한 것은 던질 수 있어야 합니다. 이런저런 일들이 마음에 안 들 수도 있지만 일이라는 게 항상 그렇게 긍정적인 쪽으로만 가는 건 아니지요. 구성원들이 다 각각이므로 그 사람들의 수준에서 옳은 방향으로 가고 있으면 되는 것이지요.

사람은 감동을 받아야 변한다

사람은 감동을 받지 않으면 마음이 움직이지 않습니다. 인간이라는 동물을 변화시키려면 감동을 시켜야 합니다. 감동을 시키면 서서히 마음이 열리면서 변하는데 감동을 안 시키면서 '저 사람을 어떻게 해보겠다' 하면 엄청난 에너지만 소모될 뿐입니다.

감동을 시키려면 어떻게 해야 하는가? 자신이 변하면 됩니다. 말은 그저 가볍게 한마디 던져 보는 것이고 자신이 변해야 따라옵니다. 자신이 변해서 감동을 주든지 아니면 포기하든지, 둘 중 하나를 선택하시기 바랍니다.

지식이 많다거나 말로 제압한다고 해서 감동을 받지는 않습니다. 감탄은 합니다. '아, 많이 아는구나!' 하고 입은 벌립니다. 하지만 그게 마음을 움직이지는 못합니다.

마음을 울려 주는 것은 다른 부분입니다. 몸에서 풍겨 나오는 분위기라든가 태도라든가 하는 감성적인 부분입니다. 다들 느낌을 갖고 있기 때문에 맑다, 부드럽다, 친절하다, 이런 것에 감동을 받습니다. 지식으로는 설득은 할 수 있어도 마음을 움직이지는 못합니다. 중단을 움직이는 것은 지식이 결코 아닙니다.

엊그제 은행에 갔는데 은행 창구에 직원이 없어서 조금 기다렸습니다. 옆 창구에 있던 직원이 와서 응대를 해주는데 계속 웃더군요. 제가 질문을 많이 했는데 바쁜 와중에서도 웃음으로 응해 줍니다. 상당히 인상적이었습니다. 꾸민 것도 아닙니다. 억지로 하는 것도 아닌데 미소로 그렇게 합니다. 그런 게 감동을 주는 것입니다.

대화가 잘 안 될 때 점검사항

대화가 잘 안 될 때는 말하는 이의 입장에서는 다음과 같은 이유를 생각해 볼 수 있습니다.

1. 말하는 내용의 문제
2. 말하는 태도의 문제
3. 말하는 시간과 장소의 문제
4. 대화 당사자 간의 문제(평소에 허물없는 사이가 아니라면 직접 말하는 것과

타인을 통하여 말하는 것)

5. 화법에 관한 문제(듣는 이가 까다로운 사람이라면 직접 화법보다는 간접 화법을 사용하여 상대방이 알아채도록 하는 방법)

에 대하여 다시 한 번 생각해 보는 것입니다.

대화를 시도하는 이가 전문가라면 상처를 내지 않고 환부만 가볍게 도려낼 수 있는 데 비하여 비전문가라면 여기저기 상처만 내고 정작 환부는 도려내지 못하는 것이지요. 또한 대화를 듣는 이가 전문가라면 말을 전하는 이가 미숙해도 깔끔하게 단 한마디의 말로 정리하여 받아들일 수 있는 것이고요.

대화가 어긋났다면 또한 몇 번에 걸친 대화와 출혈을 겪은 후에 수습이 되었다면 둘 다 미숙했다고 보아야 합니다. 슬쩍 던져 보아서 못 알아듣거나 출혈이 많다면 상대방이 아직 그런 말을 받아들일 때가 안 되었다고 생각하고 때를 기다려야 합니다. 반드시 필요하여 말했다면 더 이상 긴 변명은 하지 마시고요.

짧은 말로 짧은 시간 안에 가볍게 미소 지으며 대화를 마치는 것을 전문가라고 합니다. 상대방을 위하는 담담한 사랑을 말이 끝나고 돌아서는 순간에 느끼게 해준다면 더없이 훌륭한 전문가이지요. 仙인류는 모두가 커뮤니케이션의 전문가여야 한다고 봅니다. 관계가 틀어지는 것은 거의 모두가 대화의 기술 부족에서 온다고 봅니다. 인간관계란 모두 사소한 어긋남으로 인한 작은 상처를 계속 덧나게 하여 돌이킬 수 없는 지경에까지 이르는 것이고요.

말을 듣는 입장에서 수긍이 안 된다면 다음의 원인을 생각해 볼 수 있습니다.

1. 상대방이 어떤 말을 해도 싫을 만큼 상대방을 싫어하는가?

2. 그것이 아니라면 칭찬은 좋고, 지적은 싫은가?

3. 내용은 수긍이 갔으나 말하는 시기, 장소와 태도가 걸렸는가?

4. 시기, 장소와 태도는 적절했으나 내용에 수긍하지 못하는가?

에 대하여 다시 한 번 생각해 보는 것입니다.

5절 | 그릇 키우기

나와 다른 사람을 받아들일 수 있어야

이 세상에는 나와 마음이 맞는 사람보다는 안 맞는 사람이 더 많습니다. 그런데 마음이 안 맞는다 해서 상대를 안 하다 보면 무대가 좁아집니다. 자기가 설 수 있는 영역이 한정될 수밖에 없습니다.

수련을 하면서 자꾸 우주기운으로 채우다 보면 싫은 게 없어집니다. 아직 싫은 게 있다면 우주 기운화하지 못했기 때문이지요. 그만큼 내 생각이 많다는 것입니다. 우주라는 게 안 받아들이는 게 어디 있나요? 먼지나 티끌까지 받아들입니다. 예쁘고 좋은 것만 받아들이고 미운 것은 안 받아들인다면, 보기 싫은 인간들을 다 한강물에 빠뜨려 버리면 좋겠다 한다면 우주가 아닙니다. 다 받아들이고 끌어안고 사는 것입니다.

그 사람들도 다 존재의 이유가 있습니다. 내 관점에서 본 게 100% 옳은가? 아닙니다. 그건 내 관점이지 그 사람의 관점에서는 내가 그를지도 모릅니다. 그 사람도 나를 보면서 '저 사람 너무 편협해' 이럴지도 모릅니다.

이렇게 저렇게 다 조화를 이루어 낼 수 있어야 합니다. 다 상대할 수 있어야 합니다. 보기 싫다고 문 탁 닫고 돌아서면 제한적일 수밖에 없습니다. 좁은 무대에 머물고 맙니다. 무대가 넓으려면 이런저런 사람들이 있다는 걸 다 받아들여야 합니다. 백 명, 천 명도 끌고 갈 수 있는 큰 그릇이 되어야 합니다.

전쟁터에서 장군이 자기 마음에 드는 사람만 중용하면 꼭 측근에게 당합니다. 자기 눈 밖에 난 사람과 제일 먼저 화합을 해야 하는 것입니다. 크게 보고 무대를 넓히시기 바랍니다.

시야가 바뀌면 차원이 달라진다

끌어안지 못하는 이유는 편견 때문입니다. 정치하는 인간들 못 보겠다, 기업하는 인간들 못 봐 넘기겠다는 식으로 편 가르고 차별하는 생각이 많기 때문입니다.

같은 분야에 종사하는 사람들을 업신여기는 경우도 많더군요. 순수 문학하는 사람은 드라마 쓰는 사람을 우습게 알고, 대기업에 다니는 사람은 구멍가게를 우습게 여기고, 이렇게 편 가르는 마음이 있습니다. 그런 마음이 없을 때, 지게를 져도 그 사람의 귀함을 인정할 수 있을 때 비로소 편견이 없어졌다고 볼 수 있습니다.

시야가 바뀌면 벌써 사람을 보는 차원이 달라집니다. 단점만 크게 보이다가 '아, 저 사람은 내가 갖지 못한 저런 면을 갖고 있구나', '저런 면을 높이 사서 활용하고 싶다' 이렇게 됩니다. 시야가 180도 바뀐다고나 할까요?

만날 마음 맞는 사람하고만 어울려 다니면 뭐합니까? 배울 점은 이미 다 배웠고 취할 점은 다 취했습니다. 그 한계를 압니다. 그러면 이제 다른 사람들을 포용하고 어울려야 합니다.

타인의 입장에 서보면

우리는 그동안 받아온 교육이나 종교나 철학에 의해서 많이 채워진 상태입니다. 그런데 그런 데서 주장하는 주의나 이론이 사람을 자유롭게 하기보다는 어떤 개념을 자꾸 심어줌으로써 오히려 덧붙여주고 편견을 갖게 합니다. 그런 것들로부터 자신을 무장 해제시켜야 합니다. 오로지 본성(本性, 생명의 근본 자리)＊의 마음으로 보아야 합니다.

하늘은 음과 양, 선과 악, 밝음과 어둠을 다 가지고 있습니다. 양면성이 있습니다. 천둥벼락이 몰아치다가도 따뜻한 햇살을 보여줍니다. 낮에는 밤이 오리라는 생각을 못하는데 12시간도 못 돼서 밤이 옵니다. 한여름에는 더위가 영원히 지속될 것 같은데 조금만 지나면 찬바람이 붑니다. 그렇게 상반되는 모습을 보여줌으로써 내 기준이 다가 아니고 다른 기준이 같이 있음을 보여주는 것입니다.

수련을 하면 나만 알다가 점차 하늘을 알게 되고, 동시에 타인의 입장을 알게 됩니다. 나와 다른 사람도 많다는 걸 알게 되면서 타인의 입장에 서봅니다. 저 사람은 왜 저럴까? 저 사람의 어떤 면이 굉장히 싫은데 왜 저렇게 됐을까? 그 입장에 서보면 그 사람이 그렇게 될 수밖에 없었던 이유가 꼭 있습니다. 자라온 환경이 어떻다거나 부모님이 어떻다거나 하는 이런저런 이유 때문에 성격과 개성이 그렇게 형성된 것입니다. 그 사람은 그렇게 할 수밖에 없는 겁니다. 만일 나보고 그 처지가 되어 보라고 하면 나도 똑같이 그렇게 할 겁니다.

인색한 사람을 보면 인색할 수밖에 없는 이유가 있습니다. 어려서부터 사랑을 못 받았다든가 물질적으로 시원찮게 받았다든가 하면 남에게 줄 줄 모릅니다. 악한 사람을 보면 악할 수밖에 없는 이유가 있습니다. 환경이 그랬기 때문에, 환경을 이길 만큼 본인의 의지가 굳지 못했기 때문에, 교육을 받지 못했기 때문에 등등 이런저런 이유가 있습니다.

타인의 입장에 서보면 그렇게 '아, 그래서 그렇구나' 하고 이해하는 마음

＊ '본성'에 대한 자세한 설명은 3부 1장 2절 '깨달음으로 가는길'(p.203) 참조

이 생깁니다. 그것이 바로 하늘 단계의 마음이며 그 정도만 돼도 마음이 굉장히 많이 열렸다고 볼 수 있습니다.

우주의 입장에 서보면

더 나아가 우리가 궁극적으로 가고자 하는 상태는 타인의 입장, 내 입장, 이렇게 상반된 입장이 아니라 우주에서 바라보는 입장입니다. '나는 이런데 상대방은 저렇구나' 하고 공정하게 보이는 상태입니다.

양쪽을 다 내려다볼 수 있으면 저 사람은 저게 옳은 것이고 나는 이게 옳은 것입니다. 저 사람이 옳기 때문에 받아들이거나 그르기 때문에 배척하는 게 아닙니다. 다 옳은데 내 방식과 다르므로 나는 그렇게 안 할 뿐입니다.

우주의 입장에서 보면 좋고 싫고가 없습니다. 마치 바다와 같은 마음입니다. 하늘은 물에 비유하면 강과 같다고 볼 수 있습니다. 강은 물줄기의 계보가 있어서 '한강' 하면 그 부류끼리 서로 통하고, 전혀 다른 물줄기인 '낙동강'으로 가면 그 부류끼리 또 통합니다. 하지만 한강하고는 어쩐지 수온도 다르고 이질감이 있습니다. 그래서 끼리끼리 모여서 삽니다.

그런데 흘러 흘러 바다까지 가면 그때는 한강에서 흘러왔는지 낙동강에서 흘러왔는지 따지지 않습니다. 너와 내가 없이 다 같은 바닷물입니다. 시원을 따지지 않는 것입니다.

바다는 다 받아들입니다. 너는 공장폐수니까 싫다, 너는 한강물이라서 싫다, 낙동강물만 받겠다 하는 편견이 없습니다. 어찌어찌해서 바다까지 흘러들어온 인연을 높이 사는 것입니다. 물줄기 하나가 참 어려운 과정을 거쳐서 – 땅속으로 스며들 수도 있고 아예 자취도 없이 사라질 수도 있었는데 – 끊임없이 힘을 내서 물줄기를 이루고, 또 강을 이루어서 끝내 바다까지 흘러온 인연을 높이 사면서 다 받아들입니다.

그럼 자기는 어떻게 정화를 하느냐 하면 파도나 폭풍이나 해일을 통해서 끊임없이 자체 정화작용을 합니다. 그러면서 남을 탓하지 않습니다. 그런 상태가 바로 우주의 상태이고 '마음이 열렸다' 하는 상태입니다.

내가 상대방을 바라볼 때 이해는 하되 싫고 좋은 분별이 있다면 '내 상태가 아직 바다의 경지는 아니구나' 생각하시면 됩니다. 그러나 또 아쉬워할 것도 없이 그 단계를 인정하시면 됩니다. '계속 이렇게 가다 보면 끝내는 바다까지 가겠구나' 하면서 자기 단계를 솔직하게 인정하시면 됩니다. 인위적으로 싫은데 좋은 척할 필요도 없는 거지요. 물론 다 이해하고 받아들이도록 노력은 해야 합니다.

3부
仙인류의 수련 1

1장

仙계수련의 **이해**

1절 | 仙계수련이란 무엇인가?

수련이란 무엇인가?

'수련修鍊'이란 자신을 갈고 닦는 것입니다. 넘치지도 모자라지도 않은 적당한 사람, 어딜 봐도 흠잡을 데가 없는 전인, 원만한 사람이 될 때까지 자신을 갈고 닦는 것이 수련입니다.

대부분의 사람들은 마음이 삐뚤어져 있습니다. 우선 남아도는 부분이 있습니다. 너무 많아서 스스로 주체를 못하는 부분인데 돈에 대한 욕심, 성욕, 애정에 대한 욕구, 명예욕 등등입니다. 발전의 욕구도 자신이 감당할 수 있으면 괜찮은데 자기 수준에 비해 너무 많이 지니고 있으면 욕심이 되어 버립니다. 부담이 되는 것입니다.

또 모자라서 한 맺힌 부분이 있습니다. 쏙 들어가서 비어 있는 부분입니다. 그런데 모자라는 부분은 밖에 있는 게 아닙니다. 내가 이미 다 가지고 있는데 치우쳐 있을 뿐입니다. 남는 부분을 쳐내어 모자라는 곳에 채워 넣으면 됩니다. 이렇게 해서 원만한 사람을 만드는 것이 수련입니다.

수련과 종교의 차이점은 이처럼 '갈고 닦는다'는 데에서 찾을 수 있습니다. 종교는 '믿으면 천당 간다'는 식으로 내가 없이 믿는 것을 말합니다. 반면 수련은 내가 주체가 되어 스스로 갈고 닦는 것입니다. 종교는 믿음이 상실되면 갈 곳이 없습니다. 하지만 수련은 믿음이 상실됐다 하더라도 갈고 닦은 만큼은 자신의 것으로 남습니다.

仙계수련은 깨달음으로 가는 수련

세상에는 기공이니 묵상이니 하는 이런저런 수련법들이 많습니다. 仙계수련이 그러한 여타의 수련법과 다른 점은 깨달음을 목표로 한다는 점에 있습니다. 仙계수련은 깨달음으로 가는 수련인 것입니다.

깨닫는다는 것은 '안다'는 것입니다. 알되 그냥 아는 것이 아니라 하단에서부터 축적되어 아는 것입니다. 하단의 의지, 중단의 사랑이 갖춰진 상태에서 상단의 지혜의 눈이 열려야 비로소 깨달음이라고 합니다.

깨달음으로 가는 길은 머나먼 길입니다. 도道라는 말에 '간다'라는 뜻이 있다고 했는데 앉아서 수백, 수천억 광년을 가는 것이 깨달음으로 가는 수련입니다.

仙계수련에서는 견성 즉, 본성本性을 만나는 것은 수련의 입학일 뿐이라고 얘기합니다. 타 수련에서는 견성이 수련의 끝인 줄 아는 경우도 있습니다. 그래서 견성하고 나면 더 이상 공부를 안 하고 남을 가르치려고 듭니다. 하지만 仙계수련에서는 본성을 만나는 것은 이제 겨우 수련의 입새에 든 것이라고 얘기합니다. 견성하고 나면 본성과 합일되는 과정이 남아 있기 때문입니다. 10%, 20%, 30%… 100% 합일이 되어 조물주의 반열에 오르는 것을 목표로 끊임없이 갈고 닦는 수련이 仙계수련이라 할 수 있습니다.

仙계수련의 맥

仙계수련의 맥은 조물주님에게서 흐르고 있습니다. 조물주께서 만드신 맥은 각계각층에서 흐름이 왜곡되고 변하여 흐르고 있으며 각종 종교의 형태로, 명상의 방법으로, 체력단련의 형태로 나타나고 있는데, 가장 굵고 강한 맥이자 변치 않은 맥은 仙계수련이라 할 수 있습니다.

仙계수련은 仙계에서 내려온 수련법입니다. 우주의 제일 상층부가 仙계인데 仙계수련은 그 상층부에서도 가장 중앙에서 내려온 수련법입니다.

그럼 그동안은 왜 仙계수련의 맥이 없었는가? 지금까지는 지구의 스케줄이 아직 그 단계가 아니었기 때문입니다. 처음부터 박사 과정에서 시작할 수는 없었기 때문입니다.

지금까지의 지구의 스케줄은 유치원 단계에서 시작하여 초등학교, 중학교, 고등학교 단계로 점차 깨어나가는 과정이었다고 볼 수 있습니다. 지구 인류는 그동안 윤회를 거듭하면서 진화해 왔는데 지금은 그러한 과정의 끝맺음으로서 상당한 수준의 진화를 이룬 분들이 태어나고 있는 시점입니다. 완성에 이를 수 있는 분들이 많이 계신 시점입니다.

이제까지는 북극성만 가도 깨달았다고 얘기했습니다. 하늘 단계를 넘는 수련법이 없었기 때문입니다. 허나 지금은 우주의 문이 열린 시점입니다. 하늘 단계를 넘어 우주까지 가는 수련법인 仙계수련이 나온 것은 지구의 스케줄이 그러하기 때문입니다.

仙계수련은 정법수련

仙계수련은 정법수련正法修鍊입니다. 정법수련이란 어렵고 더디더라도 처음부터 끝까지 순서대로 가는 것을 말합니다.

호흡문

仙계수련을 이해함에 있어 호흡을 빠뜨리고는 이해할 수 없으니 仙계수련은 호흡으로 시작하고 호흡으로 겪어 넘기며 호흡으로 마무리하는 명상법이기 때문입니다. 仙계수련의 정수는 호흡문에 담겨 있으니 호흡문은 다음과 같습니다.

仙계수련은
호흡으로 시작하고
호흡으로 겪어 넘기며
호흡으로 마무리하는
명상법입니다.

호흡은
우주에 있는 모든 생명체는 물론
생명이 없는 존재조차도
하지 않고는 안 되는 과정입니다.

우주의 역사는
물체의 호흡을 통해
이루어진 것이며
우주의 진화는
우주의 기본적인 흐름에 동참하는
仙인들의 호흡으로만이
가능합니다.

우주선을 타고 흐르는
仙인들의 호흡을
받아들이는 방법은
의식을 집중하여
단전으로 하는 호흡이며
고도의 집중 상태에서
알파파장으로 하는 호흡이
仙계수련의 호흡입니다.

호흡을 통해
맑고자 합니다.
밝고자 합니다.
따뜻하고자 합니다.

호흡을 통해
仙인이 되어
자신을 위하고
이웃을 위하고
세상을 위하고
자연을 위하고
만물을 위하고
하늘을 위하여
그들과 하나 되고자 합니다.

호흡을 통해

나는 지금 이 순간

우주로 통하는 팔문원의 문으로 들어갑니다.

仙계수련의 모든 수련생은 위의 호흡문을 낭송하고 나서 수련을 시작하며, 수련이 끝날 시에도 위의 호흡문을 낭송하고 나서 수련을 마무리합니다.

호흡문은 그 자체로 우주선宇宙線의 역할을 합니다. 우주의 가장 맑은 기운이 호흡문을 통해 전달되는 것입니다. 호흡문은 마음을 열고, 기운을 여는 방법입니다. 수련 시작 전 다 같이 합창을 하듯이 신바람 나게 호흡문을 낭송하고 나서 수련에 든다면 기운의 소통이 가장 자유롭고 원활한 상태에서 수련을 할 수 있을 것입니다.

仙계수련의 4가지 방법

仙계수련의 방법은 크게 4가지입니다. 호흡, 仙서, 실천, 믿음의 4가지를 균형 있게 행하는 것이 仙계수련의 노하우입니다.

첫째, 호흡이 25%입니다. 호흡이되 그냥 호흡이 아니라 기운이 실린 호흡, 의식이 실린 호흡입니다. 오행의 영양소가 고루 배합된 양질의 지기, 양질의 천기, 우주기를 고루 받아서 하는 호흡이어야 합니다.

다음 25%는 仙서 읽기입니다. 仙서를 통해서 기운과 파장을 전달하고 있습니다. 기운에는 에너지와 파장이 있는데 仙서를 전달하는 파장은 엑기스를 뽑아서 즉시 사용 가능한 상태로 전달해 주는 파장입니다. 자신이 기운 속에서 뭔가 찾아내야 하는 파장이 아니라 이미 만들어진 파장인 것입니다. 仙서에는 또 메시지가 있습니다. 하늘이 수련생들에게, 또 인간들에게 전하고자 말씀을 입에 딱 맞는 메시지로 만들어 전하고 있습니다.

그 다음 25%는 실천입니다. 아는 것만으로는 내 것이 될 수 없습니다. 실천해야만 내 것이 됩니다. 말과 머리가 아닌 몸으로 행할 때 내 것이 된다는 것입니다. 그 전까지는 남의 것입니다. 기운도 仙서도 하늘의 것이지 내 것이 아닙니다. 내 몸으로 직접 행할 때 비로소 내 것으로 화化합니다.

구체적으로 무엇을 실천해야 하는가? 하늘이 원하시는 것을 실천해야 합니다. 내가 하고 싶은 것이 아니라 나를 내보내 주신 하늘이 바라시는 바를 실천해야 하는 것입니다.

마지막 25%는 믿음입니다. 나의 주인이 내가 아니라는 것, 내게 생명과 소명을 주어서 내보낸 분이 계시다는 것, 명을 주관하는 하늘이 계시다는 것에 대한 믿음입니다. 그분이 내게 원하시는 것은 '진화'입니다. 어렵게 한 생을 받았기에 진화하기를 원하시고 이웃을 일깨워 같이 진화하기를 원하십니다. 궁극적으로는 우주의 진화를 원하십니다.

이 4가지가 합쳐서 100%가 되는데 그중 어느 한 가지만 빠져도 안 됩니다. 다 같이 네 바퀴가 되어 돌아야 합니다. 각자 도는 게 아니라 중심을 잡고 한 방향으로 나아가야 합니다. 그것이 진화이고 仙계수련의 과정입니다.

仙계수련

1. 목적

仙계수련의 목적은 무심(우주심)에 도달하기 위한 것이며 그 목적 달성을 위하여 정심(우주가 도달하고자 하는 방향의 마음)을 기반으로 하여 정향(진화의 방향)으로 갈 것을 요합니다. 이 과정에서 정사, 정행(실천)이 끊임없이 요구됩니다.

우주는 360도의 방향으로 열려 있는 것처럼 보이나 이중 팔문을 통하여 만들어갈 수 있으므로 길을 잃기 쉽고 문을 발견하기가 어렵지요.

스승의 역할은 정심을 확인해 주고 정향을 일러주며 문으로 인도하여 수련생이 문 앞에 도달했을 때 문을 열어주는 역할입니다.

2. 수단

仙계수련은 길을 일러주는 나침반으로 조물주님의 음성인 仙서를 교재로 하며 앞으로 나아가는 추진력을 제공하기 위해 우주기, 천기, 지기를 활용하지요. 수선재의 수련 과정은 전인全人이 되는 마음공부를 위한 것이며 기氣는 수단적 가치를 지닙니다.

지금 우리 수련생의 상태에서는 仙서 읽기와 호흡이 각 50%로서 정확히 반반이 요구됩니다. 수련생들이 초각에 이르기까지 필요한 모든 仙서는 이미 나와 있고, 기운은 수선인의 수준에 따라 이용 가능하도록 조치되어 있습니다.

스승의 역할은 仙서를 전달해 주고, 기운을 받을 수 있는 안테나를 설치해 주며, 단전을 지급받아 전달해 주고, 각 기운의 비율을 조절하여 전달해 주는 역할입니다.

3. 방법

仙계수련은 단체수련의 방법을 활용합니다.

자신의 몸과 마음을 우주의 형태인 입체적인 원형으로 만드는 데는 부단한 지혜와 노력이 필요합니다. 먼저 자신에 대한 정보를 잘 알아야 자신에게 무엇이 부족하고 무엇이 남아도는지를 알 수 있지요.

본인들이 그것을 정확히 알기까지는 스승의 도움이 필요합니다. 수련생이 수사가 되기까지는 천 번의 스승의 손길이 필요하고, 초각이 되기까지는 만 번의 스승의 손길이 필요합니다.

단체수련은 서로의 공부에 대한 정보를 공유하고, 시너지 효과를 창출하므로 그 노력을 백분지 일 이하로 줄여주지요. 과거의 仙界수련은 한 스승 밑에 한 제자를 두는 것을 원칙으로 하였으나 수선재의 仙界수련은 단체수련의 형태를 지니고 있으면서 지도 仙인을 통한 개인지도를 하므로 그 효과가 기하급수적으로 증대합니다. 반대로 수련이 바람직하지 않을 경우는 공동 책임을 지며, 그 효과도 기하급수적으로 반감되지요.

스승의 역할은 지도 仙인을 배치하고, 개인에 대한 정보를 알도록 유도해 주며 단체수련의 과제를 내려주는 역할입니다. 단체수련을 잘할 경우에는 각 개인에게 별도로 부과되는 과제가 줄어들거나 생략됩니다.

4. 그릇 만들기

仙계수련의 결과는 우주심을 알고 이와 일체가 되는 仙인이 되거나 그 과정에서 공부된 만큼 우주의 진화에 한 역할을 담당하는 일을 하는 것입니다. 진화에 역행하는 역할을 하는 이들을 악인이라고 하며, 이도 저도 아닌 이들을 보통 사람들이라고 하지요.

지혜, 사랑, 의지를 두루 갖춘 인간인 仙인이 되기 전에 인간이 되어야 합니다. 그 과정에서 부단히 그릇을 만드는 과정이 필요하지요.

겸손은 하늘을 담는 그릇이므로 겸손하지 않으면 하늘을 담지 못하고 따라서 모든 공부가 진전이 없는 것입니다. 3년 밥하고, 3년 물 긷고, 3년 불 때는 과정이 필요한 것은 겸손을 가르치기 위한 것이지요.

스승의 역할은 겸손한 그릇이 될 때까지 부단히 두들겨 주고 확인해 주는 역할입니다. 이 역할은 스승이 직접 하는 경우도 있고 주변인들을 통하여 하는 경우도 있습니다.

5. 수선재는 내 운명

수선재는 나의 운명을 좌우하는 영혼의 집이므로 수선재의 꿈에 나의 꿈을 일치시키는 노력이 필요합니다. 수선재의 꿈과 나의 꿈이 따로 있는 것이 아니지요.

나라라는 틀이 있어야 자신도, 가족도, 이웃의 존재도 가능한 것처럼 수선재라는 틀이 있어야 자신의 영혼의 성장이 가능합니다. 집 없이는 인간의 몸도 안식을 구할 수 없듯이 인간의 영혼도 마찬가지입니다.

바로 자기 자신을 위해서 수선재의 성장이 곧 나의 꿈이 되어야 합니다. 자신이 속한 나라가 부강해야 자신도 세계의 일원으로 대접받을 수 있는 것처럼 영혼의 집인 수선재가 부강해야 기적, 영적 세계에서도 자신이 우주의 일원으로 우뚝 설 수 있는 것입니다.

스승의 역할은 각자가 수선재의 꿈이 되도록 도와주며, 수선재가 각자의 꿈이 되도록 도와주는 역할입니다.

2절 │ 깨달음으로 가는 길

깨달음은 우주의 이치를 아는 것

깨닫는다는 것은 '안다'는 것이라는 말씀을 드렸는데 우주를 움직이는 법칙을 알았다는 것입니다. '우주가 제 마음대로 움직이는 줄 알았는데 하나의 질서에 의해서 움직이더라' 하는 것을 깨달았다는 얘기입니다. 인간들의 행동이나 인간사회의 모습이 우연인 것 같고 억울한 희생자도 많은 것 같고 중

구난방인 것 같았는데 알고 보니 어떤 법칙에 의해서 움직이고 있더라는 것입니다.

대개는 모르잖습니까? 자기에게 닥치는 일뿐 아니라 사회적으로 전체적으로 닥치는 일에 대해서도 모릅니다. 그 모든 사태에 대해 아는 게 없습니다.

모르니까 과학적, 학문적으로 규명을 하기도 합니다. 가뭄이 몇 년 이상 계속되면 어떻게 되더라, 어떤 전염병이 나오더라 하고 과학적으로 규명을 합니다. 그런데 깨닫고 나면 과학적으로는 몰라도 그냥 압니다. 왜 계속 가문지, 하늘의 뜻이 무엇인지 아는 것입니다. 지식이 아니라 지혜로 알아집니다.

작은 깨달음이 모여 큰 깨달음으로

수련하기 전에는 어설프게 책 같은 것을 읽고 많이 안다고 생각합니다. 그런데 수련을 하다 보면 점점 '아무것도 모르겠다' 하는 상태가 됩니다. 많이 알았다 싶었는데 '내가 아는 것이 아는 게 아니었다, 하나도 모르겠다' 하게 됩니다. 완전히 무장 해제되어 판단이 마비되는 상태가 됩니다. 기존의 지식은 하나도 도움이 안 되고 모르는 것투성이입니다.

그러다가 점점 작은 깨달음들이 옵니다. 어느 날 갑자기 큰 게 깨달아지는 게 아니라 '아, 그건 그렇구나' 하고 작은 깨달음들이 오는 것입니다.

어느 날 갑자기 꽃 한 송이가 눈에 들어오는가 하면 모래 한 알이 새롭게 다가옵니다. 전에는 전철 안에 가득한 사람들을 보면서 반은 싹 없어졌으면 좋겠다고 생각했는데 어느 날 갑자기 모든 인간이 사랑스럽게 보입니다. '저 사람은 어디서 왔을까?' 하고 궁금해집니다. '근본이 어디일까? 태초에 뭐하던 사람일까?' 하고 거슬러 올라가며 새롭게 보이는 것입니다. 사랑의 눈으로 보게 되는 것이지요.

진리에 대해서도 마찬가지입니다. 너무나 말씀이 넘쳐나고 쓰레기 같은 책도 많은데 어느 날 새롭게 진리가 눈에 와 닿습니다. 눈이 열린다는 것은 바로 그런 것이지요.

그렇게 작은 깨달음들이 계속 반복되고 쌓이면 그 다음에 무릎을 탁 치면서 '아, 내가 그걸 몰랐구나!' 하는 순간이 옵니다. 크게 깨달아지면서 '아, 그거였구나!' 하고 소리치게 됩니다. 그런 순간이 올 때 깨달았다고 얘기합니다.

'본성을 만났다'라든가 '본성을 봤다'는 것은 그렇게 '알게 되었다'는 것을 다른 말로 표현한 것입니다.

본성을 만난다는 것

깨달음은 본성을 만나는 것입니다. 사람은 누구나 자신의 본성을 가지고 태어나는데 처음에는 깊이 숨어 있습니다. 보석도 깊은 곳에 묻혀 있지 않습니까? 귀한 것일수록 숨어 있습니다.

그런 것을 껍질을 깎아내고 세공하면서 드러나게 만듭니다. 가지고 있는데 드러나지 않았던 보석을, 남도 몰랐고 본인도 있는지 없는지 몰랐던 귀한 보석을 드러나게 하는 것입니다. 계속 버리면서 그렇게 하는 것인데, 버린다는 것은 깎아서 버리는 것이지요. 불필요한 부분을 자꾸 깎아서 세공하다 보면 감춰져 있던 본래의 모습, 본성이 드러납니다.

그렇게 되면 본래의 자리인 본성과 만나집니다. 분리되어 있던 것이 호흡으로써 기로써 끈이 되어 만나집니다. 같이 꿰어지는 것입니다. 개체로 있다가 본성의 일부가 됩니다. 한 번 그렇게 연결이 되면 우주의 본체로서 활동을 합니다. 본성을 만난 사람은 우주의 일부로서 활동하게 되는 것이지요.

본성을 만나는 과정

본성은 우주의 본래 자리입니다. 분자로만 가득 차 있는, 물질화할 수 있는 가능성만 지닌 상태로서 팔문원의 가운데 원이 이러한 본성을 상징합니다.

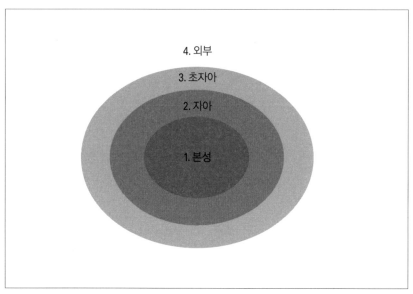

본성, 자아, 초자아 도해

본성은 '성性'이라고도 표현하는데, 성 앞에 '본本' 자를 붙여 '본래의 성'이라고 한 것입니다.

본성을 만나는 과정을 살펴보면, 초자아의 가운데에 자아가 있고 또 그 가운데에 본성이 있습니다.

인간은 본성에서 나왔는데 자꾸 껍질을 뒤집어씀으로써 그것을 잊어버렸습니다. 껍질을 깨뜨리고 들어가야 다시 원래의 자리로 갈 수 있습니다. 본성을 만나는 과정은 위 그림에서 보자면 4에서 3과 2를 거쳐 1에 도달하기까지의 과정입니다.

그 다음에는 본성과 점점 하나가 되어가는 과정이 있습니다. 깨달음과 하나가 되고 우주와 일체가 되는 과정입니다. 1에 도달한 후 2와 3을 흡수하며 1, 2, 3과의 일체를 이룬 후 4와도 일체를 이루는 과정입니다.

본성을 만나는 것을 '견성見性'이라고 하는데 견성 이후 본성과 완벽하게 일치를 이루고 나서야 비로소 공부를 마무리했다고 봅니다.

깨달음, 그 머나먼 길

깨달음도 경지가 있는바 仙계수련에서는 이를 초각初覺, 중각中覺, 종각終覺으로 구분합니다. 모두 각(覺, 깨달음)이지만 어디까지 깨쳤는가, 어디까지 생각이 바뀌었는가에 따라 경지가 다른 것입니다. 초각 때는 그게 끝인 것 같은데 아직 남아 있는 것이 있습니다. 다 된 줄 알았는데 그게 아닌 것입니다. 중각은 초각보다, 종각은 중각보다 더 깨달은 것입니다. 깨달음의 정도, 밀도가 달라지는 것입니다.

초각은 자신에 대한 정확한 정보를 아는 경지입니다. 중각은 내 안의 우주, 내 마음이 우주라는 것을 아는 경지입니다. 더 나아가 종각은 우주 안의 나, 우주 안의 우주를 아는 경지입니다.

그렇다면 초각, 중각, 종각은 각각 어느 정도의 비율을 차지하는 것일까요? 만일 내가 이번 생에 완성까지 가야겠다면 각각 공부해야 할 비율이 어떻게 되는 것일까요? 초각이 10% 정도 되고, 중각이 또 10% 정도 되고, 종각이 나머지 80%를 차지합니다.

초각 즉, 견성을 마치면 10대, 청소년이라고 볼 수 있습니다. 중각 즉, 해탈을 마치면 20대로서 비로소 성인이 되었다고 보는 경지입니다. 본격적인 공부는 종각에서야 시작된다고 볼 수 있으며, 다듬으면서 우주와 하나가 되는 과정입니다. 우리 수련은 이렇게 깨달음을 완성하기까지 먼 길을 가야 하는 과정입니다.

초각의 경지

초각은 자신에 대한 기초적인 정보를 아는 것이며 이것은 호흡과 의식으로 가능합니다. 이 단계에서 수련생들은 모든 것을 안 것과 같은 착각을 하게 되며 전부 깨달은 듯한 착각에 빠지기도 합니다. 시험은 이 단계에서 가장 많이 오며 99%의 수련생들이 이 초각에서 중각으로 넘어가지 못하고 수련을 멈추게 됩니다. 항해에 비하면 막 출항한 단계입니다. 수련의 재미를 알고 기의 용법을 알아 수련이 재미있게 되며 급진전이 있는 것도 이 단계입니다.

초각은 3단계로 나눌 수 있습니다. 1단계는 기를 알게 되는 지기知氣 단계요, 2단계는 알고 있는 기에 대한 기초지식을 더욱 연구하는 습기習氣 단계이며, 3단계는 이 기를 이용하여 인간의 병을 치료한다거나 하는 용기用氣 단계이니 곧 의통의 수준입니다.

극한 상황에 가야 깨달아진다

제가 초각을 할 때 '아, 죽겠다', '세상에 태어나서 이렇게 힘든 공부는 없겠다' 했습니다. 얼어 죽을 것 같은 냉탕과 타죽을 것 같은 열탕을 번갈아 가면서 겪었는데 시베리아에 가있는 것처럼 덜덜 떨리다가 갑자기 용암이 뿜어져 나오는 것처럼 뜨거웠습니다. 한 달 동안 밤마다 몇 번씩 그렇게 겪은 끝에야 껍질을 벗고 본성을 만났습니다.

깨달으려면 극한 상황에 가야만 하기 때문입니다. 죽기 아니면 살기로 해야만 껍질이 벗겨집니다. 양단간에 결론이 납니다. 보통 때는 깨달아지지 않습니다. 그냥 일상생활을 하다 보면 그저 그러다 말고 어떤 생각이 떠올랐다가도 사라지고 마는데, 그걸 깨달았다고 볼 수는 없습니다. 그래서 기운으로 극한 상황을 만드는 것입니다.

깨닫는다는 게 무엇인가 하면 바뀐다는 것입니다. 기존에 내가 해왔던 생각이 바뀌는 것을 깨닫는다고 합니다. 그런데 생각이 바뀌기가 그렇게 힘들어서 기적으로 극한 상황에 가야만 바뀝니다. 껍질이 두꺼울수록 더 심하게, 아예 죽기 직전까지 가야만 뭔가 깨달아지는 것입니다.

중각의 경지

중각은 자신과 우주에 대하여 아는 것이며, 서로 비교하면서 자신의 보잘 것 없음을 아는 것입니다. 이 단계에서 자신의 명(사명)을 알게 됩니다. 이 단계에 오면 다른 사람의 앞에 나서는 것을 두려워하게 되며 우주에 대한 경이로움으로 스스로 겸손하게 됩니다.

이 단계에 들기 직전 엄청난 두려움과 시련이 닥쳐오며 기존의 항로에서 벗어나 새로운 길로 가게 됩니다. 기존의 사고방식과 수련 방법에 있어 일대 전환이 필요하며 중각의 단계를 벗어나기까지 무한한 인내를 요합니다. 본격적으로 이 중각의 경지에 들면 마음의 평정을 찾아 어떤 동요가 와도 흔들림이 없으며, 마냥 편한 가운데 정진하게 됩니다.

중각 역시 3단계로 나뉘는데 지심知心 단계, 습심習心 단계, 탈심脫心 단계입니다. 지심 단계는 자신의 마음을 알게 되는 단계이며, 습심 단계는 자신의 마음을 어떻게 사용해야 하는가를 알게 되는 단계이고, 탈심 단계는 이러한 마음의 위력을 알고 이 마음에서 벗어나는 것입니다. 탈심 단계(0교에서의 해탈)를 넘어야 종각으로 갈 수 있습니다. 종각은 내 마음으로 하는 것이 아니며 온 우주와 더불어 함께 호흡하는 것입니다.

언어로 표현할 수 없는 세계

초각은 기의 세계이지만 중각으로 넘어가면 마음의 세계입니다. 마음의 세계는 언어도단입니다. 기는 표현할 수 있지만 마음은 표현할 길이 없습니다. 마음의 세계는 아무것도 없는 세계이기 때문이지요. 그냥 망망대해에 떠 있는 것인데 도저히 표현을 못합니다.

제 수련기를 보면 초각 단계까지만 쓰여 있습니다. 중각 단계로 넘어가서부터는 수련기가 없습니다. 마음의 세계에 들어가면 표현할 길이 없어서 표현을 안 한 것입니다.

제가 '천지가 반긴다'라는 표현을 쓰는데 천지가 환희의 파장, 기쁨의 파장을 보내는 것입니다. 온몸으로 느껴지니까 그렇게 표현한 것인데 눈에 보이게 나타나지는 않습니다. 무지개가 뜨고 어쩌고 하는 것만 해도 차원이 낮은 것입니다. 사람들이 봐야 하고 믿어야 하니까 그렇게 나타내는 것인데 그 다음 단계로 넘어가면 표현할 길이 없습니다.

중각은 가야 진가를 안다

제가 예전에 중국에 있는 화산을 오른 적이 있습니다. 웬만한 산 같으면 중간쯤만 올라도 정상의 기분을 맛볼 수 있는데 화산은 정상에 가야만 뭔가를 알 수 있는 구조더군요. 중간에서는 아무것도 느낄 수 없었습니다. 위만 보고 갈 수밖에 없었습니다.

우리 수련도 이와 마찬가지여서, 중간에 있으면 답답할 뿐이며 정상에 올라가 봐야 진가를 압니다. 도중에서는 알아지지가 않습니다. 최소한 중각까지는 가야 정상이라고 볼 수 있습니다.

초각에서도 잘 모릅니다. 중각 즉 해탈을 해야 정상에 올라가듯이 분위기가 바뀌고 딴 세상이 펼쳐집니다. 차원이 달라지는데 그걸 말로 설명할 수는 없습니다. 모든 것이 확연히 달라지더군요. 모든 것이 달라진다는 것은 생각이 달라지는 것이 근본입니다. 마음이 달라지는데 해탈은 해야 그렇게 되더군요.

그러면서 상당히 조심스럽습니다. 해탈을 하면 알긴 아는데 좀 불완전합니다. 아예 입적入籍●을 해야 든든하게 정상에 선 기분이 듭니다.

팔문원으로 상징되는 우주의 기운을 독자적으로 받으려면 중각 2단계, 즉

● 仙인으로 등극하여 그 이름이 仙계의 仙인 명부에 기록이 되는 것

습심 단계의 중간 이상을 넘어야 합니다. 그때서부터 독자적으로 우주기를 받을 수 있습니다. 제 선생님께서도 제가 중각 2단계의 중간 이상을 넘고 나서 떠나셨습니다. 그때서야 안심하는 단계이며 그 전에는 안심을 못합니다. 초각을 했다 해도 안심을 못합니다. 허나 일단 그 단계만 넘으면 저는 쌍수를 들어 여러분을 분가시키고자 합니다. 하루빨리 그날이 오기를 고대하고 있습니다.

종각의 경지

종각은 자신과 우주를 알고 다시 자신에게서 우주를 발견하게 되는 단계입니다. 수련의 완성기이며, 이 단계에서는 자신의 모든 판단이 우주의 판단과 일치하여 어떠한 생각을 해도 실수가 없습니다. 종각을 향해 나아가는 것이 우리 수련의 길입니다.

초각은 우주와 합일될 수 있는 가능성이 있는 상태이지 아직 합일된 상태는 아닙니다. 합일은 상대방을 확실히 알고 나서 됩니다. 우주가 마음이라는 것을 알고, 마음이 우주라는 것을 알고, 중각까지 하고 나서 상대방을 확실히 안 다음에 그때부터 합일이 되는 것입니다.

그리고 입적은 중각 이후에 종각으로 들어가고, 종각에서도 한참 있다가 허락됩니다. 입적을 하고 나서도 단계는 계속 올라갑니다.

3절 | 깨달으면 무엇이 달라지는가?

깨달으면 무엇이 달라지는가?

깨달으면 무엇이 달라지는가? 삶이 달라집니다. 사는 것과 살아지는 것의 차이를 아시는지요? '산다'는 것은 자신의 의사가 개입된 적극적인 행동이고, '살아진다'는 것은 수동적으로 끌려가는 것입니다.

어떻게 삶이 달라지는가? 첫 번째로 앎이 생깁니다. 우선 자신에 대해서 알게 됩니다. 자신이 누구인지, 어디서 왔는지, 뭘 하던 사람인지, 뭘 해야 하는지, 죽으면 어디로 가는지, 이런 자신에 관한 정보를 알게 됩니다. 자신이 떠나온 곳이 어디인지, 지금 어떤 시점에 있는지, 앞으로 가야 할 곳이 어디인지 알게 됩니다. 시작과 끝이 분명해지기 때문에 그 과정에서 이탈하지 않게 됩니다.

항해를 할 때 떠나온 곳과 갈 곳이 분명하면 표류하지 않습니다. 그것이 분명치 않을 때는 망망대해에 떠서 표류하다가 좌초하게 되고요. 이 경우 사는 것이라고 볼 수가 없습니다. 살아지는 것입니다.

그 다음으로는 세상에 대해서 알게 됩니다. 보통 사람들은 세상공부를 굉장히 밑천을 많이 들여 합니다. 시간과 노력과 돈을 들여가면서 어렵게 세상공부를 하는데, 그렇게 해서 세상을 다 아느냐 하면 그렇지도 않습니다. 겉모습은 알 수 있을지언정 어떤 원리와 구조에 의해 돌아가는지는 모릅니다. 그러니 안다고 볼 수가 없습니다.

마지막으로 내가 우주의 일원이라는 앎이 생깁니다. 내가 우주의 일원으로서 산다는 것을 알게 되어 의식의 범위가 넓어집니다.

이렇게 세 가지를 알면 그때는 도리를 알게 됩니다. 인간의 도리, 세상의 도리, 우주의 도리를 알게 됩니다. 그 도리는 우리가 보통 말하는 도리와는 달라서 따로 습득해야 합니다.

두 번째로 깨달으면 사랑이 생깁니다. 이때의 사랑은 우주의 사랑입니다. 『仙계에 가고 싶다』를 보면 우주의 사랑에 대한 얘기가 나오지요? 인간들이 말하는 사랑은 사랑이 아니라고요. 너와 내가 하나라는 것, 같은 운명체라는 것, 같은 나무의 같은 뿌리에서 나온 열매라는 것을 알 때 진정 타인을 긍휼히 여기는 사랑이 나옵니다. 바로 우주의 사랑이지요.

그걸 모를 때는 사랑이라고 하지 않고 정情이라고 부릅니다. 정은 본능적인 것이지만 사랑은 승화된 감정입니다. 그래서 모든 생명체를 사랑하게 되고, 자연을 사랑하게 되고, 우주를 구성하고 있는 모든 것들에 대한 애정을 갖게 됩니다.

세 번째로 깨달으면 자신이 아는 것, 사랑하는 것을 실천할 수 있는 의지를 갖게 됩니다. 아는 데 그치지 않고, 또 사랑하는 데 그치지 않고, 알고 사랑하는 것을 끝내 실천할 수 있는 의지력이 생기는 것입니다.

그래서 처음에는 하단에서부터 위로 올라가는데, 일단 깨닫고 나면 다시 아래로 내려갑니다. 상단에서 앎이 시작되어, 중단에서 사랑이 싹트고, 다시 하단의 의지로써 자신의 사명을 이뤄내는 삶을 살게 됩니다. 그렇기 때문에 보통의 삶과는 다른 것입니다.

답답함이 사라진다

제 경우 수련하기 전에는 그렇게 답답할 수가 없었습니다. 매일같이 주변에서 벌어지는 일들의 영문을 몰랐습니다. 남편이 왜 저러는지, 애들은 왜 그러는지 알 수가 없었습니다. 주변 사람들을 보면 자기도 모르게 계속 어떤 행동을 하는데 왜 그러는지를 몰랐습니다. 본인도 모르고 나도 모르니까 답답함의 연속이었지요.

나중에 꿰뚫고 보니까 다 필요해서 그러는 것이더군요. 자기 공부에 필요해서 그런 것이었고, 스케줄에 의해 그런 것이었습니다. '저렇게 되면 다음에는 어떻게 되겠다' 하는 것을 아니까 답답함이 없어졌습니다. 모든 걸 다 알게 되니까 답답함이 사라진 것입니다.

처음에는 저도 사후세계가 있는지 仙계가 있는지도 몰랐습니다. 처음부터 아는 사람은 없습니다. 제 어머니가 돌아가셨지만 영靈이 가 계신 곳을 알기에 뵙고 싶으면 뵙고, 대화하고 싶으면 대화하고, 때로는 먼발치에서 보고 옵니다. 내 눈으로 확인이 되는 것입니다. 仙인이 있는지 없는지도 몰랐는데 仙인들과 만나서 대화합니다. 仙계가 있는지 없는지 몰랐는데 수시로 仙계에 가서 보고 옵니다.

깨달음은 평상심

언젠가 어느 분이 왜 깨달아야 하는가라는 질문을 하시더군요. 저도 수련하면서 꼭 깨달을 필요가 있는가 하는 의문이 많았습니다. '대충 보통 사람으로 살면 되지 왜 깨달아야 하나?' 하고요. 그런데 공부를 하고 보니까 깨달음이란 게 특별한 게 아니더군요. 인간이 가지고 있는 평상심平常心이었습니다.

사람은 살면서 끊임없이 시달리고 불행해 합니다. 그래서 '인생은 고해'라고 하지요. 깨닫는다는 것은 이렇게 시달리는 데서 해방되는 것입니다. 깨달으면 근본적으로 편안해집니다.

편안함을 얻은 다음에는 자신의 발전을 위해 노력합니다. 그동안은 소모하는 데 많은 노력이 들었다면 이제는 창조하기 위해, 즐겁게 살기 위해 많은 노력을 합니다. 자신을 완성하는 것이 인생의 목적이 되는 것입니다. 공부하는 것도 사람을 만나는 것도 모두 배움의 일환으로서 나를 좀 더 완성시키는 쪽으로 바뀝니다.

웬만해서는 흔들리지 않는 마음의 평화

제가 수련하는 과정에서 확실히 찾아낸 것 하나는 웬만해서는 흔들리지 않는 마음의 평화였습니다.

우선 외로움에서 벗어나고자 몸부림치지 않게 됐습니다. 그냥 받아들이게 됐습니다. 인간에게 외로움은 당연한 것이라는 말씀드린 바 있는데 수련하기 전에는 외로움에서 벗어나려고 별짓을 다 합니다. 외로움이 엄습해 오면 영화도 보러 갔다가 책도 봤다가 친구에게 전화도 걸었다가 하면서 벗어나고자 몸부림칩니다.

그런데 수련을 계속하다 보면 외로우면 외로운 대로 별 지장 없이 살아집니다. 외롭지 않은 것은 아닙니다. 인간은 원래 외로운 존재니까요. 외롭지만 그걸 당연한 것으로 받아들이는 것입니다. 외로움 때문에 다른 걸 하려고 하지 않고 견뎌내는 상태가 되는 것이지요.

부부간에도 집착하지 않게 됩니다. 공부를 하다 보면 '남편은 남편, 나는 나' 이렇게 됩니다. 배우자가 무슨 일을 하든 영향을 받지 않게 됩니다. 예를 들어 남편이 술을 많이 마시고 연락도 없이 외박을 했다면 보통 여자 같으면 아마 못 견딜 겁니다.

하지만 수련을 하여 무심이 되면 그 사람의 어떤 행동도 나에게 영향을 주지 못합니다. 그건 그 사람의 일이고 나의 일은 따로 있고 이렇게 분리가 됩니다. 마음에 안 들 수는 있으나 그것이 나를 흔들어 놓지는 못합니다.

남에게 필요한 것이 없어진다

금촉을 해서 성욕을 벗으면 굉장히 자유로워집니다. 남에게 필요한 것, 바라는 것, 기대하는 바가 있을 때는 자유롭지 않습니다. 필요한 것이 없어지면 그때 비로소 자유롭습니다.

자유로워지면 얼마나 편안한지 모릅니다. 이른바 대자유인데 그 자유가 어디서 얻어지는가 하면 기본적으로 성욕으로부터입니다. 성욕을 넘지 못하면 도인이 될 수 없습니다. 성욕에서 벗어나지 못하면 눈 가리고 아웅하는 것일 뿐입니다.

진짜 벗어나면 아무 생각이 안 납니다. 누굴 봐도 아무 생각이 안 날 뿐 아니라 혼자 있을 때도 안 납니다. 그게 금촉으로도 되지만 기운을 계속 보충하는 방법으로도 됩니다. 두 가지 방법을 다 씁니다. 금촉을 하면서 금해 보고 기운을 받아서 충만해지면 자기도 모르게 찾지 않게 됩니다.

그때의 성은 전에 가졌던 성과는 차원이 다릅니다. 인간으로 태어나서 끄달리지 않게 된다는 것, 자유로워진다는 것이 얼마나 멋진 일인지요.

남녀가 서로 끌리는 것은 기적으로 필요해서입니다. 상대가 자신에게 부족한 기운을 가지고 있으면 끌리고, 영적으로도 자신에게 부족한 면을 가지고 있으면 끌립니다. 완전해지기 위해 끌리는 것인데 사람에게 끌리다 보면 수련이 안 됩니다. 사람한테서 찾으려면 끝이 없습니다.

그러기에 팔문원에서 직접 찾으라는 것입니다. 거기서 기도 찾고 영도 찾고 다 찾으십시오. 팔문원의 기운은 완전히 중화된 우주기이므로 계속 받다 보면 자기도 모르게 기운이 중화되어 기적으로 필요한 게 없어집니다.

필요한 게 없다는 것이 얼마나 편안한지 아십니까? 수련을 왜 하는가 하면 필요한 게 없어지기 위해서입니다. 남에게서 필요한 것도 없고 바깥에서 찾을 것도 없습니다. 그게 벗어난다는 것입니다. 자유로워집니다.

눈과 귀가 열린다

수련의 경지가 높아지면 눈과 귀가 열립니다. 눈이 열린다는 것은 진리를 알아보는 눈이 열린다는 뜻이고, 귀가 열린다는 것은 진리를 알아듣는 귀가 열린다는 뜻입니다.

사람마다 수준에 따라 보이는 것이 다른데 1차원을 보는 사람이 있고, 2차원, 3차원, 4차원을 보는 사람이 있습니다. 1차원의 눈은 보이는 것을 보는 눈이고, 2차원의 눈은 물체를 투시해서 보는 눈이며, 3차원의 눈은 시간을 초월해서 보는 눈입니다. 공간을 초월하면 4차원이고, 시간과 공간을 다 초월하면 5차원입니다.

공간을 떠난다는 것은 지구의 대기권을 벗어난 다른 차원의 공간을 말합니다. 시간도 마찬가지입니다. 100년 정도 주기는 같은 시간대라고 보는 것이어서 천 년이라든가 만 년이라든가 백만 년 정도를 떠나야 시간을 벗어났다고 보는 거예요.

만약 200년 후, 500년 후, 1,000년 후 미국에서 일어나는 일을 알 수 있다면 비로소 5차원의 눈이 열린 것입니다. 5차원에서 더 넘어가면 6차원, 7차원, 8차원, 9차원, 10차원으로 갑니다. 그렇게 갈수록 차원이 다른 세계, 영적 진화의 레벨이 다른 세계의 일을 알 수 있습니다. 시작은 5차원부터 하는데 창조가 가능한 극도로 진화된 분들, 조물주님의 의중까지 읽을 수 있는 단계는 10차원입니다.

이런 것이 바로 개안開眼입니다. 의도적으로 눈을 열고 닫고 하는 것은 그냥 기법상의 문제일 뿐이며, 진짜 눈이 열린다는 것은 그만큼 영성이 진화되어 다른 차원의 세계에도 의식과 감각이 가 있다는 뜻입니다.

영을 보고 귀신을 보는 차원에 계속 머물러 있는 분도 있습니다. 눈이 열렸다 하더라도 자꾸 쓰지 않고 일단 더 가야 합니다. 볼 줄 알더라도 일단 눈을 닫으면 다음 단계로 발전합니다. 그런데 대개는 재주 하나를 갖게 되면 거기 머물러서 자리를 펴는 경우가 많습니다. 귀신을 보기 시작하면 계속 귀신만 보다가 거기서 끝나더군요.

사속 이동이 가능해진다

수련을 고도로 하여 집중도가 순식간에 어마어마하게 증가하면 이 증가한 집중력에 의해 본인이 원하는 곳으로 기운을 이동시킬 수 있습니다. 본인까지 이동시킬 수 있습니다. 이러한 이동에 걸리는 시간은 동시이므로 사속 (思速, 생각의 속도) 비행이 가능합니다. 우주는 생각으로 다 조절이 되는 곳이기 때문에 생각과 동시에 갈 수 있는 것입니다.

사속은 광속보다 훨씬 앞 단계의 것입니다. 가령 광속으로 500억 년 떨어진 별이라 할지라도 사속으로는 순식간에 갈 수 있습니다. 사속의 1,000% 정도를 넘으면 시공을 초월할 수 있습니다. 인간의 능력으로는 1,000%가 최대치라고 할 수 있으며 몸을 가지고 있으면서 그 이상은 필요하지도 않습니다.

팔문원이 나오면서 거리가 많이 단축되었습니다. 팔문원으로 바로 들어가기 때문입니다. 그전에 저는 단전으로 바로 갔는데, 보면 상·중·하단이 터널처럼 되어 있습니다. 《콘택트》라는 영화를 보면 여주인공이 앉은 자리에서 어디에 갔다 오는데 사람들은 아무 데도 안 갔다고 합니다. 몸은 그 자리에 그대로 있으니까요. 그런데 터널을 통해 갔다 온 것입니다. 영화를 만든 사람이 어지간히 아는 것 같더군요. 파장을 받아서 만든 것 같았습니다.

보이지 않는 우주로 가는 방법은 그렇게 세 가지가 있습니다. 상단, 중단, 하단을 통해서 가는 것입니다. 제일 안전한 방법은 하단으로 바로 들어가는 것이고 두 번째 안전한 방법은 중단을 통해서 가는 것입니다. 제일 불완전한 방법이 상단을 통해서 가는 것이고요.

처음에는 호흡을 고르면서 20~30분 있어야 들어가는데, 나중에는 5분이면 들어갈 수 있습니다. 팔문원이 나오고 나서는 순간적으로 가운데 원으로 들어갑니다. 가운데 원으로 들어가면 블랙홀인데 거기서 사라집니다. 터널처럼 되어 있는데 처음에는 길을 잃을 위험이 있어서 못 들어가게 합니다. 문이 안 열리는 것이지요. 때가 되면 문이 열려서 들어갑니다.

자유자재로 은하를 오갈 수 있다

우주가 너무나 크다 보니까 우주인들도 오갈 수 있는 영역이 정해져 있습니다. 하천下天만 해도 하하천下下天, 하중천下中天, 하상천下上天, 이렇게 구분이 되어 있는데 이것도 대략 구분한 것입니다. 우주가 그렇게 광대하기 때문에 우주인들도 자기가 속해 있는 차원의 우주만 왕래할 수 있습니다. 영적으로 높지 못하면 그 수준에서 왔다 갔다 하면서 자기가 본 게 전부라고 생각합니다. 더 넓은 곳에 뭐가 있는지 모르기 때문입니다.

옛날에는 지구가 전부라고 생각하지 않았습니까? 외국에 나가보지 않았을 때는 우리나라만 있는 줄 알았고요. 우주인들도 마찬가지입니다. 여기저기 사통팔달 다닐 수 있는 우주인은 차원이 높은 우주인입니다. 그중에서도 仙계가 있다는 것을 아는 우주인은 헤로도토스인 정도입니다. 9등급 정도의 우주인만이 仙계의 존재를 압니다.

다른 우주인들은 하늘이 끝인 줄 알고, 하늘에 있는 신들이 전부 좌지우지한다고 생각합니다. 우주인들이 잘못된 메시지를 주기도 하는데 자기들로서는 정답을 준 것입니다. 더 높은 차원은 모르고 자기들이 아는 수준에서 얘기하기 때문입니다.

수련하면서 눈이 열려도 끊임없이 영적으로 확장되고 의식이 확장되어야만 자유자재로 왔다 갔다 할 수 있습니다. 그렇지 못하면 거기서 거기입니다. 지구를 떠나서 북두칠성만 가도 크게 출세했다고 만족하면서 배 두드리고 삽니다. '나는 공부 끝났다' 하는데 거기까지밖에 모르니까 그러는 것입니다.

자신이 속한 은하를 벗어날 정도의 영성을 지녔다 하면 仙인입니다. 仙인은 자유자재로 은하를 왔다 갔다 할 수 있습니다. 그 아래 단계에서는 일정한 한계가 있습니다. 그러니 이 길이 얼마나 먼 길인지 상상이 안 되실 것입니다. 인간으로 태어나서 참 해볼 만한 공부입니다.

이 수련은 어디에도 비교할 수 없는 가치가 있었습니다. 제가 힘겹게 공부를 했고, 또 힘겹게 수련지도를 하면서도 붙들고 있는 것은 그만큼 가치가 있기 때문입니다. 대통령이 부럽지 않고 박사가 부럽지 않고 백만장자가 부럽지 않더군요. 인간으로 태어나서 그런 성취감을 맛볼 수 있다는 것, 그것도 자기 노력으로 그렇게 할 수 있다는 것이 다른 어떤 것과도 비교가 안 되었습니다. 힘들지만 한번 해볼 만하지 않겠는지요?

4절 | 仙인의 경지

仙인, 알아야 되고 싶은 것

왜 꼭 仙인이 되어야 하는가? 왜 꼭 仙계에 가야 하는가? 이렇게 묻는 분이 종종 계시더군요. 그런데 이런 의문은 仙계를 모르니까 생기는 의문입니다.

만일 하버드 대학이 어떤 대학인지 모른다면 거기서 공부하고 싶은 마음이 안 생길 것입니다. 하버드는커녕 미국에 한 번도 가본 적이 없는 상황이라면 하버드 대학에 그리 가고 싶지 않을 것입니다. 감이 안 오니까요.

그러나 하버드 대학 도서관에 밤새도록 불이 켜있는 것을 본다면, 강의를 한 번 들어본다면, 하다못해 그 앞 찻집에라도 가본다면, 교수들이 찻집에 앉아서 몇 시간씩 열심히 토론하는 것을 구경이라도 한다면 거기서 공부하고 싶어질 것입니다.

그러니 仙인이 되고 싶다는 생각이 안 드는 것은 어떻게 보면 당연한 일입니다. 먹어보지도 못한 음식을 먹고 싶다고 생각할 리는 없기 때문입니다. 먹어봐서 맛있어야 또 먹고 싶다는 생각이 드는 것이지요.

그러나 일단 맛을 알면 먹지 않고는 못 배길 것입니다. 남사고 仙인이나 황진이 仙인이 책에서 하시는 말씀을 들어보면 차원이 다르지 않습니까? 그 말씀을 읽어보면 그분들처럼 되고 싶지 않나요?

언젠가 신문을 보니 어떤 노老작가와 인터뷰한 기사가 실렸더군요. 작품 하나를 30년에 걸쳐 완성하신 분인데 나이가 꽤 드셔서 얼굴에 주름이 많았습니다. 그 후 다른 작품을 쓰려다가 노환 때문에 포기했다고 하시더군요. 결국 작품 하나를 쓰기 위해 태어났고, 그걸 해내신 것인데 인간으로서는 참 대단한 작가입니다.

인터뷰를 보니까 문학이란 암중모색이라고 하시면서 한 치 앞도 모르는 것이 인생인데 그 인생을 다루는 문학이 무슨 해답을 줄 수 있겠느냐 그러시더군요.

그러나 저는 그 말이 참 답답했습니다. 끊임없이 모색만 하지 대답을 줄 수 있는 게 없으니까요. 그분의 경우 시골의 저택에서 수십 년을 살고 계시더군요. 여행도 안 가고 거기 틀어박혀서 집필만 하며 사셨습니다. 자기 작품의 원천은 독서라고 하시고요. 끊임없이 책을 읽으면서 사색을 한다고 하시는데 그게 한계라 여겨졌습니다. 명상을 하거나 도道공부를 하는 게 아니기 때문에 거기서 나오는 것은 한계가 있는 것입니다.

그러나 仙인들의 말씀은 읽어보면 그렇지 않다는 것입니다. 읽어 보면 벌써 차원이 다릅니다. 그걸 느꼈다면 仙인이 되고 싶을 것입니다.

仙인은 자유인

仙인은 기본적으로 자유인입니다. 나로부터 자유롭고 남으로부터 자유롭습니다. 仙인은 능한 분입니다. 가지고자 할 때는 가지고, 비우고자 할 때는 비우고, 마음먹은 대로 자유자재로 할 수 있는 분입니다.

仙인은 신神

'仙인'이라고 하면 사람 인人자이니까 인간이라고 생각할 수 있습니다. 仙인이 지상에 태어나서 인간으로 한 평생을 살기도 하지만 우주에서의 仙인은 신적인 분들입니다.

우리는 보통 생사여탈권을 쥔 존재를 신神이라고 부릅니다. 인간의 목숨을 살릴 수도 죽일 수도 있는 존재를 신이라고 여겨서 위급할 때면 살려달라고 빌기도 합니다.

그런데 仙인이 그런 분들입니다. 자신의 판단에 의해 인간을 살릴 수도 죽일 수도 있는 분들입니다. 우리들이 흔히 신이라고 부르는 분들은 다름 아닌 仙인인 것입니다.

仙인은 또 한 인간의 스케줄을 결정할 수 있는 분들입니다. 인간을 내보내는 분이 그분들이기 때문입니다. 그 사람의 전생 등을 참작하여 '이번 생에는 이렇게 살아라' 하고 시간대를 맞춰서 내보내십니다.

인간으로 태어나서 영적으로 진화해서 仙인이 되려면 굉장히 오래 걸립니다. 보통 백만 년 걸린다고 얘기합니다. 그러나 여기 계신 분들은 仙인이 되는 문 앞에 앉아 있습니다. 문만 열면 되는 상황입니다.

문이 저절로 열리지는 않아서 시험을 통해 검증을 받아야 합니다. 마음 상태가 仙인이 될 만하다 하고 인정을 받아야 열어주십니다. 인간에서 신의 반열로 올라가는데 시험도 없이 그냥 올려줄 수는 없는 것입니다.

仙계의 등급

仙계에는 1등급부터 10등급까지 있다는 말씀을 드렸는데 1등급도 1.1등급, 1.2등급, 1.3등급, 이렇게 나뉘어 있습니다. 그래서 0.1등급이라도 높으면 깍듯이 선배가 됩니다. 평등하면서도 수직 관계가 아주 분명합니다.

관료적인 체제라고도 볼 수 있는데, 형식적인 관료제가 아니라 영적 진화도에 따라 저절로 자리매김이 되는 체제입니다. 한 등급이라도 높으면 겉으로 표시가 나게 되어 있으며, 저절로 존경의 마음이 우러나와서 깍듯하게 예우하게 되는 것입니다.

仙계 1등급은 이제 갓 仙계에 입문을 했기 때문에 수습 단계라고 볼 수 있습니다. 진정 仙인이 될 수 있는가를 검증받는 기간입니다.

2등급이 돼야 仙인이 되었다고 할 수 있으며 2, 3등급은 인간세계에 직접적으로 관여하시는 분들입니다. 일선에서 일하는 분들로서 기운줄을 관장하시고 인간의 생사에 관여하십니다.

"신이시여, 보살님이시여, 도와주십시오" 하고 기도하면 일단 그 사람의 보호령이 그 기도를 듣습니다. 보호령이 듣고서 '이걸 도와줘야겠다' 생각하면 결재를 올립니다. 작은 건이면 산신들이나 지신地神들 차원에서 해결날 수 있습니다. 목숨이 왔다 갔다 하는 일이면 더 높은 차원으로 넘어가게 되는데 바로 2, 3등급의 仙인들입니다.

살려달라고 울부짖으며 빈다고 해서 살려주지는 않습니다. 인간이 태어난 목적은 진화이기 때문에 어떻게 하는 것이 진화에 도움이 되는가를 판단해서 결정합니다. 살리는 게 도움이 되는가, 생명을 앗아가는 게 도움이 되는가? 생명을 앗아갈 경우 주변 사람에게 어떤 영향이 있는가? 이런 것을 모두 참고하여 공정하게 점수를 내서 결정합니다. 어떻게 보면 참 냉정한 세계입니다.

仙인들이 일단 지상에 임무를 띠고 나오면 생사여탈의 권한을 가집니다. 순간 판단으로 죽이기도 하고 살리기도 합니다. 그분들 한 분 한 분이 독립 법인과 같습니다.

4, 5등급 이상은 인간계에 별로 관여를 안 합니다. 동식물계, 영계, 각 별 등에 관여합니다. 지구처럼 고등생명체가 사는 별은 극히 드물다고 하지 않았습니까? 우리가 보기에는 인간이 많은 것 같지만 우주에서 보면 그렇지 않

습니다. 그래서 별의 운행에 관여하는 등 다른 일들을 많이 합니다.

9등급은 조물주님의 반열에 거의 가신 분이고 10등급은 조물주님의 반열입니다. 9등급의 경우 그 휘하에 수천 분의 仙인이 계시는 경우도 있습니다. 우주가 너무나 크기 때문에 기운줄에 관여하는 일만 해도 한 분 밑에 수천 분이 계시는 것입니다.

仙계의 등급

仙계에는 10등급이 있다. 이 10등급 중에는 최고 등급인 10등급과 최저 등급인 1등급이 있다. 이러한 외부적인 등급 구분은 仙계가 끝이며, 조물주의 반열 즉 우주 본체가 되면 사라진다. 우주의 등급은 그 자체가 질서이며 반드시 지켜져야 할 규칙이다. 규칙의 제정은 조물주가 하므로 仙계에서는 규칙을 지키지 않을 수 없다.

1등급:

仙계 진입 신참자. 아직 오리엔테이션 중이므로 담당 업무는 없다. 영성을 다시 한 번 검증받으며 부족한 부분을 연마한다. 仙계 진입은 이미 본성을 검증받은 일이기는 하나 부족한 부분은 여기에서 다시 한 번 닦아 낼 수 있는 기회를 준다. 仙계에 들어가도 악심이 발아하면 탈락하는 경우도 생기는바, 1등급 시기에서 있는 일이다.

2등급:

조장급. 하는 일은 3등급과 같으나 3등급이 주가 되고 2등급이 종이 되는 입장만 다르다. 3등급이 없는 곳에서는 2등급이 주가 된다.

3등급:

仙계에 들어가면 가장 많이 만나는 仙인들이 3등급과 2등급이다. 대부분 나름대로 중요한 일을 담당하고 있으며 仙계에서 나서는 일은 모두 이들이 담당한다. 군대로 말하면 상병과 고참 일등병이다. 이들을 중심으로 仙계의 실무가 운영되어 나가며 행동이 필요한 부분은 이들이 직접 챙겨 나간다. 선인善人 중의 선인善人으로 본성이 선善으로만 구성되어 절대 남에게 불필요한 부담을 주지 않으며 자신의 일을 완벽하게 챙겨 나간다.

4등급:

굳이 비유하자면 계장급 정도, 하지만 뚜렷한 등급이 정해진 것은 아니다. 하는 업무에 비교해 보면 그렇다는 것이다. 仙계에서는 대체로 직책의 중요성과 자신의 영성은 정비례하므로 상승을 원한다거나 원치 않는 것과 무관하게 자리가 정해진다. 仙계의 법칙은 절대적이므로 하늘 단계와 같이 선과 악이 엎치락뒤치락 하는 일은 없다.

5등급:

실무에 능하면서 실제로 仙계의 업무를 하는 부서 책임자들이다. 일반 회사와 비교하면 과장급이다. 10등급은 고문, 8, 9등급은 이사 정도에 비교할 수 있으며, 대표이사는 조물주이다. 6, 7등급은 부장급이라고 할 수 있다. 별로 중요하지 않은 일, 즉 일상적인 업무에 대한 결정권(행정 부서의 전결권과 같은 정도)을 갖는다. 仙계의 1, 2등급 인사에 대한 건의권도 갖는다.

6등급:

실무에 관하여 가장 많은 지식을 가지고 있는 仙인들이다. 仙계의 허리 역할을 하며 매사의 절반 정도가 이들의 결정으로 가능하다.

7등급:

중요 사안에 대한 집행 결정권을 가지고 있다. 실무 국장급 정도이며 각종 인간사와 仙계, 영계의 일에 대하여 가장 많이 알고 있는 仙인들이다. 지구에 대한 것만이 아닌 은하계와 그 이상의 별들에서 일어나는 일들도 모두 관장한다.

지구를 관장하는 7등급 仙인은 별을 관장하는 분야의 2위로서 60여 개의 별을 관장한다. 하부 조직의 仙인이 40여 분 계신다. 1위가 관장하는 별은 상당히 진화가 진행된 헤로도토스 등이며, 2위 仙인은 영적인 발전을 할 수 있는 별들을 관장한다.

8등급:

仙계의 일을 관장한다. 지상의 영의정, 국무총리와 같으며 7등급은 좌, 우의정, 감사원장 등과 같다. 仙계 이하의 중요 사안에 대한 결정은 8등급에 와서 끝나는바, 국무회의와 같은 기능을 가지고 있는 조직도 있다. 때로는 9등급 이상의 仙인들이 업무상 8등급의 일을 맡는 경우도 있다.

9등급:

10등급이, 되기 위한 준비를 하는 등급이다. 8등급이 모여서 결정한 일에 대한 최후의 추인을 담당한다.

仙인은 별을 만드는 분

엊그제 하늘을 보니까 별똥별이 참 많이 떨어지더군요. 제가 최근에 하늘을 올려다본 일이 많지 않았는데 하늘을 올려다본 그 순간, 네다섯 개의 별똥별이 차례차례 떨어졌습니다.

별똥별은 仙인들이 공부하러 내려오는 것입니다. 빛이 떨어지는 것인데 우리가 볼 때는 별 하나가 떨어지는 것처럼 보이는 것입니다. 어떻게 그렇게 별 하나가 떨어지는 것처럼 보일 수 있는가? 仙인들이 별 하나를 만들 수 있는 에너지를 갖고 있기 때문입니다. 仙인의 반열에 올랐다 하면 그 仙인은 별 하나를 만들 수 있는 기운 주머니를 갖고 있습니다.

그러다가 仙인이 내려오면, 영이 내려오니까 그 영을 싸고 있던 기운이 같이 떨어집니다. 우리가 볼 때는 별 하나가 떨어지는 것 같은데 얼마나 에너지가 맑고 강하면 별이 떨어지는 것처럼 보이겠습니까? 1등급이든 2등급이든 仙인의 에너지는 그렇다는 것입니다. 평범한 영들은 仙인을 만나면 눈이 부셔서 감히 우러러보지도 못합니다. 仙인은 빛이기 때문입니다.

仙인은 실제로 별을 만드는 분들입니다. 무생물성은 仙인 두세 분이 만들고, 생물성은 대여섯 분이 만듭니다. 지구처럼 생명체가 복잡하게 많은 별도 그렇게 많은 분이 필요치는 않고요. 물론 등급은 높아야 하고요. 무생물성은 5등급 이하, 생물성은 5등급 이상이면 제작 가능합니다.

별을 만들고 나서는 배치하고 운행시키는 일까지 다 하시는데, 없애는 것도 순식간에 할 수 있습니다. 엄청난 에너지를 동원하지 않아도 마음 하나로 할 수 있습니다.

엊그제 신문을 보니까 지구에서 엄청나게 먼 곳에서 새로 은하단을 발견했다는 기사가 있더군요. 우주에는 무수하게 별이 많은데, 그 별들이 다 仙인의 작품입니다. 그 별을 없애거나 지진 나게 하거나 혹은 지진을 멈추게 하는 것이 그분들의 마음 하나로 가능하고요.

만물 창조에 대하여

만물은 어느 곳이든 사용할 목적이 있고서야 창조된다. 용처가 없는 것은 창조되지 않으며 창조된 것은 반드시 용처가 있는 것이다. 모래 한 알과 먼지 한 알에도 반드시 우주의 깊은 뜻이 숨어 있는 것이며, 이것을 알면 우주를 알 수 있는 것이다.

한 집안의 자제들을 보면 그 집안의 내력을 알 수 있는 것과 같이 우주는 모든 것이 연결되어 있는 것이며 이 연결된 맥을 짚으면 우주의 모든 것을 파악할 수 있다. 이 연결고리가 바로 파장이다.

만물이 창조될 때는 모든 것이 조물주 뜻에 의해 창조되는 것이나 그 과정은 단계별로 각기 다를 수 있다. 조물주가 직접 창조하는 것이 있으며 그 아래에 위치하는 각 仙인들이 창조하는 것이 있고, 우주의 시스템에 의해 자동으로 생성되는 것이 있다. 그러나 이 모든 것이 조물주의 뜻에 의해 이루어진다.

각 仙인들 역시 조물주를 대표하고 조물주의 일부를 이루고 있으면서도 조물주의 뜻으로 움직이고 있으며 따라서 조물주와 하나이면서도 각개의 의사를 가진 개체인 것이다. 즉 조물주라는 집단적 개체의 의사로 움직이되 모든 의사결정은 그 전체의 뜻에 따라 이루어지는 것이다.

각 仙인들은 조물주의 파장으로 구성되어 하나의 뜻으로 움직이나 각개의 재량이 있는 부분이 있어 그 나름대로의 영역을 확보하고 있는 것이다.

이러한 공동적 개체는 인간 사회에서도 일부 형태를 알아볼 수 있는바 대통령이 국가를 대표하나 그 업무는 각부 장관이 담당하는 것이며, 군에서도 사단장이 사단을 대표하나 그 세부적인 업무는 각 참모들이 수행하는 것과 유사한 것이다.

조물주와 인간의 시스템에 있어 차이는 조물주는 전체를 하나로 묶은 시스템이며 그 구성요소는 나름대로의 기능이 있는 것이나 '완벽한 하나'라고 할 수 있다. 인간의 시스템보다 훨씬 밀접한 관련을 가지고 있는 것이 조물주의 시스템이며 이 시스템에는 하나의 빈틈도 없어 어느 곳으로도 새어나갈 곳이 없는 것이다.

조물주는 살아 움직이는 하나의 단일 구성요소이면서도 각 구성요소들이 결집한 하나의 의사결정체인 단일 구조 속의 이중 구조적 시스템이다.

仙인은 이러한 조물주의 일부이자 본체와 직결된 의사결정체이며 따라서 仙인의 의사가 조물주의 의사인 것이다. 따라서 조물주가 어떠한 물건을 창조하는 것은 바로 仙인이 창조하는 것과 같으며 그 물건의 필요성이 우주에서 입증됨으로 인하여 창조된 것이다.

별을 창조하는 것은 우주의 개체로서 조물주의 반열에 들 수 있는 능력이 있는가를 시험받는 단계이며 이것은 조물주의 이름으로 대표된다. 제성製星은 우주의 본체가 그 능력을 인정하는 가장 초기 단계이다. 따라서 제성 仙인이 되고서야 본격적인 仙인의 반열에 드는 것이다.

이 우주에는 작은 풀 한 포기, 돌 하나에도 조물주의 뜻이 스며 있지 않은 것이 없으나 창조 과정만 각 仙인들에 의하거나 시스템에 의해 이루어지는 것이다.

즉 만물의 제조 일정과 설계도가 이미 조물주에 의해 작성되어 있으며 만물은 그 설계에 의해 자동적으로 움직여 나가도록 되어 있는 것이다. 이 모든 과정에 불필요한 것이 개입될 여지가 전혀 없으며 천만 분의 일의 오차도 허용되지 않는 것이다.

모든 동식물의 유전자는 나름대로의 특성을 가지고 있는 것이며, 이 특성은 각 무생물에서 받아들여 이루어지도록 되어 있는 것이니 이것이 다시 무생물로 돌아가는 순환시스템 역시 우주의 원리로 구성되어 있는 것이다. 창조는 소멸과 연관되어 모든 것이 완벽히 재생되는 것 역시 우주의 원리이다.

- 『천서 0.0001』 1권에서

仙인은 독립 법인

仙인들은 각자 독립 법인이라고 말씀드릴 수 있습니다. 어딘가에 소속은 되어 있지만 개체로서 전체를 대표할 수 있는 대표성을 지닌 분들입니다. 우리나라로 치면 국회의원이 그런 분들입니다. 변호사나 의사처럼 전문직에 종사하는 분들도 독립 법인이고요. 한 개인이 법인 역할을 하는 것입니다.

仙인이 어딘가에 파견되면 仙계를 대표하는 대표성을 지닙니다. 아무리 낮은 등급의 仙인이라 할지라도 그분에게 권한이 있습니다. 사전에 협의하거나 사후에 보고하는 경우는 있어도 의사결정권을 위임받아 나옵니다. 어딘가에 가는 것도 허락을 받아 가는 것이 아니라 개인의 뜻에 의해 갈 수 있고요.

그래서 우주에 파견 나가 있는 仙인들이 굉장히 많습니다. 필요하면 그분들이 모여서 회의를 하시는데 수백 명이 모이는 회의도 있고, 수천 명이 모이는 회의도 있습니다.

仙인의 관심사는 깨이는 것

仙계에서는 백억을 투자해서 한 사람을 구할 수 있다면 성공이라고 보시는 입장입니다. 한 사람이 본성을 만나는 것은 돈으로 환산할 수 없는 가치가 있습니다. 백억이 아니라 수천억을 준대도 안 바꿉니다. 사람을 키워내는 일에 대단한 가치를 두시는 것입니다.

仙인들이 신경 쓰는 일은 오직 한 가지, 깨이는 것입니다. 후손들이 깨이는 것 외에는 관심이 없습니다. 깨이는 일에 대해서는 사사건건 관심이 많으시고, 그 외의 일에 대해서는 무관심하십니다.

그분들이 맘먹고 능력을 발휘하면 지구 전체를 좌지우지합니다. 미국이 지금 지구 역사상 전무후무한 강대국인데 그렇게 된 원동력은 미국을 주관하는 仙인들입니다. 5등급 이하의 仙인 몇 분이서 200년도 안 돼서 로마 제국을 능가하는 강대국을 만들어 놓았습니다. 미국이 해야 할 역할이 있기에 스케줄에 의해 그렇게 한 것입니다.

그러니 仙인이란 얼마나 대단한 분들인가요? 우리가 조물주님이 어떻다는 둥 얘기하는데 사실은 감히 입에 올릴 수도 없는 분입니다. 2등급만 돼도 '하느님'이라고 하는 분들입니다.

그런 대단한 분들이 우리의 진화를 바라신다는 것, 우주의 진화를 위해 일할 능력을 지닌 사람이 되기를 원하신다는 것, 이점을 꼭 기억해 주시기 바랍니다.

仙인의 지구별 유학

인간은 모두 부여받은 대로 살아갈 수밖에 없는 피조물이라는 말씀을 드렸는데, 仙인은 거기서 예외입니다. 지상에서의 삶을 살 것인지 말 것인지, 산다면 어떤 스케줄로 살 것인지에 관한 선택권을 가지고 있습니다. 자신의 삶을 프로그램 해서 올 수 있습니다.

다만 仙인 중에서도 1, 2, 3등급까지는 아직 선택권이 없습니다. 의사표시는 할 수 있어도 받아들여진다는 보장은 없습니다. 어떤 별에 가서 공부하라고 하면 따라야 합니다.

仙인이 인간의 몸을 입고 태어나는 이유는 딱 두 가지입니다. 해야 할 사명이 있어서이거나 아니면 재교육을 위해서입니다. 5등급을 넘으면 사명 때문에 오는 것이고 5등급 이하이면 재교육이 필요해서 오는 것입니다.

살인, 강도, 방화, 이런 잘못을 저질러서 재교육을 받는 것은 아닙니다. 仙계에서의 잘못은 인간 세상과는 차원이 달라서 내 영역이 아닌데 과도하게 관심 갖고 참견했다거나 뿌리 뽑히지 않은 성격상의 결함이 있다거나 하는 것입니다. 그런 것들에 대해 검증받기 위해 오는 것입니다.

지상에서의 공부가 성공할 확률도 등급에 따라 다릅니다. 5등급 이상이면 거의 실패할 확률이 없는데 그만큼 안정되어 있기 때문입니다. 5등급 이하일 때는 실패할 확률이 많은데 정상적으로 仙계로 복귀하는 비율이 10% 정도밖에 안 됩니다. 그런데도 오는 것은 진화의 욕구가 강하기 때문입니다.

스케줄에 얼마나 많은 변수를 포함시키느냐도 경우에 따라 다른데, 사명을 위해 나오는 분들은 변수가 너무 많으면 일을 그르치기가 쉬워서 변수는 5% 정도만 가지고 옵니다. 한 번의 생에 승급을 많이 해야겠다 하면 정해진 길 50%, 선택권 50%, 이렇게 아슬아슬한 스케줄로 나오고요. 고난도 스케줄이라고 할 수 있는데 실패 확률이 높지만 성공할 경우 몇 등급 뛸 수 있습니다.

선력과 출신

仙인들이 거듭거듭 지상에 내려와서 공부하는 이유는 한 번 극복했다고 해서 뿌리 뽑히는 것이 아니기 때문입니다. 뿌리 뽑힌 줄 알았는데 나중에 보면 또 살아 있습니다. 완전히 뿌리 뽑는다는 것이 참 지난한 일인 것입니다.

깨달았다고 하는 사람들이 문제를 많이 일으키는 것도 다 된 줄 알고 책을 덮어버렸기 때문입니다. '내가 상당한 경지까지 갔다'고 말하는데 시간이 지나면서 유야무야 되어버린 경우가 많습니다. 그래서 되풀이해서 다지는 과정이 필요합니다. 한 번 합격했다고 해서 되는 게 아닌 것입니다. 아주 오래 걸리는 일이며 그렇게 쌓이고 다져져야 비로소 우주를 위해 일할 만한 사람이 탄생했다고 볼 수 있습니다.

'선력'이란 仙계에 입적하고 나서의 나이를 말하는데 선력이 몇 백만 년 되시는 분들은 수없이 인간으로 다녀가신 분들입니다.

그렇게 수없이 거치다 보면 특별히 애착이 가는 곳이 생기게 되는데, 그러면 仙인들은 '나는 그곳 출신'이라고 말하게 됩니다. 헤로도토스면 헤로도토스, 지구면 지구, 이렇게 애착이 가는 곳이 생기면 고향별이 따로 있더라도 그곳 출신이라고 말하는 것입니다. 제 경우 동이족에 굉장한 애착을 갖고 있어서 아마 돌아가고 나면 동이족 출신이라고 할 것입니다. 동이족으로 살면서 굉장히 고생했기 때문에….

5절 | 仙계수련의 수단과 도구

1. 仙계수련의 추진력

내기를 강화하고 파장을 낮추는 수련

仙계수련을 간단히 표현하면 두 가지인데 내기內氣를 강화하고 파장을 낮추는 것입니다. 내기 즉 내 안의 기운을 강화하여 업을 해소하고, 또 파장을 낮추는 수련을 하는 것입니다.

우선 왜 내기를 강화해야 하는가에 대해 말씀드리겠습니다. 기공氣功은 기운의 흐름을 강조하는 방법입니다. 기공을 하시는 분들은 온몸을 흐르는 기의 유통에만 관심을 두고 축기 같은 것은 안 합니다. 그리고 기공을 하면 기운이 많이 느껴집니다. 기공에 빠진 분들을 보면 대개 기운을 많이 느끼기 때문에 빠지더군요. 기공의 맥은 지기(地氣, 땅의 기운)인데 지기는 강렬한 것이기 때문에 기공을 하고 나면 몸 전체가 짜릿합니다.

仙계수련은 기운을 밖으로 발산하지 않습니다. 내기를 강화하고 익혀서 그 기운의 힘으로 업을 풀어내는 수련이기 때문입니다. 오랜 세월 쌓여 온 업을 어떻게 풀겠습니까? 기운으로 업을 풀어내는 것입니다. 수없이 쌓여 온

업을 하나하나 풀어서 정리해야 하는데 기운이 없으면 못합니다. 마음만 먹다가 그냥 통과시켜 버리고 뒷전으로 밀쳐두게 됩니다. 그러다 보면 계속 더 쌓입니다.

기운을 강화하여 그 기운의 힘으로 하나하나 풀어가야 하는 것입니다. 깨달음으로 가려면 반드시 업을 해소하지 않으면 안 되는데 내기를 강화하여 해소하는 것입니다.

두 번째로 왜 파장을 낮추는가 말씀드리면 하늘과 통하려면, 하늘 중에서도 가장 높은 하늘과 통하려면 그 하늘의 파장에 맞추는 수밖에 없기 때문입니다. 또 자신의 본성을 만나려면 본성의 파장에 맞추어야 하는 것이고요.

그 하늘의 파장, 본성의 파장은 한없이 낮은 대역의 파장인 알파파장입니다. 숨을 쉬는지 안 쉬는지, 있는지 없는지 모를 만큼 아주 잔잔한 파장입니다. 거기에 맞추려면 파장을 낮추는 방법밖에 없습니다.

연료로서의 우주기

자동차에 비유하면 기운은 연료와 같습니다. '도道'라는 것은 길입니다. 길이라는 것은 가야 하는 것이고요. 우리는 앉아서 仙계까지 가야 하는 사람들입니다. 가야 하니까 연료가 필요한 것입니다.

그럼 매일 밥 먹은 것은 연료가 아닌가 하시는데 그것은 지기地氣입니다. 지구에서만 쓸 수 있는 기운입니다. 수련하면서 지구를 벗어나서 우주로 가려면 지기로는 갈 수 없습니다. 영성을 틔우고 우리 본래의 자리인 우주로 돌아가려면 반드시 우주기宇宙氣가 필요합니다. 그것 없이는 못 갑니다. 자동차와 우주 왕복선이 사용하는 연료의 종류가 다른 것과 같습니다.

마음공부를 위한 우주기

仙계수련은 마음공부입니다. 기로 하는 것은 마음공부를 하기 위한 기반을 조성하기 위해 필요한 것이며, 결국은 마음으로 갈 수밖에 없습니다.

마음공부는 3가지가 있는데 첫째는 마음을 낮추는 것 즉, 겸손해지는 것이고, 둘째는 마음을 비우는 것이고, 셋째는 마음을 조절하는 것입니다. 마음을 낮추다 보면 사물이 제대로 보이고, 마음을 비우다 보면 무심의 경지에 들어가서 편견 없이 공정하게 보이고, 또 그럴 때 마음을 조절할 수 있습니다.

마음은 어떻게 갈고 닦는가? 생각만 한다고 되는 것은 아닙니다. 마음이란 게 형체가 없고 너무 추상적이기 때문입니다. 그래서 기운의 힘을 빌려오는 방법을 씁니다. 우주기를 계속 받음으로써 알게 모르게 마음이 비워집니다. 우주기는 비우게 하는 기운이기 때문입니다. 우주는 원래 비어 있는 곳이기에 우주기에는 비우는 성질이 있는 것이지요.

쇠 같은 것도 오래 두다 보면 공기, 기운에 의해 마모되는 것을 볼 수 있습니다. 도저히 부서질 수 없을 것 같은 강철도 기운에 의해 마모됩니다. 형태가 없는 마음에 자꾸 뭔가를 담아두면 돌덩이처럼 딱딱하게 굳어져서 벽이 생기는데, 비어 있는 곳에서 오는 비어 있는 기운을 받으면 자꾸 마모되고 부서지고 형체가 없어져서 결국은 비워집니다. 그런 능력이 있기 때문에 우주기를 빌려오는 것입니다.

왜 알파파장이 중요한가?

알파파장*은 무심의 파장, 흔들림이 거의 없는 파장입니다. 그러기에 알파파장에 주파수를 맞춤으로써 내 마음 상태를 흔들림이 없이 고요하게 만들 수 있습니다.

---

* 지구의 파장은 베타파장으로 7.5인데, 이것은 빛이 1초에 지구를 7바퀴 반을 도는 것입니다. 반면에 仙계의 파장은 0.1 이하의 알파파장으로서 지구에 비해 천천히, 더 느리게 회전합니다. 알파파장은 거의 미세한 흔들림도 없는 파장인 데 비해 지구의 파장은 진동의 폭이 매우 큽니다.

나아가 알파파장은 자신의 본성을 만나기 위한 수단입니다. 기공이나 대부분의 타 수련은 일정한 파장을 지속적으로 유지하도록 하는 동작을 거듭합니다. 이들 수련에서 필요한 파장은 베타파장이며, 따라서 지속적으로 베타파의 생성을 유도하는 동작을 하는 것입니다. 허나 베타파로는 결코 본성을 만날 수 없으며 수련이 더 이상 진전될 수도 없습니다.

알파파장의 중요성은 자신의 본성을 만날 수 있는 가장 직접적이고 중요한 수단이라는 데 있습니다. 이 알파파를 찾기 위하여 우주기를 이용한 단전호흡으로 파장을 낮추는 수련을 하는 것입니다.

수련은 이러한 알파파를 자신의 내부에서 지속적으로 발생케 함으로써 자신의 본성과 만나는 시간을 증가시키고, 종국에는 자신과 일체를 이루어 나가는 여정입니다. 일상적인 단전호흡의 반복 수련을 지속적으로 하는 것은 매일이 동일한 것 같아도 수련에 있어 가장 중요한 것이며, 이 과정을 거치며 수련을 완성하여 나가는 것입니다.

호흡으로 알파파장을 내 것으로 할 수 있습니다. 모든 잡념을 깨고 호흡에 자신을 실으면 결국 닿는 곳이 알파파장 대역인 것입니다.

왜 호흡이 중요한가?

어떤 종교는 호흡을 통하지 않고 참선으로 가는 방법을 사용하고, 또 어떤 종교는 믿음을 통해 가는 방법을 사용합니다. 또 많은 명상 단체들이 호흡을 통하지 않고 의식으로만 가는 방법을 사용하고 있습니다. 요즘 사람들이 힘들여 호흡하는 것을 싫어하기 때문이지요. 쉽게 의식으로만 가는 방법을 좋아하다 보니까 거기에 맞추느라고 의식수련만 합니다.

허나 그렇게 하면 끝이 길지가 않습니다. 기운이 지원되지 않기 때문입니다. 힘이 지원되지 않기 때문에 지속력이 없을 수밖에 없습니다.

또 단전이 형성되지 않은 상태에서 어쩌다가 무심에 들거나 보이지 않는 세계에 들어가는 것은 실상이 아니라 허상입니다. "명상 중에 나타나는 것은 모두 허상이다"라고 말하는 종교가 있는데 그 얘기가 맞는 것이, 호흡을 통하지 않고 들어가서 보는 세계는 모두 허상이며 지나가는 그림자에 지나지 않기 때문입니다.

어느 분은 대학교수이고 오래 수련을 하셨는데도 호흡을 못하시더군요. 단전호흡을 하려고 무지 애를 썼지만 끝끝내 못하셨습니다. 저는 단전호흡을 못하는 사람이 있다는 것을 그때 처음 알았습니다. 사람은 다 단전호흡을 할 수 있다고 생각했는데 그분은 아무리 노력해도 안 되더군요.

그래서 그분은 '호흡을 통하지 않고 가는 방법이 없을까?' 하고 많이 찾아 헤맸습니다. 여러 가지 수행법을 많이 섭렵했는데 어떤 한 가지에 몰두할 때마다 세상을 다 얻은 것처럼 얘기하더군요. 이제는 찾았다고, 더 이상 헤매지 않는다고 얘기하고는 했습니다. 그게 몇 년 동안 반복되었습니다.

"이번에는 틀림없어요?"라고 물으면 "틀림없습니다!"라고 대답합니다. 그런데 몇 달 지나서 보면 다시 다른 것을 찾아 헤매고 있습니다. 왜 그런가 하면 순간적이기 때문입니다. 그 당시에는 깨달은 것 같았는데 이어지지가 않는 것이지요. 기운이 받쳐주지 않기 때문에 다시 원점으로 돌아갑니다. 호흡을 통하지 않고 깨닫는 것은 불가능한 것 같다고, 결국은 그렇게 얘기하시더군요.

일주일 만에 깨달을 수 있다고 주장하는 어떤 명상 단체에서는 버리는 방법으로 가능하다고 얘기하더군요. 우리 마음속에 찌꺼기가 많이 끼어 있기 때문에 그런 걸 다 버려야 하는 것은 맞습니다. 버려야만 본성에 도달할 수 있습니다. 허나 버리는 것만으로는 부족합니다. 버리는 것만으로는 힘, 즉 지속력이 생기지 않기 때문입니다. 호흡을 통해 기운을 지원하고, 진화할 수 있는 말씀을 불어넣어야만 지속력이 생깁니다.

단전호흡이 정법正法입니다. 그리고 거기에 우주기가 있으면 금상첨화입니다. 이 두 가지가 접목된 상태이면 이런저런 복잡한 명상법이 필요치 않습니다. 단전호흡과 우주기이면 되는 것입니다.

2. 仙계수련의 나침반

천서는 천기를 그대로 옮겨놓은 기록

천서天書란 하늘의 기운인 천기天氣를 그대로 옮겨놓은 기록입니다. 따라서 이 세상을 지금까지 움직여온 기본원리이자 앞으로 움직여 나갈 방향이기도 한 것입니다. 천기란 천지창조의 모든 것을 담고 있으므로 이 천기를 통하여 우리가 살고 있는 이 세상의 모든 것을 비롯한 우주의 근본원리를 알 수 있는 것입니다.

천기란 아무나 읽을 수 있는 것은 아닙니다. 또 읽는다고 해서 그 내용을 전부 알 수 있는 것도 아닙니다. 인연이 아니면 읽었다고 해도 그 내용을 알 수 없으므로 누구에게 이야기할 수 있는 것도 아닙니다. 말 그대로 천기이기 때문입니다. 인연이 되지 않은 사람에게는 저절로 잠겨지는 자물쇠가 들어 있는 것과 같습니다.

천서란 우주의 모든 것, 하늘의 모든 것, 인간의 모든 것을 기록한 글로서 이 안에서 인간은 아주 일부에 해당합니다. 그러나 그 일부는 전체를 대표하는 일부입니다.

모든 인간은 하늘과 하나가 될 수 있는 조건을 갖추고 태어났습니다. 이것을 어떻게 발견하고 실천하느냐에 따라 하늘과 동격이 될 수 있습니다. 하늘과 동격이란 천기에 대한 완벽한 이해와 일체화로 하늘과 하나가 되는 것입니다.

천서는 조물주님의 음성

천서天書는 현재 지구의 어느 곳에서도 들을 수 없는, 지구 역사상 처음으로 직접 전달되는 조물주님의 음성입니다.

그렇게 대단한 천서를 저같이 평범한 사람이 어떻게 받아 적게 되었는가 궁금하실 수 있는데 인연이 됐기 때문이며 조물주님의 파장 대역에 다가갔기 때문입니다.

바로 옆 사람하고 대화를 할 때도 눈을 맞추고 귀를 기울여야 얘기가 귀에 들어오지 않습니까? 조물주님의 음성도 마찬가지여서 그분의 파장에 맞출 수 있어야 비로소 들을 수 있습니다. 그걸 제가 용케 해냈다는 얘기입니다.

천서는 글자나 말이 아니라 파장입니다. '조물주님의 음성'이라고 표현했지만 사실은 음성이 아니라 파장입니다. 조물주님께서는 한국어나 영어나 중국어로 말씀하시는 것이 아니라 파장의 움직임으로 말씀하시는 것입니다.

그리고 그 파장은 마치 암호처럼 전달됩니다. 우리가 이메일을 주고받을 때 가끔 파일이 깨져서 올 때가 있지 않습니까? 그걸 열어보면 무슨 얘기인지 하나도 모르잖아요? 천서의 파장은 그렇게 알아듣는 사람만 알아듣는 암호처럼 전달되는 것입니다. 그걸 읽을 수 있으면 하늘의 뜻이 무엇인지 알 수 있는데 제가 용케 읽어냈고 여러분께 전달해드렸습니다.

무無파장 대역에서 전달된다

제가 처음에 알파파장으로 파장을 받기 시작해서 점점 발전했는데, 알파파장에서 저파장으로 들어가고, 그 다음에 극저파장으로 들어가고, 그 다음에 무無파장으로 들어갔습니다. 그래서 지금 받고 있는 파장은 무파장입니다.

仙계수련생들이 접하는 천서는 바로 이 무파장 대역에서 전달되는 것입니다. 제가 알파파장이라고 말하고 있으나 실은 『仙界에 가고 싶다』의 앞부분인 수련 초기의 것을 제외하고는 전부 무파장 대역인 조물주님의 영역에서 전달되는 천서입니다.

그런데 무파장이라는 것은 아무 말씀이 없는 것입니다. 우주는 표현이 없는 곳이고 허공 그 자체인데 거기서 오는 파장입니다. 그러한 파장으로 제가 천서를 받아 적는 것인데 아무 말씀이 없는 곳에서 언어를 끌어내는 것입니다.

제가 천서를 받아 전해드리는 것은 뭔가를 말과 글로 표현하기 위해 적는 것이지 仙界의 대화는 실은 언제나 무언의, 무표정의, 무파장의 언어입니다. 공부를 시켜야 하니까 굳이 뭔가를 끄집어내는데 원래는 아무것도 없습니다.

그 언어도 없는 곳에서 단어를 끄집어내서 천서를 만들어내려니 제가 얼마나 힘들겠습니까? 그야말로 고도의 집중력이 필요한 일입니다. 아마 다른 사람더러 하라고 하면 못할 것입니다. 저도 너무 힘들어서 이제는 좀 안 했으면 좋겠다는 생각을 종종 했습니다. 천서를 보면 그게 보통 언어가 아니지 않습니까? 제가 명색이 작가지만 창작을 해서 그렇게 쓰려고 하면 도저히 못 쓸 것입니다.

본성을 만났다는 사람이 왜 본성의 지시를 받는 것처럼 설명하냐고 의아해하는 분도 있더군요. 그런데 그것은 제가 표현을 그렇게 한 것입니다. "본성이 말씀하시기를" 이런 식으로 표현할 때가 있는데 본성의 수준에 가 있어야만 본성의 말씀을 알아들을 수 있는 것입니다. 조물주님의 음성을 알아들으려면 조물주님의 파장 대역에 가 있어야 하고요. 말하자면 합일된 상태에서 전달해 드리는 것입니다.

천서수신과 채널링의 차이점

천서를 받는 것과 채널링이 뭐가 다른지 궁금해 하는 분이 계십니다.

채널러의 경우는 수련을 통하지 않고 갑자기 그런 역할이 주어집니다. 영문도 모른 채 어느 날 눈 뜨고 보니 채널러가 돼 있습니다. 왜 그런 일이 일어나는가 하면 어떤 하늘에서 메시지를 전하려고 적당한 인물을 물색하다가 그 사람을 선택한 것입니다. 그 사람 입장에서 보면 자기도 모르게 메신저로 뽑힌 것입니다.

뽑힌 사람에게는 굉장히 고통을 많이 줍니다. 고통을 많이 받아서 기진맥진해져야 자신의 의사가 없어지기 때문입니다. 자신의 의사가 없어져야 메시지를 잘 전달하기 때문입니다.

힘이 남아돌면 자신의 의사가 들어가기 마련입니다. 그러니까 힘을 다 빼고 시작합니다. 사고가 나게 한다든가 주변 여건을 굉장히 어렵게 한다든가 몸을 굉장히 아프게 한다든가 하는 방법으로 기진맥진하게 만든 다음 메시지를 전합니다. 그러면 자기 나름의 여과를 하지 않고 있는 그대로 전달합니다. 완전히 하수인을 만드는 것입니다.

그래서 채널러들은 자신의 의사가 별로 없습니다. 일방적으로 메시지를 전하기만 합니다. 질문도 자신들이 하지 않습니다. 메시지를 전하는 그분들이 질의응답을 다 만들어 줍니다.

그리고 채널러들은 자신이 하고 싶지 않다고 해서 안 할 수가 없습니다. 일단 선택된 이상 평생 채널러의 역할을 해야 합니다. 안 하면 뭔가 제재가 가해지기 때문에 저항할 수가 없습니다.

반면 仙계수련을 통해서 하늘과 통하는 수신자는 주도권을 본인이 가지고 있습니다. 자신의 뜻대로 하는 것입니다. 내가 하고 싶으면 하고, 안 하고 싶으면 안 합니다. 안 한다고 해서 그분들이 어떤 영향력을 행사하지는 못합니다.

또한 수신자는 수련을 통해 자력으로 그런 단계에 도달한 사람입니다. 수련을 통해 얻은 자기 능력으로 대화를 합니다. 자신이 전하고 싶은 메시지를, 자신의 필요에 의해, 원하는 곳에서 뽑아 쓸 수 있는 것입니다.

개인천서는 명부로부터 전달된다

수련을 오래 한 수련생에게는 때가 됐다고 생각되는 경우 개인천서를 받아드립니다.* 전생, 금생에 해야 하는 공부, 가족 인연 등 근본에 대해 알려드리는 것입니다.

개인천서는 그분의 명부命簿를 뒤져서 만드는데 백과사전 한 권을 뒤지는 것만큼이나 힘든 작업입니다. 백과사전 한 권을 다 뒤져 보십시오. 얼마나 힘이 드는지…. 한 사람이 갖고 있는 정보는 우주가 가지고 있는 정보의 양에 맞먹을 정도로 방대합니다. 사람이 곧 우주이기 때문입니다.

왜 이 여자와 결혼하게 됐을까, 왜 이 아이가 자식으로 태어났을까 하는 가족 인연을 알려면 가족 각자의 명부를 다 봐야 합니다. 사람마다 명부는 각기 보관되어 있기 때문입니다. 우리 인간은 과거에 수많은 사람과 결혼했고, 수많은 자식을 두었고, 수많은 부모를 만났는데, 그렇게 얽히고설킨 전생의 인연 중 어딘가에서 찾아내어 알려드리는 것입니다.

한꺼번에 알려드리는 것도 아니어서, 더도 덜도 아닌 꼭 필요한 내용만을 발췌해서 드립니다. 그분에 관한 자료를 많이 찾았다 하더라도, 지금 이 시점에 그걸 드리는 게 역효과가 나겠다 싶으면 드리지 않습니다. 저만 알고 있습니다. 그분이 치러야 할 일을 어느 정도 치를 때까지 기다렸다가 그때 드립니다.

---

* 선생님을 통한 개인천서 전달은 중단되었으며, 현재는 천서수신이 가능한 상급 도반들이 개인천서를 받아 전달하고 있습니다.

'仙서'의 구분

그간 수련생들의 수련이 많이 진전되어 천서수신을 할 수 있는 수련생들이 많이 나타났습니다. 그분들이 받은 천서와 구별하기 위해 저를 통하여 전달된 천서와 말씀은 '仙서仙書'라는 이름으로 부르게 되었습니다.

저의 경우 그동안 조물주님 또는 조물주님의 반열에 계신 분들로부터 천서를 받았습니다. 그러다 보니 저의 仙서에는 근간이 되는 원론적인 사항들이 담겨 있습니다. 총론을 만드는 것이 저의 역할이고 조물주님의 반열에 계신 분에게 소소한 지식을 문의할 수는 없었기 때문입니다.

그러나 수련생들의 천서는 다릅니다. 3등급~5등급 정도의 仙인들에게서 천서를 받는 것이고 의학이니 과학이니 하는 전문 분야를 위해 받는 것이니만큼 천서수신을 통해 각자의 각론을 완성시켜 나가야겠습니다.

영을 깨우는 仙서 공부

仙서는 仙계수련의 교재입니다. 우주 창조, 지구 창조, 인간 창조의 목적과 우주 진화에 동참하는 방법 등 수련의 길을 일러주는 모든 내용이 仙서에 제시되어 있습니다. 수련생들이 초각에 이르기까지 필요한 모든 仙서가 이미 나와 있는 상태입니다.

영을 깨우는 데는 仙서 공부만큼 좋은 방법이 없습니다. 저 역시 말씀을 받음으로써 많이 성장했습니다. 영을 깨우는 것은 기氣만으로는 참 어려워서 말씀이 같이 와야 하는 것이더군요.

좋은 차는 많이 우려낼수록 은근한 맛이 나옵니다. 仙서는 백 번, 천 번이라도 우려낼 수 있는 농익은 차와 같습니다. 본인의 수준이 높아질수록, 수련이 깊어질수록 더 깊은 맛을 우려낼 수 있게 됩니다.

처음에는 도무지 무슨 말인지 모를 정도로 깊고 오묘한데 수련이 깊어질수록 점점 와 닿으면서 이해가 됩니다. 仙서와 하나 되어 100% 이해가 된다

하면 수련이 끝났다고 볼 수 있는 상태입니다.

　그리고 지금까지 나온 仙서만 읽어봐도 자신의 문제에 대한 답이 다 있습니다. 타 수련생의 상황은 자기와는 동떨어진 것이라고 생각하는데 알고 보면 같습니다. 미루어 짐작하면 자신에게 적용할 수 있는 것들입니다.

3. 팔문원

　1. 명칭: 팔문원八門圓

　2. 의미:

　1) 가운데의 원은 우주 자체와 우주에 담긴 진리, 즉 스승과 스승의 가르침을 뜻함.

　2) 가운데 원과 바깥 원 사이는 진리에 접근하고자 하는 사람들, 즉 수련생들을 뜻함.

　3) 굵은 막대와 가는 막대 사이의 문門은 음양, 남녀, 선악 등 우주를 구성하고 있는 대립되는 기본 원리를 뜻하며, 이 문門을 통하여 팔방으로 기운을 내보내 진리를 펴는 것임. 수련생들에게 직접 펴는 방법이 굵은 막대 사이의 문門이며, 책 등으로 펴는 간접적인 방법이 가는 막대 사이의 문門으로서 보조적인 방법임.

굵은 막대와 가는 막대 사이의 문^門 16개를 모두 여는 것은 사방, 팔방의 수련을 하고자 하는 사람들에게 기운을 보내주어, 다수의 수련인을 양성함으로써 인류의 진화에 기여하고자 하는 뜻을 형상화한 것임.

4) 바깥 원 밖은 비수련생들을 뜻함.

팔문원은 우주의 본체를 형상화한 것이다. 형상이란 어떠한 기운의 방향을 정하고, 그 정해진 방향으로 기운이 나가도록 하는 역할을 하여 주는 것이다. 기운이 이 형상의 내부에 갇히면 그 형상의 안에서 자신의 역할에 충실하여야 하는 의무가 주어진다. 팔문원을 수련하는 수련생의 경우 자신의 역할이란 '仙계수련'에 매진하는 것이다.

팔문원 형상 중 가운데의 원은 우주 그 자체를 나타내는 것이며, 주변 8개의 문들은 우주의 기운이 내외부로 이동하는 통로를 나타낸다. 이 통로를 통하여 우주의 기운이 드나들며, 이 우주의 기운은 모든 것을 변화시킨다.

이 문들을 연결하는 바깥의 원은 우주를 구성하는 다양한 요소들을 나타내는 것이다. 이 팔문원 중 가운데 원을 각자가 내부에 하나씩 가지게 됨으로써 자신의 원을 가동하여 우주의 기운을 받고 자신의 내부의 탁기를 내보낸다. 수련장에 있는 것은 우주에서 직접 가동하며 자신이 만든 원은 자신이 가동한다.

수선재에 들어오면 항상 태극기와 팔문원에 인사드린다. 국기가 없으면 팔문원에만 인사드린다. 국기의 태극은 곧 우주이며, 이 우주는 팔괘를 통하여 기운을 출입시킨다. 태극은 사방으로 기운을 보낼 수 있는바, 이 형상만 가지고도 사방으로 기운의 출입이 용이하나 팔문원은 팔방으로 출입이 가능하다.

태극의 기운은 각 문마다 다양한 변화가 일어나 64종류의 기운이 되며, 하늘의 기운으로서 우주 자체의 기운보다 한 차원 아래의 기운이며, 팔문원의 기운은 8가지로 우주 자체의 기운이다.

　북쪽은 의義요, 동은 예禮이며, 남은 인仁이고, 서는 지知이다. 그리고 나머지 네 방향은 이 정방향을 지지하기 위한 보조적 역할을 하는 것이다. 이 네 가지를 구분해 보면 '의'는 인간이 가야 할 방향이요, '예'는 인간이 다듬어야 할 부분이며, '인'은 인간이 자신을 강화하는 방법이고, '지'는 그 다듬음을 강화하는 방법을 알려주는 것이다.

　인간이 수련을 통해 仙계에 도달하기 전 가는 곳이 하늘이며, 하늘은 상천, 중천, 하천으로 구분된다. 인간의 성품이 상급에 이르렀으면 상천으로 가는 것이요, 중급에 이르렀으면 중천으로, 하급에 이르렀으면 하천으로 가는 것이다. 상중하의 구별은 자신도 못 챙기면 하요, 자신을 챙기면 중이며, 자신은 물론이고 타인까지 챙길 수 있으면 상품인 것이다.

　성품이 상급에 이르렀다는 것은 지위의 고하가 아닌 사고방식의 고하를 나타내는 것이므로, 생각이 넓으면 그 생각의 안에 모든 것을 담을 수 있다. 하천은 생각의 안에 자신을 담기도 벅차며, 중천은 자신을 담고 남은 부분으로 외부의 것을 담을 수 있으며, 상천은 외부의 상당 부분을 담을 수 있는 것이다.

　하천은 평사원이요, 중천은 과장이며, 상천은 작은 회사의 사장 정도라고 할 수 있다. 생각과 그 생각으로 인한 행동이 이러한 범위를 벗어나게 되면 작은 범위가 아닌 큰 구역, 즉 국가의 일부로서 행동하는 단계에 올라가는데 이것이 仙계 1등급이다.

　즉 읍면장, 시장이나 군수, 도지사 등의 반열에 드는 것이 바로 仙계의 등급인 것이다. 이중에서 일선에서 직접 관계 대상과 접촉하며 생활하는

仙인들이 바로 1~3등급이다. 이들을 관리하는 것이 4등급 이상이며 8~9 등급 이상 되면 우주의 본체 운영에 대하여도 영향을 미치게 된다.

仙계는 바로 우주 그 자체이며, 이 우주는 다양한 구성 요소로 이루어져 있다. 이승의 모든 것은 물론, 이승에 없는 다양한 것을 포함하여 구성되므로 없는 것이 없다. 이러한 구성 요소를 대별하면 우주의 순물질과 기타 물질로 구분할 수 있다.

순물질은 우주의 기본 구성 요소이며, 이 기본 요소는 어느 물질로도 변할 수 있는 요소이다. 따라서 아주 미세한, 즉 원자 하나를 구성하려 해도 수억 개의 우주 개체인 순물질이 있어야 할 만큼의 성분으로 구성되어 있다. 이 요소는 자체에서 스스로 희미한 빛을 내므로 미색으로 보인다. 이 요소가 모여 우주의 모든 것을 구성한다.

이 요소가 일단 어떠한 형상으로 나타나면 그 형상의 지배를 받게 된다. 인간들이 인간의 형상에 갇힌다는 것은 '인간의 틀에서 벗어나지 않고 자신이 입고 있는 인간의 틀에 충실하여야 하는 의무를 진다'는 것이다. 이 역할에 충실하지 못하면 그것이 나중에 공과를 계산할 때 부負의 계산이 되어 차후 갚아야 할 빚으로 남는 것이다.

일정한 틀에서 벗어나는 것은 어떠한 동기가 있어야 가능하다. 이 동기는 기운을 근본적으로 변화시킬 수 있는 단계이다. 인간으로 있으면서 구한 생각의 변화는 영적인 단계로 가면 그대로 자신의 것이 되는 것인바, 해탈이라는 방법, 즉 자신을 벗어난 사고방식을 갖는다는 것은 그만큼 중요하다고 할 수 있다.

- 『본성과의 대화』 4권에서

팔문원, 조물주님을 대신하는 형상

팔문원八門圓은 우주, 仙계, 조물주님을 대신하는 형상으로서 그 기운을 받기 위해 굳이 형상을 만들어 전달을 한 것입니다. 그냥 '우주'라고 하면 잘 떠오르지 않기에 형상으로 만들어 놓은 것입니다.

팔문원이 곧 '선仙'입니다. 10등급의 仙인에게만 공개되는 완성된 선화仙畵입니다. 그런 팔문원이 지금 이 시점에 준비도 되지 않은 지구인에게 내려온 것은 무슨 뜻인가? 수련에 활용하라는 것입니다. 후천시대를 맞이하는 인류에게 은혜로서 다가온 것이고요.

팔문원은 仙계수련 문중의 문장

팔문원을 몸에 가지고 다니면 사기邪氣가 범접하지 않습니다. 어느 정도 수준이 되는 영체나 기인들은 팔문원이 뭔지는 몰라도 거기서 나오는 파장은 압니다. 일단 빛이 나오니까 의아해 합니다. 빛이 나와서 쏘니까 함부로 범접을 못하고요. 상당한 수준에 있는 영체가 아니면 무서움을 느끼게 됩니다.

팔문원은 문장文章이라고 할 수 있습니다. 각 문중의 상징을 문장이라고 하는데 팔문원은 仙계수련 문중의 문장인 것입니다. 잡신들은 팔문원 문장을 멀리서 보면 도망갑니다. 팔문원이 본인들을 지켜주는 것입니다. 하늘에서 보실 때도 팔문원을 갖고 있으면 잘 알아보시고요. 그러니 팔문원을 늘 몸에 지녀주십시오.

팔문원은 주식의 기운

팔문원은 기운을 전달받는 안테나와는 달리 기운을 생성하는 장치입니다. 그리고 팔문원에서 나오는 기운은 밥 같은 주식의 기운입니다. 仙계수련생들이 반드시 주로 먹어야 하는 기운입니다.

여타의 기운들은 반찬과 같은 입장입니다. 원래는 팔문원의 기운만 가지고도 다 되는데 좀 더 영양가 있게 하고자 그런 기운들을 받는 것입니다. 팔문원의 기운은 수련생의 수련 정도에 따라 들어오는 게 천차만별이기 때문에 와 닿기가 어려운 분들도 있습니다. 그런 분들은 단계적으로 여러 가지 기운을 섭취하시는 게 좋습니다. 그래야 영양실조에 걸리지 않습니다.

본인의 상태에 따라 기운을 달리 받는다

팔문원의 가운데 원은 우주기입니다. 가운데 원과 바깥 원의 사이는 천기이고, 바깥 원은 지기에 가깝습니다.

팔문원을 의념하면 본인의 상태에 따라 지기가 많이 들어오는 사람, 천기가 많이 들어오는 사람, 우주기가 많이 들어오는 사람이 있습니다. 제 입장에서는 가운데 원의 우주기운을 전달하기 위해 노력을 하는 것이고요.

아무튼 仙계의 기운을 받고자 하다면 항상 팔문원을 의념하시기 바랍니다. 다 전달이 될 것입니다.

팔문의 덕목은 '격'

仙계는 팔문원인 여덟 개의 각 문에 해당되는 덕목을 실천하여 통과할 때 열립니다. 그 문들의 덕목을 한마디로 설명하자면 '격'입니다. 인간의 '격'이 높아져야만 '仙인'이 될 수 있는 것이고 '仙인'이 되어야만 '仙계'로 진입할 수 있는 것입니다.

인간의 격이 높아지려면 인간에게 부여된 구멍을 잘 관리해야 합니다. 인간에게는 구규九竅라 하여 아홉 개의 구멍(여성에게는 생식기를 포함하여 열 개)이 있습니다. 즉 두 눈과 두 귀, 두 콧구멍과 입, 음부와 항문을 말합니다. 인간의 내부를 외부와 연결하는 통로라고 할 수 있습니다. 그 구멍을 仙인처럼 관리하면 仙인이 되고, 인간처럼 관리하면 인간이 되며, 짐승처럼 관리하면 짐승이 되는 것입니다.

구멍을 仙인답게 관리하는 방법은 첫째, 깨끗하게 관리하는 것입니다. 언제나 그 구멍들에 관심을 가지며 청결하게 손질하여야 합니다. 불결하거나 냄새가 나거나 질환이 있으면 안 됩니다.

둘째, 단정하게 관리하는 것입니다. 보아야 할 것과 보지 말아야 할 것, 들어야 할 것과 듣지 말아야 할 것, 숨을 통하여 들여보내야 할 것과 말아야 할 것, 입을 통하여 들여보내야 할 것과 말아야 할 것, 해야 할 말과 하지 말아야 할 말, 음부를 통하여 들여보내고 내보내야 할 것과 말아야 할 것, 항문을 통하여 들여보내고 내보내야 할 것과 말아야 할 것 등입니다.

참 쉽고도 어려운 일입니다. 이렇게 선악과는 한 구멍 안에 있는 것입니다.

의념으로 팔문원 만들기

팔문원은 처음에는 기운을 받는 용도로 쓰지만 나중에는 우주로 타고 갈 우주선이 됩니다. 그러니까 자꾸 그려야 합니다. 어떻게든 팔문원을 알아야 하고 친숙해져야 합니다.

의념으로 팔문원을 그리는 수련법이 많은데 팔문원을 앞에 그리는 것은 처음에는 상상력의 소산입니다. 하지만 나중에는 자신의 기운으로 된 팔문원이 앞에 형성되는 것이며 이 팔문원이 자신의 감각에 느껴질 것입니다. 이 단계에 오면 이미 상당한 수련 경지에 올랐다고 할 수 있습니다. 즉 대주천을 완전히 자신의 것으로 만들 수 있는 것입니다.

최초 대주천이라 함은 외부의 기운 즉 천기와 연결이 되었음을 나타내주는 것으로서 천기를 스스로 사용할 자격을 갖는 것입니다. 하지만 대주천의 중간 단계를 넘어가면 천기로 구성된 仙계의 물건을 형성할 수 있게 됩니다.

팔문원은 우주를 대신하는 징표이므로 이 팔문원에서 나오는 기운은 바로 천기 그 자체이며 천기를 이용하여 자신의 건강을 지키는 것입니다.

의념으로 팔문원을 만들 수 있음은 이제 서서히 자신의 의념을 형상화할 수 있음을 뜻하는 것으로서 수련에 있어 중급으로 넘어가는 것이라고 할 수 있습니다.

나중에는 팔문원도 버리고 가야

『仙계에 가고 싶다』라는 제목으로 책을 냈는데, 그 말은 죽어서 仙계에 가자거나 仙계에 보내달라는 뜻은 아닙니다. 일종의 문학적인 표현으로서 '알고 싶다', '깨닫고 싶다', '본성을 만나고 싶다'는 열망을 표현한 것입니다.

간혹 수선재는 종교가 아닌가 묻는 분이 계시는데 그렇게 묻는 이면에는 종교는 나쁘다는 생각이 깔려 있는 것 같더군요. 종교는 나쁜 것인데 수선재는 종교가 아니냐고 의심하는 것입니다. 그런데 종교가 무조건 나쁜 것은 아닙니다. 왜 종교는 무조건 나쁘다고 생각하는지 그것부터 생각해 봐야 합니다.

그렇다고 수선재가 종교를 지향한다는 얘기는 아닙니다. 종교적인 모임과 비슷하다고 오해하기도 하는데 실상 그렇지는 않습니다.

종교라는 것은 숭배하는 대상이 있습니다. 불교는 부처님을 모시고 기독교는 예수님을 모십니다. 하지만 수선재에는 그런 것이 없습니다. 팔문원이 기독교에서의 십자가와 같은 것은 아닙니다. 팔문원은 우주 본체를 상징하는 문양으로서 우주 본체가 머리에 잘 그려지지 않기 때문에 형상화해 놓은 것이지 숭배의 대상은 아닙니다. 나중에는 팔문원도 버리고 가야 하는 것이 仙계수련입니다. 팔문원이 없어도 스스로 팔문원 자체가 될 수 있어야 합니다.

조물주님을 언급하는 것도 마찬가지입니다. 우리가 가고자 하는 곳은 본성인데 본성이 곧 조물주님이기 때문에 그것을 좀 더 가깝게 느끼기 위해서이지 조물주님을 숭배하려는 의도는 없습니다.

4. 안테나

안테나, 주파수를 바꾸어 주는 장치

仙계수련은 仙계의 기운(천기와 우주기)으로 하는 수련인데, 仙계의 주파수는 알파파장인 0.1 이하이지만 지구의 주파수는 베타파장인 7.5여서 상당한 차이가 있습니다. 알파파장은 미세한 흔들림도 없는 파장인 데 비해 지구의 파장은 진동의 폭이 굉장히 큽니다.

그러므로 仙계의 기운과 메시지를 받으려면 주파수를 바꾸어 주는 장치 즉 안테나가 필요합니다. 방송을 청취할 때 안테나가 없이는 불가한 것을 보면 쉽게 알 수 있는 이치입니다.

남산에 가보면 방송을 중계하는 큰 안테나가 있습니다. 각 가정의 텔레비전 수상기에도 안테나가 있고요. 마찬가지로 수선재의 수련장에는 큰 안테나가 있으며, 수련생 각자의 백회에도 안테나가 있습니다.

안테나를 통해 닿고자 하는 곳은

우주공간에는 기로 연결된 라인Line인 우주선宇宙線이 존재하고 있습니다. 다양한 기운의 보급은 물론 기를 통한 우주공간의 균형과 질서를 이룸에 있어 가장 근본적인 역할을 하는 것입니다. 우주의 모든 질서는 우주선을 통하여 통제되고 조정된다 할 수 있습니다.

수련생들이 수련 중 안테나를 이용하여 닿고자 하는 곳은 바로 이 우주선입니다. 우주선에 연결되어 그 선을 타고 흐르는 기운을 받아들임으로써 인간의 호흡으로 연결되며, 이 기운을 통하여서만이 진화가 가능하게 되는 것입니다.

피라미드도 우주에 있는 어떤 별과 기운을 주고받는 안테나의 역할을 하는 장치였습니다. 수많은 전문가들이 수십 년을 연구해도 피라미드의 정체

안테나

를 모르는데 천서로 확인해 보니 한마디로 답이 나오더군요.

안테나 설치

누가 수선재에 입회를 하시면 제가 仙계에 안테나를 요청합니다. 仙人들이 안테나를 가지고 내려오시면 제가 연결을 해 드립니다.

안테나가 연결되신 분들은 수련장에서 수련하는 것과 집에서 수련하는 것이 차이가 있음을 느끼셨을 것입니다. 집에서 수련하면 들어오는 기운이 약합니다. 개인 안테나는 다 연결되어 있지만 수련장의 큰 안테나와 접속하지 못하기 때문입니다. 그러므로 일단은 수련장에 나와서 수련하시는 것이 좋습니다. 수련장의 기운이 훨씬 강하기 때문입니다.

그런데 한번 안테나가 설치되었다고 해서 죽을 때까지 계속 똑같이 유지되는 것은 아닙니다. 수련생의 마음자세에 따라 많이 발전할 수도 있고 흐지부지 없어져 버릴 수도 있습니다. 수련을 그만둔 경우에는 일정 기간 두고 보다가 거두어가고요.

영감이 뛰어난 예술가들은 선천적으로 안테나를 타고난 분들입니다. 허나 그런 분이라 할지라도 활용을 안 하면 없어집니다.

안테나의 다양한 형태

수련하다 보면 안테나가 인당이니 옥침이니 중단이니 하는 부위에 다 연결이 됩니다. 어디로 연결되느냐는 사람마다 다른데 그렇게 연결된 상태에서 기능을 합니다. 그 형태도 사람마다 달라서 피뢰침 모양이 있는가 하면 상부가 접시형으로 된 것도 있습니다.

처음 수련을 시작할 때는 안테나가 작대기 모양입니다. 그것이 점차 진화하면서 제대로 된 안테나가 됩니다.

안테나는 또 그 사람의 상태에 따라 모양이 변합니다. 관심사가 다양하면 빗자루처럼 여러 갈래로 나뉩니다. 몸이 약하면 기운을 받아들이는 능력이 약해져서 안테나가 가늘어집니다.

가늘어도 길기만 하면 됩니다. 그러니까 수련하실 때는 쭉쭉 뽑는다고 의념하십시오. 안테나의 꼭대기가 仙계와 연결된다, 그래서 나는 仙계하고만 통하겠다고 마음먹으십시오.

안테나로 지구 정화하기

제가 그동안 세계 곳곳을 행련하면서 안테나를 많이 세워놓았는데 그 안테나의 기운을 받는 사람들은 수련을 하든 안 하든 마음이 순화되고 맑아지고 밝아지더군요. 기운의 힘으로 자연스럽게 그렇게 되었습니다.

지금 전 세계적으로 100여 개의 대형 안테나가 설치되어 있는데 만일 그것들이 완전히 가동이 된다면 그 에너지만으로도 뭔가 될 거라고 봅니다. 지구 전체가 정화될 수 있습니다.

안테나들은 서로서로 천선줄(안테나와 안테나를 잇는 기운의 줄)로 연결되어 있습니다. 길은 다 닦여있는 상황이라고 볼 수 있습니다. 지나다닐 차만 있으면 됩니다.

안테나 가동은 수련생들의 몫

현재 선애빌에는 전 우주의 仙인들 중 30% 정도와 교신할 수 있는 안테나가 설치되어 있습니다. 현재 단계에서는 굳이 그 정도의 성능이 필요 없지만 일단 그렇게 설치되어 있습니다. 전 우주의 仙인들 중 50% 정도와 교신할 수 있는 안테나가 설치되어 있는 경우도 있습니다. 수련생들의 수련 진도에 비해 넘치게 좋은 안테나가 설치되어 있는 것인데 언젠가는 제대로 활용할 수 있을 거라고 봅니다.

그런데 안테나를 가동하는 것은 수련생들의 몫입니다. 안테나가 몇 % 가동되느냐는 그 지역에 사는 수련생들이 얼마나 마음을 모으느냐에 달려 있습니다. 만일 안테나 하나를 100% 가동한다면 기운으로 지구를 덮을 수 있습니다. 30% 정도만 가동되어도 한국을 덮을 수 있고요. 여러분이 얼마나 마음을 모으느냐에 달려 있다는 말씀을 드립니다.

5. 수련법과 수련 자세

500여 가지의 수련법

仙계수련에는 기공氣功, 신공身功, 신공神功, 심공心功을 통틀어 500여 가지의 수련법이 있습니다. 수련법은 우주의 기운과 말씀을 지금의 수련 단계에 맞게 효과적으로 전달해 주는 방편입니다.

수련법마다 전달하고자 하는 것이 다릅니다. 그것을 파악하면 그 수련법을 터득하고 넘어가게 됩니다. 그러니 사소한 방법론에 매이지 마시고 몸소 기운으로 익히면서 수련법이 전하고자 하는 내용을 알고자 노력해 주시기 바랍니다. 누가 이야기해 주어서가 아니라 스스로 알고 넘어가야 다음 단계로 진도가 나갈 수 있습니다.

수련 자세는 우주부호

수련법은 일종의 그릇이라고 볼 수 있습니다. 수련법이 왜 필요한가 하면 기운을 전달하는 방편이 필요하기 때문입니다. 기운을 받는 분들에게 그냥 줄 수가 없어서 그릇에 담아주는 것입니다.

그런데 그 그릇에 담는 내용물은 약간의 변형이 있을 수 있습니다. 하시는 분들의 상태에 따라 어느 날은 큰 것을 드릴 수도 있고 어느 날은 작은 것을 드릴 수도 있습니다. 어느 날은 엑기스만 드릴 수도 있고 어느 날은 맹물을 드릴 수도 있습니다. 받는 것보다는 씻어 내리는 것이 필요할 때 그러합니다.

수련법마다 자세가 다른데 하늘에서 보실 때 어떤 수련에서 취하는 공법功法이라는 것을 부호로써 알게 되어 있습니다. 수련생이 어떤 자세를 취하면 '지금 어떤 수련을 하는구나' 하고 알아서 그곳의 기운을 담당하시는 분이 기운을 분배해 주십니다. 수련 자세는 기운을 담당하시는 분과의 약속인 것입니다.

타 수련단체가 仙계수련의 수련법과 유사한 수련 자세를 취하는 경우에는 거기에 잠금장치를 씁니다. 비슷한 자세라도 좀 다르게 구분해서 약속하는 것입니다.

수련의 전제조건

먼저 인간다운 인간으로

仙계수련은 仙인이 되고자 하는 수련이라는 말씀을 드렸는데 仙인이 되기 전에 먼저 되어야 할 것이 있습니다. 바로 '인간다운 인간'입니다.

보통 사람으로서 잘 살아가지도 못하면서 仙인이 될 수 있는 길은 없습니다. 간혹 생활은 대충 하면서 수련의 길을 가는 방법이 있지 않은가 생각하는 분이 계시는데 그렇지 않습니다. 생활 따로 수련 따로 있는 것이 아니라 생활이 곧 수련이기 때문입니다.

인간다운 인간은 어떤 인간인가? 여러 가지 얘기를 할 수 있겠지만 가장 기본적인 것은 '자립'입니다. 정서적 자립, 경제적 자립, 신체적 자립, 이 3가지 조건을 갖추어야 합니다. 도를 닦겠다는 사람이 맨날 아파서 쩔쩔매거나, 생계 문제가 해결이 안 되어서 수련 시간에도 먹고살 궁리만 하는 것은 못 봐줄 일입니다. 정서적으로 자립이 안 되어서 계속 사람을 구하는 것도 바람직하지 않은 모습이고요.

정서적 자립, 경제적 자립, 신체적 자립은 仙계수련에 입문하기 전에 각자가 해결해야 할 준비 과정이라고 볼 수 있습니다. 그 과정을 해결할 능력이 있어야 비로소 수선재에 입회할 자격이 부여된다고 봅니다.

미처 준비를 갖추기 전에 입회하신 분들은 수련하는 과정에 스스로 조건을 갖추시기 바랍니다. 수련 중에 부실한 곳이 드러나는 분들은 끊임없이 본격적으로 수련에 들 조건을 갖추기 위해 노력하셔야 하고요.

정서적 자립

정서적으로 홀로 설 수 있어야 합니다. 배우자, 부모, 자녀 등에 깊이 밀착

되어 있으면 수련이 어렵습니다. 아예 자기 생각을 버리고 상대방에게 다 판단해 달라고 하기도 하는데 그런 예속된 상태에서는 안 됩니다. 스스로 판단하고 결정하는 독립된 상태여야 합니다.

종교적인 것도 마찬가지입니다. 그동안 종교생활을 많이 해오신 분들은 알게 모르게 종교 속에 녹아 들어가 있습니다. 사고가 독자적이지 않고 종교 교리에 많이 의존해서 판단합니다.

수련을 통해서 깨달아 나가는 과정에서는 그런 것들을 모두 버려야 합니다. 일단은 버린 다음에 스스로 직접 진리를 깨우쳐야 합니다. 수련에 들어오면 종교도 어느 정도 거리를 두고 바라봐야 하는 것입니다.

경제적 자립

먹고사는 기본적인 문제를 해결해야 수련할 수 있습니다. 경제적인 문제에 연연해서는 수련이 진전되기 어렵습니다. 계속 그 문제가 걸리기 때문입니다.

최소한의 경제적인 조건은 갖춰놓고 수련을 해야 합니다. 내 몸을 나 스스로 구제할 수 있을 뿐 아니라 주변 사람에게도 어느 정도 덕을 베풀 수 있는 경제적인 능력을 갖춘 다음에야 비로소 독립적인 수련인이 될 수 있습니다.

앞으로 나는 수련을 해야겠다 하는 결심을 했다면 조금 늦더라도 구체적인 생계 대책을 세워놓고 수련하는 것이 낫습니다. 경제적인 문제에 걸려서 진전이 안 되는 것보다는 그게 오히려 빠릅니다.

신체적 자립

仙계수련은 몸을 통해 마음을 공부하는 것이기 때문에 몸에 대한 기초적인 상식들은 알고 있어야 합니다. 그래야 매번 변화하는 상황에 대처할 수 있습니다.

저도 수련하면서 의술에 관한 공부를 많이 했는데 수지침, 황제내경 침법, 사암 침법 등 여러 의술을 접하였습니다. 제 스승님께서 제 몸을 모델로 하여 잘못 알려진 혈자리를 바로잡아 주셨고, 한의학 서적에는 안 나오고 수련을 통해서만 열리는 경락을 알려주셨습니다. '의술이 앞으로 내가 해야 할 일인가 보다' 생각될 만큼 몇 년 동안 공부를 시키셨습니다.

그런데 알고 보니 수련하는 사람은 그 정도의 기본 지식은 있어야 하는 것이었습니다. 타인을 수련지도하는 사람은 더욱 그런 것들을 알아야 했고요.

물론 필요할 때는 전문가의 도움을 받아야 합니다. 우격다짐으로 수련으로만 해결할 수는 없는 일이니까요. 병이 50% 이상 진행 된 상황이라면 수술 등의 병원 치료를 병행하는 게 지혜로운 일입니다.

7절 | 수련의 목표 세우기

본인의 자유 의지대로

『仙계에 가고 싶다』에 제시한 저의 수련 내용은 한 가지 모델을 제시한 것이라고 보시면 됩니다. 각자 어떤 수련을 하느냐는 자신이 어떤 원력을 세우느냐에 달렸습니다. 태어날 때 스케줄이 정해져 있다 하더라도 자신이 원하는 만큼 하는 것이 가능합니다.

예를 들어 '나는 본성을 만나는 데까지 가겠다'라고 하면 그만큼이 그분의 원력이 되고 '이번 생에 나는 대주천까지만 가겠다'고 하면 거기까지 하게 됩니다. 개인의 자유의지를 중요하게 생각하기 때문에 본인이 어디까지 가겠다고 마음을 먹으면 그것이 목표가 되는 것입니다.

이번 생에 끝까지 가 보겠다고 마음을 먹는다면 대신 다른 무엇보다 수련에 많은 비중을 두어야 합니다. 원 없이 할 것 다 해봐야겠다 하는 분들은 수련에 많은 부분을 할애하기가 어려울 것이고요. 다 선택할 수 있는 사항입니다.

누구나 다 본성을 만나고 본성과 합일될 필요는 없습니다. 강제로 어디까지 해야 하는 게 아닙니다. 수련 때문에 스트레스 받는 것은 바람직하지 않습니다. 대개 수련하시는 분들이 수련에 대한 강박관념이 있는데 그럴 필요가 없다는 것이지요. 할 수 있는 만큼 하면 되는 것이지 남이 한다고 해서 따라 할 필요는 없습니다.

그래도 일단 끝까지 가는 모델은 제시할 필요가 있기에 책에서 알려드린 것입니다.

목표는 차근차근 세워라

몸이 안 좋으신 분들은 일단 목표를 건강이 좋아지는 쪽으로 잡으시기 바랍니다. 너무 멀리까지 생각지 마시고요. 또 마음이 불안정하고 외로운 분들은 마음의 건강에 일차 목표를 두시면 됩니다.

거창하게 '본성을 만나겠다' 할 필요가 없습니다. 목표를 너무 거창하게 세우면 가기도 전에 힘겹고 지칩니다. 장기 목표는 깨달음에 두더라도 단기 목표는 세부적으로 정해야 합니다. 단기 목표를 세워서 자신의 부족한 부분을 고치는 수련을 하는 것입니다. 한꺼번에 다 할 수는 없습니다. 마음만 급하면 수련이 안 됩니다.

종착역에 가기 전에 정거장들이 있잖습니까? 첫 번째 정거장, 두 번째 정거장, 세 번째 정거장. 이렇듯이 늘 다음 정거장을 생각하시면 됩니다. 단기 목표를 정하고, 그 목표까지 가는 데 한 달이면 한 달, 백일이면 백일, 기간을 잡아서 해 나가시고요. 이렇게 하는 것이 먼 길 가는 데 현명한 방법입니다.

우리 수련은 마음공부를 위주로 하는 수련이기에 금방 어떤 능력이 생기지는 않습니다. 그래서 주위 사람과 비교해서 내가 뭐가 달라졌나 하고 회의를 느끼기도 합니다.

마음공부란 금방 표가 나는 것이 아닙니다. 마음은 서서히 바뀝니다. 또 마음을 바꾸는 게 쉽지가 않습니다. 마음을 바꾼다는 것은 우주를 바꾸는 것만큼이나 힘이 드는 일이거든요. 어렵다는 것을 인정하시고, 얕잡아 보지 마시고, 차근차근 해나가시면 좋겠습니다.

정말로 仙인이 되고 싶다면

정말로 仙인이 되고 싶다면 반드시 해야 할 일이 있습니다. 죽기 전까지 적어도 열 명의 仙계수련생은 길러내야 합니다. 길러낸다는 것이 대충 뭘 공부시키는 것을 의미하지는 않습니다. 확실하게 서게 해주는 것을 말합니다. 자녀를 기를 때도 대학까지는 공부를 시켜야 뭔가 매듭이 지어지듯이, 막연하게 공부시키는 게 아니라 어떤 기준까지 끌어줘야 하는 것입니다.

그 기준은 仙계입구라는 말씀을 드립니다. 예수님이 열두 제자를 길러냈듯이 적어도 열 명 정도는 책임지고 仙계입구까지 인도해야 하는 것입니다. 그것이 仙인 후보생의 공통적인 공부 스케줄입니다.

소명을 실천하시되 그 소명이 반드시 길러내는 것까지 연결돼야 한다는 것입니다. 만일 내 소명이 강사다 하면 막연하게 좋은 강의를 하는 것으로 끝나서는 안 됩니다. 반드시 매듭이 있어야 합니다. 강의를 통해 적어도 열 명은 인도하겠다 하는 구체적인 목표를 가지고 강의를 해야 한다는 얘기입니다.

제가 공부 중에 천서를 많이 받았는데 어느 정도 받고 나니까 더 이상은 궁금하지가 않았습니다. 근본적인 것을 알고 나니까 세세한 부수적인 사항은 알고 싶지가 않았습니다.

그래서 질문을 안 드리니까 스승님께서 말씀하시기를, 저를 위해서라기보다는 앞으로 제가 이끌어줄 사람들을 위해서 질문을 하라고 하시더군요. 그래서 '아, 나만을 위해서 하라는 게 아니구나' 하는 것을 알게 되었습니다. 그 다음부터는 열심히 질문했습니다. 제 스승님이 워낙 무파장 대역에 계시다 보니 아무 얘기도 안 하시는데 거기서 뭘 끌어내야 하니까 계속 제가 질문을 한 것입니다. 질문을 하면 실 끝에 딸려 나오듯 합당한 내용이 나왔습니다.

천서를 굉장히 많이 받아놓았는데 그것들이 하나 둘 책으로 나오니까 제할 일을 다 했다고 하시더군요. 전달해야 할 사람들에게 전달할 근거를 만들어 놨다는 것입니다.

먼저 된 사람은 자신이 받은 내용을 꼭 다른 사람에게 전해야 하는 사명이 있습니다. 이것은 仙계의 법칙이자 우주의 불문율입니다. 진리를 전하여 책임지고 열 명을 인도하라는 말씀을 드립니다.

선인류의 삶과 수련 1

1판 1쇄 | 2012년 11월 12일
기　획 | 仙서연구실
엮은이 | 이종민
펴낸곳 | (주)도서출판 수선재
펴낸이 | 서대완
편집팀 | 윤양순, 최경아, 김영숙
마케팅팀 | 김대만, 정원재, 김부연
디자인 | 김지선, 박정은
출판등록 | 1999년 3월 22일 (제 1-2469호)
주소 | 서울시 관악구 은천동 905-27 1층
전화 | 02)737-9455 | 팩스 02)6918-6789
홈페이지 | www.suseonjae.org
전자우편 | ssjbooks@gmail.com

ISBN 978-89-6727-047-6　04100
ISBN 978-89-6727-046-9　04100(세트)